POLARIS

W0196794

PETRA PINZLER

DER UNFREIHANDEL

Die heimliche Herrschaft
von Konzernen und Kanzleien

Rowohlt Polaris

2. Auflage November 2015

Originalausgabe
Veröffentlicht im Rowohlt Taschenbuch Verlag,
Reinbek bei Hamburg, Oktober 2015
Copyright © 2015 by Rowohlt Verlag GmbH,
Reinbek bei Hamburg
Lektorat Frank Strickstrock
Umschlaggestaltung und Motive
Hauptmann & Kompanie Werbeagentur, Zürich
Satz aus der Whitman bei Dörlemann Satz, Lemförde
Druck und Bindung CPI books GmbH, Leck, Germany
ISBN 978 3 499 63105 4

«In einer Marktwirtschaft zu leben ist fast, wie Sprache zu nutzen. Es geht nicht gut ohne sie, aber es hängt viel davon ab, wie man sie verwendet.»

Wirtschaftsnobelpreisträger Amartya Sen

Inhalt

Einleitung:
Warum hinter Kürzeln manchmal Krimis stecken

M it dem Welthandel ist es wie mit einer Waschmaschine. Solange sie läuft, will niemand wissen, wie sie funktioniert. Das Leben ist einfach zu kurz für solche Fragen. Die Lage ändert sich, wenn die Maschine komische Geräusche macht und die Hosen nicht mehr sauber werden. Die Störgeräusche, die mein Interesse wecken, rühren von Buchstabenkombinationen her, von Abkürzungen wie ISDS, CETA, TTIP und TISA. Sie alle stehen für Handelsabkommen, die die EU abschließen will – langweiliger, komplizierter Kram, wie ich anfangs dachte. Doch bei der Recherche entwickelte sich vor meinen Augen ein Krimi: Was die Handelspolitiker in den kommenden Jahren durchsetzen wollen, versteckt hinter diesen Kürzeln, wird unser Leben, unsere Umwelt und unsere Gesellschaft massiv beeinflussen. Offiziell geht es um Freihandel. Doch in Wahrheit sollen neue Zäune um das Eigentum von Konzernen gezogen werden. Und es soll privatisiert werden, was bislang noch allen gehört.

Keine Sorge, dieses Buch wird Sie nicht mit Verschwörungstheorien belästigen. Ich neige nicht zu Übertreibungen. Ich bin auch nicht gegen Handel, im Gegenteil. In der Vergangenheit habe ich viele Handelsabkommen begrüßt, mich gefreut, wenn T-Shirts, Bananen und Computer billiger wurden, weil die Zölle fielen. Ich habe es beklagt, wenn Bürokratien den Unterneh-

mern das globale Geschäft schwer machten und die großen europäischen Agrarkonzerne auf Kosten der kleinen Bauern in Afrika
subventioniert wurden. Ich war immer für freien und fairen
Handel, wobei die Betonung auf frei und fair liegt. Bei meiner
Recherche zu den vielen Vier-Buchstaben-Abkommen bin ich jedoch auf bizarre Geschichten, Absurditäten und verblüffenden
Etikettenschwindel gestoßen. Da geht es offiziell um Freihandel,
in Wahrheit aber um ganz anderes. Ich werde Ihnen berichten,
warum sich Regierungen nicht mehr trauen, sinnvolle Gesetze
zu verabschieden, ich werde von gefährdeten Küsten, Walen und
Milliardenklagen um Patente erzählen und erklären, warum die
Stadt Hamburg der Firma Vattenfall erlauben musste, das Wasser
der Elbe zu erwärmen. Jedenfalls fürs Erste.

«Die wirklich wichtigen Entscheidungen werden in Gremien
gefällt, die keiner kennt», soll der ehemalige FDP-Politiker, Außenminister und Bundespräsident Walter Scheel einmal gesagt
haben. Für den Freihandel gilt das erschreckend oft. So manches,
was ich lernen musste, hätte ich nicht für möglich gehalten. Beispielsweise, wie große Konzerne heimlich die Verhandlungen
der Regierungen dazu nutzen, unmittelbar oder mittelbar ihre
Gewinne um Hunderte von Millionen Euro oder Dollar zu steigern. Der Harvard-Ökonom Jeffrey Sachs nennt das, was wir gerade erleben, eine Globalisierung, die «von einem Prozent der
Weltbevölkerung für ein Prozent betrieben wird».

Doch das eigentliche Problem sind nicht irgendwelche «bösen» Konzerne. Natürlich gehören zu den Gewinnern des Welthandels große Teile der internationalen Wirtschaftselite: weil sie
billiger produzieren, das Spiel besser beherrschen als andere,
weil sie sich mehr (und teurere) Anwälte leisten können und
ihre Lobbyisten die Hintertüren der Regierungen kennen oder
gleich die Handynummern der Minister. Viel problematischer
aber ist etwas anderes: dass die politischen Eliten es stillschwei-
gend billigen, weil Freihandel – oder das, was die Konzerne dar-

unter verstehen – für sie zum Mantra geworden ist und sie deshalb nicht mehr so genau hinschauen, was sich inzwischen dahinter verbirgt und wem es wirklich nützt. Weil sie den Etikettenschwindel nicht erkennen oder nicht erkennen wollen.

Es gibt Sätze, die man zu Recht nicht in Frage stellt. «Sport ist gesund», ist so einer. Selbst wenn die Regel für den Einzelnen nicht immer stimmt, hat sie sich doch oft genug als richtig erwiesen. Leute, die sich bewegen, sind gesünder als Faulpelze. Meistens jedenfalls. Doch was ist mit der Behauptung, Handel mache reich und noch mehr davon noch reicher? Die wiederholen Politiker, Ökonomen und Unternehmer gern in immer neuen Varianten und verweisen dann auf das Erfahrungswissen: Der Warenaustausch mit anderen Ländern habe die Innovationskraft der Unternehmer angeregt, offene Länder seien interessanter, verrückter, wohlhabender. Ist nicht Deutschland an sich ein schlagendes Beispiel dafür? Wenn wir unsere Maschinen nicht in die ganze Welt verkaufen könnten, ginge es uns schlechter. Das zeigt, wie gut es wäre, auch künftig Hindernisse aus dem Weg zu räumen.

Was ist an dieser Behauptung richtig und was falsch? Ich habe nach den heimlichen Strategien der Gewinner der Globalisierung gesucht und bin der Frage nachgegangen, was daraus folgt. Denn selbst, wenn wir in der Vergangenheit durch eine bestimmte Strategie reich geworden sind, muss das ja nicht automatisch für die Zukunft gelten. Vor allem, wenn neue, ganz andere Regeln gesetzt werden sollen. Außerdem: Wer ist eigentlich dieses «Wir»? Wer gewinnt durch Handel, wer trägt die Kosten: die Deutschen, die Unternehmer, die Arbeitnehmer, die Verbraucher, die Kinder?

Zum ersten Mal stellen sich in diesem Land sehr viele Menschen diese Fragen. Niemals zuvor gab es in Deutschland so viel Unsicherheit, so viel Protest wegen eines geplanten Freihandelsabkommens wie heute. Seit die Europäische Union (EU) das

TTIP-Abkommen mit den USA verhandelt, versiegt bei vielen Bürgern der naive Glaube, dass, was in der Vergangenheit richtig war, auch für die Zukunft noch gilt. Da protestieren nicht nur die üblichen Verdächtigen. Da sorgen sich Orchestermusiker um ihre Zukunft, Landräte und mittelständische Unternehmer.

Mit Recht. Denn die Medizin, die in den vergangenen Jahrzehnten gut gewirkt hat, wird in zu hoher Konzentration gefährlich. Ärzte kennen die Wirkung der Überdosierung gut. Ganz ähnliche Phänomene haben die Banker erlebt. Pumpt die Zentralbank Geld in die Wirtschaft, kann sie die ankurbeln. Übertreibt sie es, verpufft der Effekt und schlägt sogar ins Gegenteil um. Er schadet. Auf diesen Punkt bewegt sich Handelspolitik zu. Durch die Abkommen, die die EU will: TTIP mit den USA, CETA mit Kanada und TISA, das gleich mit 23 anderen Staaten abgeschlossen werden soll.

All diese Abkommen werden den Schutz der Umwelt erschweren, den Spielraum der Kommunen verringern, die soziale Sicherheit gefährden. Sie werden das auf den folgenden Seiten anhand vieler, sehr konkreter Beispiele dokumentiert finden. Sie werden Geschichten von Fröschen, Cowboys oder Spermien lesen – und was sie mit der Handelspolitik, mit TTIP und TISA zu tun haben. Der Einwand, dass man, weil es diese besonders umstrittenen Verträge ja noch gar nicht gebe, auch gar nichts über ihre Folgen sagen könne, stimmt nicht. Es existieren ja bereits Vorschläge der EU und auch ältere Verträge, auf die aufgebaut wird. Denn das, was derzeit verhandelt wird, ist ja nur die Spitze des Eisberges. Sie werden deswegen in diesem Buch auch die Vorgänger und ihre sehr konkreten Folgen beschrieben finden.

Tatsächlich können uns nämlich auch Abkommen, die längst in Kraft sind und von denen die meisten noch nie etwas gehört haben, schon bald Schadensersatz in Milliardenhöhe kosten: beispielsweise die Europäische Energiecharta. Möglich wird das durch ISDS. Diese vier Buchstaben stehen für «investor-state dispute settlement» und damit für eines der irrsten Projekte der modernen Zeit: Es ist der Versuch von Anwaltskanzleien und großen Konzernen, rund um die Welt ein rechtliches Netzwerk zu spannen, durch das sie Staaten vor Schiedsstellen auf milliardenschweren Schadensersatz verklagen können. Das passiert schon jetzt immer häufiger, und die Summen, um die es geht, werden immer höher. Noch ist Deutschland davon weitgehend verschont geblieben. Deswegen werden Sie lesen können, was heute schon in anderen Ländern passiert, die uns einen Schritt voraus sind – auf dem Weg in die schöne neue Welt des vermeintlichen Freihandels.

Kanada wurde im Frühjahr 2015 zu 300 Millionen Dollar Schadensersatz verurteilt, weil seine Bürger in der Fundy-Bucht in Neuschottland keinen Steinbruch wollten. Die Grundlage dafür bietet das nordamerikanische Freihandelsabkommen NAFTA. Die Neuseeländer dürfen von ihren lokalen Radios nicht mehr verlangen, dass diese auch lokale Nachrichten senden müssen; das liegt am GATS-Vertrag. Und Uruguay braucht Finanzhilfen von Bill Gates, um sich die Anwälte leisten zu können, die es in Washington beschäftigen muss: Das Land wurde dort von der Zigarettenindustrie verklagt, weil es Warnhinweise auf Packungen hatte drucken lassen. Die juristische Rechtfertigung all dieser Fälle war jeweils ein Freihandelsvertrag. Es gibt noch viele solcher Fälle; manche sind derart absurd, dass man bei der Lektüre zugleich lachen und weinen möchte.

Doch die wirklich große und bislang völlig unterschätzte Gefahr der modernen Handelspolitik liegt woanders: Es ist die Einbahnstraße, in die sie Gesellschaften zwingt. Denn es gibt für Handelspolitiker und deren Abkommen immer nur eine Richtung: mehr Markt. Es öffnen sich durch TTIP und Co nicht nur «die Märkte» für die Unternehmer, wie Angela Merkel, Sigmar Gabriel und die EU-Kommissare so gern behaupten. Da werden in Wahrheit neue Regeln gemacht, die sich nicht mehr ändern lassen. Die schützen aber nicht die Bürger. Sie schützen das private Eigentum und die Rechte der Konzerne auf Kosten der Gesellschaften. Sie machen die Demokratie weltmarktkonform.

An dieser Stelle muss noch einmal betont werden: Liberalisierung ist nicht per se schlecht oder gut. Auch Privatisierung nicht oder dass Unternehmen Gewinne machen. Es kommt, wie so oft, auf das richtige Maß an. Gesellschaften sollten ausprobieren, was sie lieber staatlich und was sie lieber privat organisiert sehen. Frankreich hatte beispielsweise lange kein Problem damit, dass die Wasserversorgung in privater Hand ist. Hierzulande wollen wir unsere öffentlichen Stadtwerke nicht zwangsprivatisiert sehen. Solche kulturellen Unterschiede waren bisher kein Problem, im Gegenteil. Sie sind Ausdruck von Vielfalt. Außerdem konnten öffentliche Diskussionen und Wahlen oft ganz gut klären, was die Bürger wollten – und schlechte Entscheidungen korrigiert werden. Berlin hat seine Wasserversorgung wieder in städtischen Besitz genommen, denn unter dem privaten Besitzer waren die Preise enorm gestiegen. Und Paris auch.

Freihandelsverträge sollen so etwas verhindern. Viele schreiben schon jetzt vor, dass Liberalisierungsschritte, die ein Land gegangen ist, nicht mehr rückgängig gemacht werden können. Durch die Sperrklinken-Regel. Von der haben Sie wahrscheinlich noch nichts gehört, ich bis vor kurzem auch nicht. Sie gehört zum Repertoire der Freihändler, wird gern in Verträge geschrieben und macht es, verbunden mit einer Reihe anderer Regeln, Regierungen unmöglich, die Öffnung von Märkten wieder rückgängig zu machen. Damit wird es aber auch unmöglich, dass Politiker aus den Fehlern ihrer Vorgänger lernen. Die ehemalige Bundes-Justizministerin Herta Däubler-Gmelin hat auf diese Gefahr wiederholt hingewiesen und irgendwann zornig hinzugefügt: «Ich bin nicht für die europäische Integration und dafür, unsere Rechte abzugeben, um dann beobachten zu müssen, wie ein paar Bürokraten aus Brüssel sie missbrauchen.» Die Sozialdemokratin war immer eine überzeugte Europäerin und auch eine Anhängerin der Integration. Wenn sie so etwas sagt, dann hat das Gewicht. Und es beschreibt eine traurige Realität. Die Handelspolitiker und Bürokraten sind heute die Schlüsselfiguren des globalen Kapitalismus.

Und auch das ist ein trauriger Teil der Freihandelssaga: Sie wird betrieben von Eliten, im Namen von uns Bürgern – ohne dass wir jemals gefragt wurden, ob wir das so wollen. Dieses Buch erklärt, wie es so weit kommen konnte. Es schaut hinter die Kulissen und zeigt die Leute, die hinter all dem stecken. Wer etwas dagegen tut. Und es zeigt, wie Alternativen aussehen könnten. Denn es gibt sie.

«Globalisierung macht reich» – aber wen?
Vom Nutzen und Schaden des Handels

Dani Rodrik, Professor an der Universität in Princeton, war von Kollegen zu einem Vortrag an die Harvard University eingeladen worden. Er sollte dort vor Studenten reden. Die Gruppe bestehe überwiegend aus Freihandelsfans, hatte man ihn vorher gewarnt. Bei einer Probeabstimmung seien 90 Prozent von ihnen für die Streichung von Zöllen und anderen Hindernissen für den Export und Import gewesen. Rodrik fand das wenig überraschend, denn er wusste seit langem: Je gebildeter Menschen sind, desto eher sind sie für den Freihandel.

Rodrik machte mit den Studenten das folgende Experiment. Er suchte sich zwei Freiwillige, Nicholas und John, und erklärte ihnen, er beherrsche einen magischen Trick. Er könne 200 Dollar von Nicholas' Konto verschwinden und im gleichen Moment 300 Dollar auf Johns Konto erscheinen lassen. Gemeinsam seien die beiden also 100 Dollar reicher als zuvor. Dann fragte er in die Runde, wer für das Experiment sei.

Viele zögerten. Die meisten waren schließlich dagegen. Die Operation widersprach ihrem Gerechtigkeitsgefühl, immerhin würde ja einer ganz willkürlich ärmer und der andere reicher. Als Rodrik dann behauptete, genau dies geschehe durch den Abschluss neuer Freihandelsabkommen, auch sie verteilten Einkommen mitunter willkürlich um, fanden die Studenten das erstaunlich und wenig glaubhaft. Darüber hatten sie noch nie nachgedacht. Darüber denken auch die meisten Ökonomen nicht nach. Politiker ebenso wenig.

Ganz lässig sagte die EU-Handelskommissarin Cecilia Malmström 2015 in einem Interview in der *ZEIT* über das geplante europäisch-amerikanische Freihandelsabkommen: «Die exportorientierten Branchen werden stärker profitieren. Und manche EU-Länder werden mehr von TTIP haben als andere. Deutschland wird wahrscheinlich zu den Gewinnern gehören.» Sie formulierte ihre Sätze so, als müsse man dieses Ergebnis einfach schicksalsergeben hinnehmen. Weil es fair sei. So, als ob die Umverteilung das gerechte Resultat eines gerechten Prozesses sei, bei dem eben die Besseren gewinnen. So sehen das viele, oberflächlich betrachtet scheint es auch richtig.

Rodrik demonstrierte das seinen Studenten, indem er ihnen folgende Frage stellte: Was wäre, wenn John um 300 Dollar reicher würde, weil er härter gearbeitet und besser investiert hat und deswegen die besseren Produkte als die Konkurrenz anbieten könnte? Nicholas würde dann, so die Annahme, um 200 Dollar ärmer, weil er weniger verkaufen könnte. Alle Studenten fanden das in Ordnung. Sogar der arme Nicholas. Rodrik trieb das Spiel noch ein Stückchen weiter und brachte den Welthandel ins Spiel. Was wäre, wenn John nur deshalb besser anbieten könnte, weil er seine Produktion nach Bangladesch verlagert, wo Näherinnen kaum Rechte haben und für einen Hungerlohn arbeiten? Oder weil er in Vietnam Kinder beschäftigt?

«Um beurteilen zu können, ob wir Umverteilung fair finden, müssen wir die Bedingungen kennen, unter denen sie möglich wurde», so Rodrik. Wir fänden es ziemlich in Ordnung, wenn Leute reich würden, weil sie härter arbeiten oder etwas Neues erfunden haben. Gerade die Folgen neuer Technologien akzeptieren wir sogar oft bereitwillig, weil wir darauf hoffen, dass sie die Gesellschaft als Ganzes langfristig weiterbringen. Sensibel sind wir aber, wenn gegen ethische Prinzipien verstoßen wird. Das interessiert und berührt uns, inzwischen selbst dann, wenn es nicht im eigenen Land passiert. Rodrik findet das auch richtig: Wenn wir zu Hause Kinderarbeit ablehnen, warum sollten wir dann Produkte kaufen, die in anderen Ländern von Kindern hergestellt werden? Zumal deren Herstellung vielleicht auch noch Arbeitsplätze bei uns vernichtet.

Am Ende der Stunde war den Studenten eines klar: Welthandel ist nicht automatisch fair. Er verteilt Einkommen um. Er sorgt bei den einen für mehr Wohlstand und macht andere arm. Ob man das in Ordnung findet, hängt sehr von den Umständen und den Regeln ab. Deshalb ist die Aussage der EU-Kommissarin Malmström, Deutschland werde durch TTIP reicher, ziemlich oberflächlich. «Deutschland» ist ein ziemlich großes Wort. Sollte sie nicht auch wissen, *wer* in Deutschland reicher wird, wer in Europa? Wo die Verlierer wohnen?

Welche Länder gewinnen und welche verlieren?

«Ich bin für Freihandel.» So begann der Wirtschafts-Nobelpreisträger Paul Krugman in den 80er Jahren einen Artikel, der in seiner Zunft großen Streit entfachte. Er trug den Titel: «Ist Freihandel passé?» Krugman schrieb darin, dass seit hundert Jahren das feste Bekenntnis zum Freihandel quasi der Beweis für die Professionalität eines Ökonomen sei. Um ernst genommen zu werden, müsse sich ein Profi dazu bekennen, dass der Abbau von Handelsschranken für eine Nation gut sei. Ohne Einschränkung.

Krugman aber wehrte sich gegen die Allgemeingültigkeit dieser Behauptung. Sie sei falsch und gehöre wie viele Theorien seiner Kollegen eher in den Bereich der Ideologie. Nicht immer sei es tatsächlich für Länder das Beste, bedingungslos alle Grenzen abzubauen. Manchmal könne es ihnen mehr nutzen, wenn ihre Regierungen strategische Handelspolitik betrieben, sich also gut überlegten, wann und wie sie liberalisieren und ob sie nicht bestimmte heimische Industrien fördern sollten. Freihandel sei besser als kein Handel, aber nicht unbedingt besser als eine kluge Intervention des Staates – so Krugmans Fazit. Er warnte allerdings zugleich, dass die langfristigen politischen Folgekosten der Intervention hoch sein könnten, wenn sich Subventionen durch sie hochschaukeln.

Der Artikel sorgte für Unruhe unter den Kollegen, auch weil Krugman bis zu dem Zeitpunkt als einer aus dem Club galt. Ein brillanter Denker, ein guter Mathematiker, ein überzeugter Freihändler, kurz, ein Ökonom, den man ernst nehmen musste und der dann ja auch im Jahr darauf den Nobelpreis gewann. Wie konnte ausgerechnet so einer Zweifel am Glaubensbekenntnis formulieren?

Heute schreibt der Mann als Kolumnist für die *New York Times*, und sein Blog ist weltweit bekannt. Er wehrt sich gegen vieles, was die Mehrheit der Wirtschaftswissenschaftler richtig findet, und scheut dabei auch Zuspitzung und Polemik nicht. Das hat ihm heimlichen Neid und manchmal auch Verachtung bei Kollegen eingebracht: Pop-Ökonomen nennen sie Leute wie ihn, weil er so schreibt, dass viele Leute ihn verstehen. Krugman selbst nennt sich auch heute noch einen «bekennenden Freihändler». Trotzdem erlaubt er sich im Konkreten immer wieder Skepsis. Bei dem geplanten europäisch-amerikanischen Freihandelsabkommen TTIP ist er sogar ganz besonders skeptisch: «Meine Nackenhaare stellen sich auf, und mein Misstrauen wächst, wenn ich den Befürwortern zuhöre.»

Kann Freihandel im Allgemeinen gut und im Speziellen schlecht sein? Unzählige Studien aller möglichen Institutionen, seien es der Internationale Währungsfonds (IWF), die Weltbank, die Welthandelsorganisation (WTO) oder die Organisation für wirtschaftliche Zusammenarbeit und Entwicklung (OECD), scheinen eines klar und eindeutig zu belegen: Die Öffnung der Märkte hat in den vergangenen Jahrzehnten vielen Menschen und den meisten Ländern genützt. Sie brachte mehr Wachstum, mehr Wohlstand und Jobs. Länder, die ihre Grenzen geöffnet haben, sind wirtschaftlich meist schneller gewachsen als die abgeschotteten. Sie waren innovativer. Und die Lebensqualität vieler Bürger war höher. Die offeneren Volkswirtschaften waren die reicheren. Doch eines bleibt bei all den Jubelmeldungen unklar: Waren Länder ökonomisch erfolgreich, weil sie sich geöffnet haben – oder ist das Gegenteil richtig? Konnten sie es sich vielleicht leisten, ihre Märkte weiter zu öffnen, weil sie schon Erfolg hatten?

Schaut man genauer hin, dann wird die Wirklichkeit kompliziert – und interessanter. Die Zahlen belegen Folgendes: In den vergangenen Jahrzehnten nahm das globale Handelsvolumen schneller zu als die Weltwirtschaft. Von 1993 bis 2013 betrug das Wachstum des Handelsvolumens durchschnittlich 5,3 Prozent, das der Weltwirtschaft insgesamt lag gerade mal halb so hoch. Die Länder, die mehr exportierten, haben also tendenziell ein besseres Geschäft machen können als der Rest. Deutschland war da übrigens ganz vorn: Kein anderes Land hat so davon profitiert, dass es immer leichter wurde, Maschinen, Medizin und Autos weltweit zu verkaufen. Dass andere ihre Zölle senkten. Dass sie «Made in Germany» als Garantie für Qualität und Sicherheit akzeptieren. In Zahlen liest sich das so: Die deutsche Wirtschaft hat nach Angaben des Statistischen Bundesamts im Jahr 2014 Waren im Wert von 1133,6 Milliarden Euro ausgeführt. Das ist ein Rekord. Und es gibt einen weiteren: Nach einer Studie von McKinsey ist Deutschland nicht nur im Verkaufen gut. Wir sind stärker vernetzt ist als jedes andere Land der Welt.

Deutschland, so könnte man auch sagen, ist der Gewinner der Globalisierung. Der Erfolg ist in der jüngeren Vergangenheit besonders bemerkenswert, weil der globale Trend gegenläufig ist:

Zwar steigt das Handelsvolumen weltweit immer noch – in absoluten Zahlen. Die Menschheit schickt also Jahr für Jahr mehr Waren um den Globus. Aber Import und Export wachsen nicht mehr viel schneller als die Weltwirtschaft allgemein. Ökonomen rätseln noch über die Gründe. Ob sich die 2:1-Relation – also die Regel, dass der Handel doppelt so schnell zunimmt wie das Einkommen – jemals wieder erreichen lasse, zweifelt beispielsweise die WTO in ihrem Jahresbericht 2015 an. Andere fragen sich, ob das Volumen des Welthandels möglicherweise seinen Höhepunkt erreicht hat, ob es ähnlich wie beim Wirtschaftswachstum einen Punkt geben kann, an dem eine weitere Steigerung unmöglich ist. Ob wir möglicherweise auf eine Welt zusteuern, in der nicht immer noch mehr Waren um den Globus gekarrt werden können, und welche Konsequenzen das haben wird. Einige wenige warnen, dass mehr Handel um jeden Preis heftige Nebenwirkungen hat. Der Umwelt schadet das «Immer mehr» nachweislich: Jedes neue Freihandelsabkommen hat den Ausstoß des klimaschädlichen CO_2 weiter steigen lassen.

Doch noch tun die meisten Wirtschaftspolitiker so, als ob alles gut wird, wenn nur die Handelsströme wachsen. «Dabei zu helfen, dass Handelsströme so frei wie möglich fließen können, ist das alles überragende Prinzip unseres Systems», steht im schon zitierten WTO-Jahresbericht 2015. «Die Europäische Kommission strebt Freihandelsabkommen mit wichtigen Weltmärkten an, um die Wettbewerbsfähigkeit der europäischen Wirtschaft und damit Wohlstand und Beschäftigung in Europa zu stärken», heißt es auf der Internetseite des deutschen Wirtschaftsministeriums. Und auf Schloss Elmau in Bayern bekräftigten im Juni 2015 Angela Merkel und die anderen Regierungschefs der G7: «Die Förderung des weltweiten Wirtschaftswachstums durch den Abbau von Handelsschranken bleibt unabdingbar.» Und dann folgt eine Liste der gerade fertigen oder noch geplanten Liberalisierungsabkommen: TISA, TPP, TTIP, CETA und EPA.

Bleiben zwei Fragen: Ist der Wohlstand tatsächlich durch Freihandelspolitik in die Welt, nach Europa und Deutschland gekommen? Und lässt er sich dadurch retten?

Die heimlichen Rezepte der Reichen

«Mit nur sehr wenigen Ausnahmen sind die meisten wohlhabenden Länder durch eine Kombination von Protektionismus, Subventionen und anderen wirtschaftspolitischen Maßnahmen, von denen heute den Entwicklungsländern in der Regel abgeraten wird, reich geworden», schreibt Ha-Joon Chang in seinem Buch mit dem Titel «23 Lügen, die sie uns über den Kapitalismus erzählen». In englischsprachigen Ländern landete der Südkoreaner, der heute an der britischen Cambridge University lehrt, mit seinen Thesen einen Bestseller. Er bürstet in leichtem Ton vieles gegen den Strich und widerlegt so scheinbare ökonomische Gewissheiten. Doch Chang provoziert nicht um der Provokation willen. Er hat einfach die Geschichte analysiert, sich mit den Strategien der großen Wirtschaftsmächte beschäftigt und dabei erstaunt entdeckt, dass sich vieles, was die Mehrheit seiner Kollegen heute behauptet, historisch nicht belegen lässt. Sein Fazit lautet: «Freihandel hat nur wenige Länder reich gemacht, und er wird auch in Zukunft nur wenige reich machen.»

Der Wissenschaftler überrascht seine Leser mit der Beschreibung eines Landes: Dort verkaufen die politischen Parteien die Jobs im öffentlichen Dienst an die Meistbietenden. Die Mehrheit der Bürger wählt nicht, überall grassiert Korruption. Ausländische Investoren dürfen keine Banken besitzen. Das Urheberrecht existiert praktisch nicht, Monopole können unbeschränkt wachsen, und wer Waren aus dem Ausland importieren will, muss dafür hohe Zölle zahlen. Dann verrät Chang, dass das Land, um das es geht, die USA im Jahr 1880 sind, und belegt: Trotz all dieser ganz offensichtlichen Entwicklungshemmnisse ist die amerikanische Wirtschaft damals schneller gewachsen als die der meisten anderen Länder.

Nun würde Chang sicher nicht dafür plädieren, dass Bürger sich möglichst korrupte Politiker, gekaufte Ämter und verschlossene Grenzen leisten sollten. Er will aber ein paar Klischees untergraben, an die sich die meisten gewöhnt haben. Dieses historische Beispiel werde wahrscheinlich die meisten Leser verstören, schreibt Chang: Schließlich hören wir ständig, dass *nur* eine freie Marktwirtschaft dauerhaft Wohlstand schaffen könne. Weshalb neoliberale Ökonomen denn auch immer argumentierten: Die USA seien *trotz* einer solchen Politik erfolgreich gewesen, weil sie eben zusätzlich einen großen Binnenmarkt und kluge Migranten hatten. Beides sei zwar richtig, so der Wissenschaftler, aber nur ein Teil der Wahrheit. Auch andere, kleinere Länder ohne Bodenschätze, ohne großen Binnenmarkt und Einwanderer seien in jener Zeit reich geworden – obwohl sie lange die «falsche» Politik gemacht hätten. Dänemark oder Großbritannien beispielsweise. Großbritannien habe zu Beginn der Industrialisierung wenig Wert auf Patentrechte gelegt und stattdessen deutsche Ideen gestohlen. Es habe seine Textilindustrie durch hohe Zölle geschützt. Wirtschaftsliberal sei es erst 1860 geworden, als es technologisch an der Weltspitze stand. Dass sich dafür heute nur noch wenige seiner Kollegen interessieren wollen, erklärt Chang folgendermaßen: Die ökonomische Wissenschaft sei «ahistorisch» geworden. Sie habe die Analyse der Vergangenheit und der Wirklichkeit durch Mathematik ersetzt, durch theoretische Annahmen und Postulate.

Dabei seien Entwicklungsländer, die in den vergangenen zwei Jahrzehnten neoliberale Rezepte besonders radikal umgesetzt und Schranken für Importe radikal und ohne staatliche Flankierung abgeschafft haben, damit nicht besonders gut gefahren. In Lateinamerika und den Ländern des südlichen Afrika lag die Wachstumsrate von 1980 bis 2009 bei 1,1 Prozent: Damals liberalisierten viele ihre Märkte freiwillig oder auf Druck der Weltbank stark. In den angeblich so schlechten alten Zeiten davor, als sie viel protektionistischer handelten, also in den 60er und 70er Jahren, betrug das Wachstum 3,1 Prozent.

Der Nobelpreisträger Joseph E. Stiglitz hat sich nie gescheut, auch diesen Teil der Wirklichkeit zur Kenntnis zu nehmen. Er hat sich lange und sehr konkret mit der Frage beschäftigt, was für die Entwicklung eines Landes nötig ist. Der Amerikaner war Chefökonom der Weltbank, kündigte jedoch in den 90er Jahren, als die Bank von den Entwicklungsländern verlangte, das komplette neoliberale Einmaleins umzusetzen: Abbau von sozialem Schutz, Privatisierung, die radikale Kürzung der Staatshaushalte, auch wenn deswegen Schulen und Krankenhäuser geschlossen werden mussten. Stiglitz fand, das sei genau der falsche Weg, und legte seine Schlussfolgerungen später in einem Buch mit dem Titel «Fair Trade» vor: Liberalisierung nützt danach vor allem denen, die vorne sind. Also dem Norden.

Die Erklärung ist einfach: Industrieländer konnten es sich wegen ihres technologischen Vorsprungs einfach früher als andere leisten, den Schutz für die heimische Wirtschaft abzubauen. Die wurde durch die Konkurrenz dann sogar stärker und gewann zugleich Kunden in der ganzen Welt. Die Regierungen konnten dann ihr Modell mit Hilfe der internationalen Organisationen als allgemeingültig vermarkten und die Entwicklungsländer drängen, ihre Grenzen auch zu öffnen und damit auf den Schutz der eigenen Industrie zu verzichten – auch wenn sie noch nicht reif dafür war. Chang nennt das «die Leiter wegstoßen» und fragt: «Verstecken die Reichen ganz bewusst die Rezepte, die bei ihnen erfolgreich waren, vor den Armen?»

Tatsächlich verschweigen viele Ökonomen gern, dass die Industrieländer ihre strategischen oder besonders sensiblen Branchen sehr lange ziemlich gut geschützt haben.

In den USA verbirgt sich die Scheinheiligkeit hinter der Zahl

8704.21. So lautet der Zolltarif für leichte Lastwagen, der dafür sorgt, dass ausländische Fahrzeuge an der Grenze mit 25 Prozent ihres Wertes verzollt werden müssen. Ein «Light Truck» kann in den USA vieles sein, die Definition ist sehr weit gefasst. Er muss nur eine der folgenden Eigenschaften haben: eine Ladefläche, die größer ist als die Fläche für die Passagiere; Sitze, die entfernt werden können; Allradantrieb oder Platz für mehr als zehn Leute. Die amerikanische Autoindustrie hat das übrigens ausgenutzt und auch viele PKW gebaut, die eine dieser Bestimmungen erfüllen. Denn Light Trucks fallen nicht unter die Bestimmungen für den Benzinverbrauch, dem normale PKW unterliegen. Sie dürfen echte Spritfresser sein, was in den USA bei den niedrigen Preisen keine Rolle spielt – wenn man die Klimafolgen mal kurz verdrängt.

In der EU liegt der Einfuhrzoll auf Autos übrigens auch immer noch bei zehn Prozent. Der Norden gönnt sich also auch heute noch das, wovon er vielen Entwicklungsländern abrät. Heribert Dieter von der Stiftung Wissenschaft und Politik, der die amerikanischen und europäischen Tricks untersucht hat, kennt noch viele andere Absonderlichkeiten des Welthandels. Er hat unlängst vorgeschlagen: «Wenn Europa und die USA den Freihandel wirklich so gut finden, dann sollten Sie das ganz einfach beweisen. Öffnen Sie Ihre Märkte einfach für die Produkte dieser Welt!» Bisher wartet Dieter vergeblich.

Auch die EU sorgt lieber dafür, dass zwar Rohstoffe aus dem Süden ohne Abgaben hierher verschifft werden können, verarbeitete Produkte aber mit Zöllen belegt werden. Deshalb sitzen die guten Kaffeeröstereien bis heute im Norden. Und in Peru, wo der Kaffee wächst, trinken die Leute Nescafé.

Die Welt besteht nicht nur aus Gewinnern im Norden und Verlierern im Süden

Doch die Welt ist nicht schwarz-weiß. Es wäre falsch, die Geschichte der Globalisierung so zu erzählen, als ob alle Gewinner im Norden und alle Verlierer im Süden sitzen. Viele Länder in vielen Gegenden der Welt haben ganz unterschiedlich auf die Globalisierung reagiert und sind sehr eigene Wege auch in der Handelspolitik gegangen. Schauen wir nach Asien. Da gibt es Nordkorea. Und damit den sicheren Beweis: Die komplette Abschottung des eigenen Landes von der Welt funktioniert offensichtlich nicht. Die Bürger leben im Elend. Gleich daneben liegt Südkorea, und das ist eines der ökonomisch erfolgreichsten Länder der Welt.

Malaysia ist einen anderen Weg in die globale Marktwirtschaft gegangen als Singapur, China einen anderen als Brasilien, und doch wächst überall die Mittelschicht und die Zahl der Armen sinkt. Längst existiert zudem der Norden im Süden und der Süden im Norden. In Asien boomen ganze Regionen und manche Innenstadt ist dort heute moderner als das Zentrum von London, die S-Bahnen sind schicker als die in Paris und die Flughäfen auf besserem Stand als in Berlin; Letzteres ist ja auch nicht mehr besonders schwer. Beim OECD-Mathematiktest, bei dem die Kinder der Mitgliedsstaaten auf ihre Fähigkeiten geprüft werden, schneiden Kinder aus Südkorea längst besser ab als die deutschen. Am Ende der Tabelle liegen die USA.

Südkorea ist noch in anderer Hinsicht interessant. Das Land war ökonomisch noch in den 60er Jahren etwa so entwickelt wie Ghana. Dann aber begann es mit einer rasanten Industrialisierung, während die Wirtschaft in dem afrikanischen Land stagnierte. Heute gilt Korea als das Musterbeispiel dafür, dass eine nachholende Entwicklung funktioniert, arme Länder auch unter den herrschenden Verhältnissen zu den reichen aufschließen können. Wenn sie es nur richtig anstellen. Gern rufen die Nutznießer des derzeitigen Welthandelsregimes deswegen auch Südkorea als Kronzeugen auf: dafür, dass man es in dieser Welt schaffen kann.

Doch in Wahrheit eignet sich Südkorea bestenfalls als Beweis dafür, dass für Entwicklung mehr als Liberalisierung nötig ist. Dafür, dass es nicht immer klug ist, auf die Berater von Weltbank, IWF und EU zu hören. Dafür, dass *der* eine Weg zum Wohlstand nicht existiert, sondern dass es verschiedene Pfade gibt. Dass es dabei auf einen klugen politischen Mix ankommt: auf eine geschickte Öffnung, die die heimische Industrie dem Welthandel und damit den Wettbewerbern aus den anderen Ländern nur allmählich aussetzt, sie dadurch zur Innovation treibt und nicht in den Ruin. Eine Politik, die ihr zugleich neue Märkte eröffnet. Wichtig ist eine kluge Spezialisierung. Südkorea hat genau das getan und viel Geld in Bildung und Infrastruktur gesteckt.

Joseph E. Stiglitz nennt das die richtige «regulatorische Struktur». Entscheidend sei, *wie* ein Land den Prozess der Liberalisierung gestaltet, sagt auch Dani Rodrik von der Princeton University: China habe beispielsweise mit seiner Liberalisierung so viel Erfolg, weil die schrittweise Integration in den Weltmarkt mit dem Aufbau der einheimischen Wirtschaft abgestimmt sei. Weil es den Ausbau von arbeitsintensiven Industrien gefördert hat, in denen viele Leute Jobs fanden. Mitnichten habe das Land sofort alle Grenzen geöffnet. Auch in Lateinamerika gebe es ähnliche Strategien. In Brasilien habe die Regierung Programme gegen Armut, zur Gesundheitsvorsorge und für bessere Bildung umgesetzt. So sei es gelungen, die Einkommen gerechter zu verteilen und damit wiederum die Wirtschaft anzukurbeln.

Arancha González leitete das International Trade Center (ITC) in Genf. Sie kümmert sich heute um die, die noch nicht gewonnen haben. Die Spanierin will, dass auch die ganz armen Länder von den Erfahrungen der erfolgreichen Vorbilder profitieren und von deren Fehlern lernen können. Sie berät deswegen ihre Regierungen. Sie hilft ihnen, die Zollbehörden zu professionalisieren, einen Weg durch den Dschungel des globalen Rechts zu finden und ihre eigenen Stärken zu entdecken. González glaubt daran, dass Handel gut für die Entwicklung sein kann, und sie glaubt auch, dass die ganz armen Länder von der Globalisierung profitieren können: wenn sie es richtig anstellen und die Industrieländer sie lassen.

Dabei helfen, so glaubt Arancha González, könnte die radikale Veränderung der Warenströme. Sie hat das vor ein paar Jahren gelernt, im ersten Jahrzehnt des neuen Jahrtausends. González arbeitete damals noch bei der WTO, zu einer Zeit, in der Unternehmen ihre Produktion massiv verlagerten – vom Norden in den Süden und vom Westen in den Osten. Es entstanden in jenen Jahren immer mehr «globale Lieferketten». Am Beispiel des 787 Dreamliners von Boeing lässt sich leicht illustrieren, was das bedeutet: Das Flugzeug wird im amerikanischen Bundesstaat Washington zusammengebaut. Doch den Rumpf produziert Alenia in Italien, die Sitze kommen von Ipeco aus Großbritannien, die Räder sind von Bridgestone aus Japan, die Bremsen von Messier-Bugatti-Dowty aus Frankreich und die Cargo-Türen von Saab aus Schweden. Boeing gilt zwar als «made in the US», in Wirklichkeit aber ist das Flugzeug «made in the world.»

Boeing verändert durch seine Strategie die Handelsströme, und die verändern wiederum Boeing. Auch bei Apple und vielen anderen Firmen ist das so. Dabei hilft ihnen, dass es immer billiger wurde, Waren in Containern um die Welt zu schippern. Dass sie per Computer leicht überwachen können, was im Werk auf der anderen Seite des Globus gerade passiert. Dass sie immer leichter und schneller ihre Produktion verlagern können. In ihrem Weltinvestitionsbericht 2013 schreibt die UNCTAD, die UN-Organisation für Handel und Entwicklung, dass fast 80 Prozent des globalen Handels heute durch internationale Produktionsnetzwerke entsteht, also dadurch, dass Firmen ihre Mitarbeiter, ihr Kapital, Produktionsstätten und Technologie über den Globus verteilen.

Für die Wirtschaftspolitik von Regierungen hat das radikale Folgen: Ökonomischen Erfolg kann ein Land auch dann haben, wenn es zum Teil einer solchen Kette wird, ohne dass es jemals ein einziges Produkt als «Made in» vorzeigen kann. Südkorea hat das geschafft, aber auch die Philippinen und Tschechien. Zwar ist es in einer Welt, in der die Länder nicht mehr einfach in «Arm» und «Reich» aufgeteilt werden können, zunehmend schwierig, Faustregeln zu finden, doch eine Tendenz ist klar: Diejenigen, die darauf gesetzt haben, arbeitsintensive Produktionen anzuziehen, stehen heute besser da als andere. Besonders, wenn eine Mischung aus kluger Industriepolitik und Investition in Infrastruktur und Bildung hinzukam. «Wir lassen unsere Leute im Ausland nicht mehr vor allem danach schauen, welche tschechischen Produkte dort verkauft werden könnten. Sondern danach, was dort gebraucht wird, und ob wir das bieten können», sagt der stellvertretende tschechische Außenminister Martin Tlapa. Er war lange für die Exportförderung seines Landes zuständig und ist damit einer der Urheber des tschechischen Erfolges. Heute berät sein Land die Kollegen aus Myanmar. Ihm helfen dabei auch die Erfahrungen mit der EU. Denn die EU ist ein einziges, riesiges Argument – zugleich für die Marktöffnung und gegen den radikalen Freihandel.

Was Europa lehrt – und was nicht

Die europäische Integration hat zwar zur gegenseitigen Öffnung von Märkten geführt, allerdings flankiert durch Sozial-, Struktur- und Wettbewerbspolitik. Also durch aktives Regieren und nicht durch Laissez-faire. Davon haben die Deutschen besonders profitiert, auch weil die Bundesregierung viele Regeln in ihrem Sinne mitsetzen konnte. Indem sie beispielsweise ihre Kohle-

und Stahlindustrie zunächst mit der von Frankreich verknüpfte und zugleich schützte, dann aber nach und nach die Subventionen reduzierte. Auch die Textilindustrie wurde erst der billigeren Konkurrenz aus dem Ausland ausgesetzt, als andere Industrien neue Arbeitsplätze geschaffen hatten und höherwertige Produkte herstellten.

Auch innerhalb der EU, die seit 1992 den unbegrenzten Verkehr von Waren, Kapital, Dienstleistungen und Arbeitskräften als sogenannte «Grundfreiheiten» in ihre Verträge geschrieben hat, hat es Jahrzehnte gedauert, bis es so weit war: bis ein italienischer Schuh in Bremen genauso leicht verkauft werden konnte wie in Genua und ein Spanier in Deutschland ohne Extraerlaubnis arbeiten durfte. Trotzdem war für einige sogar das abgefederte europäische Liberalisierungsprogramm noch brutal: Als Griechenland in die Eurozone eintrat, sanken zwar dort die Zinsen und Geld wurde billig, aber der Schritt ruinierte ziemlich schnell Teile der heimischen Wirtschaft. Die war der Konkurrenz aus der EU schutzlos ausgeliefert. Deswegen kann man heute auf Kreta bei Lidl einkaufen. Das ist schön für die deutschen Urlauber. Es ist aber nicht immer schön für die griechischen Arbeiter.

Das heißt nicht, dass ein komplett abgeschotteter Markt die bessere Alternative gewesen wäre und dass Griechenland nicht noch ganz andere, größere Probleme hat als die Stärke der deutschen Industrie. Aber es zeigt: Liberalisierung produziert immer auch Verlierer. Über die wird aber wenig geredet. Eine Untersuchung der *db research*, des Forschungsinstitutes der Deutschen Bank, kam 2014 zu dem erstaunlichen Ergebnis: «Zum Teil basierte der europäische Binnenmarkt auf unrealistischen Erwartungen und dem einseitigen Fokus auf mögliche Vorteile.» Das bedeutet nicht, dass die EU das grundsätzlich falsche Projekt war. Aber man sollte schon genauer hinschauen, wem sie mehr genutzt hat und wem weniger.

Dani Rodrik, der Professor aus Princeton, erforscht schon seit den 90er Jahren, wem innerhalb eines Landes oder eines Binnenmarktes mehr Handel auch mehr bringt und wem er schadet. Er will wissen, ob die Globalisierung tendenziell die Reichen ärmer oder die Armen reicher macht. Sein Ergebnis: Freihandel erhöht den Druck auf die ungelernten Arbeiter im Norden. Denn ihre Verhandlungsmacht sinkt. Und damit sinken tendenziell auch die Löhne. «Wenn die Kräfte des Welthandels immer wieder die gleichen Leute schädigen, die weniger gebildeten Arbeiter», dann sollten wir vielleicht die Globalisierung weniger enthusiastisch sehen», lautet deswegen eine Schlussfolgerung von Rodrik. Das ist auch für ihn kein Grund, Handel grundsätzlich abzulehnen. Immerhin entstehen ja Arbeitsplätze im Süden. Zudem kann die Bilanz trotzdem auch für das reichere Land insgesamt gut sein – sogar für dessen Arbeiter. Aber nur, wenn gleichzeitig genug gute, neue Arbeitsplätze entstehen, wenn der Staat durch kluge Programme die ungebildeten Arbeiter weiterbildet. Wenn über die Verteilung und die Verlierer nachgedacht wird.

Aber denken die Leute, die gerade die wichtigen Freihandelsabkommen dieser Welt verhandeln, darüber nach?

Wer verhandelt da eigentlich – und für wen?
Über Lobbyisten, Prämien
und das Kleingedruckte

Diese Kündigung hat sich gelohnt. Als Michael Froman Ende 2008 seinen Job bei der Citibank aufgab, wurde er auf einen Schlag über vier Millionen Dollar reicher. Seine Chefs schenkten ihm das Geld. Einfach so. Angeblich aus Dankbarkeit für die loyalen Dienste, die er der Bank in den Jahren zuvor geleistet hatte.

Die Großzügigkeit hatte vermutlich noch einen anderen Grund, auch wenn das keiner der Beteiligten zugeben würde. Sie war eine Investition in die Zukunft. In seinem neuen Job ist Michael Froman für die Bank ungleich wichtiger als zuvor. Der Mann ist als United States Trade Representative (USTR) Handelsbeauftragter des amerikanischen Präsidenten. Er verhandelt Abkommen mit anderen Staaten und Regionen. Er soll den globalen Markt für «amerikanische Güter und Dienstleistungen öffnen» und «Amerikas Rechte im globalen Handelssystem durchsetzen». So steht es auf der Webseite seines Büros. So will es der Präsident im Weißen Haus.

Noch wichtiger für amerikanische Unternehmen ist allerdings, was dort nicht steht: In der Behörde von Froman wird festgezurrt, was nationale Interessen sind. Für welche Branche die Regierung im Ausland kämpfen wird und für welche nicht. Ob sie beispielsweise einen stärkeren Schutz von Patenten fordert, wie es die Pharmafirmen wünschen. Ob sie eher an die Wünsche der großen Sojafarmer oder die der kleinen Biobauern denkt. Ob sie für gentechnisch veränderte Nahrungsmittel kämpft. Wie stark sie andere Regierungen drängt, Zölle zu senken oder Quoten zu erhöhen.

Michel Froman und seine Mitarbeiter entscheiden also, für welchen Produzenten sich ein neues Handelsabkommen mit China oder Europa lohnt, weil er dadurch leichter an neue Kunden herankommt. Für wen es schwerer wird, weil er zusätzliche Konkurrenz bekommt. An ihm liegt es, ob die Zukunft einer Branche neue Gewinne oder Verluste bringt. Manchmal geht es dabei um viele Milliarden Dollar. Der Handelsbeauftragte ist ein Mann, den jedes Unternehmen gern zum Freund hat. Und den sich niemand gern zum Feind macht. Es ist wichtig, das zu wissen, wenn man begreifen will, wer die Regeln für die globale Handelspolitik macht.

Nur wenn man weiß, wer die Regeln schreibt, versteht man, warum sie so sind, wie sie sind. Und wer sie weiterentwickelt. Zu wessen Nutzen. Dann begreift man auch leichter, warum und für wen aus dürren Paragraphen scharfe Waffen werden können. Warum die Idee, dass da Regierungen immer für das Wohl ihrer Völker miteinander verhandeln, zwar schön ist, aber auch ziemlich romantisch. Und mit der wirklichen Welt der Handelsexperten in Washington und Brüssel wenig zu tun hat.

Froman, der wichtigste amerikanische Handelspolitiker, hat schon häufiger die Seiten gewechselt. Vor seinem Job bei der Citibank arbeitete er für die Regierung von Bill Clinton, er beriet den Präsidenten damals in Wirtschaftsfragen. Er kennt sich also gut aus im Regierungsgeschäft. Als dann George W. Bush und die Republikaner die Macht übernahmen, ging er, wie viele andere hochrangige Clinton-Leute, in die Wirtschaft. Er bekam, wie die meisten von ihnen, einen hochbezahlten Job. So etwas ist in den USA nicht ungewöhnlich. Im Gegenteil. Auf das Prinzip der «Drehtür» ist man in Washington sogar stolz. Dass Leute mal in der Regierung arbeiten und dann auch wieder anderswo, gilt als großer Vorteil. Und tatsächlich sorgt das für frischen Wind in den Bürokratien und dafür, dass sich neue Ideen auch in den Ministerien schneller durchsetzen als hierzulande – wo es ungewöhnlich ist, dass ein Manager zum Staatssekretär wird und umgekehrt.

Doch das amerikanische System hat dafür ein großes Problem: Es leidet immer mehr unter der Verschmutzung durch das Geld. «Wenn ihre Mitarbeiter in hochrangige Jobs in der Regierung oder in eine Regulierungsbehörde wechseln, zahlen Goldman Sachs, Morgan Stanley, JPMorgan Chase, die Blackstone Group, Fannie Mae, Northern Trust, Northrop Grumman zusätzliche Prämien», schreibt Lee Fang. Der preisgekrönte investigative Journalist hat die Biographien von vielen einflussreichen Politikberatern recherchiert. Darunter auch den Fall des Handelsstaatssekretärs Stefan Selig, eines wichtigen Kollegen von Froman. Der bekam von der Bank of America sogar neun Millionen Dollar, als er in die Regierung von Obama wechselte.

Kann jemand, der zum Abschied von seiner Bank neun Millionen Dollar bekommt, immer ganz objektiv urteilen, wann er wirklich das Interesse des Volkes vertritt und wann das der Bankenbranche? Selbst Präsident Obama befand inzwischen, dass die Abfindungen doch ein wenig merkwürdig riechen. Geändert hat das nichts.

Denn ein intimes Verhältnis mit der Wirtschaft pflegen nicht nur der Handelsbeauftragte, ein paar Staatssekretäre oder deren Mitarbeiter. Das tut auch der Präsident selbst. So wie seine Vorgänger. «Why Wall Street always wins», lautet der Titel eines Buches von Jeff Connaughton. Er hat einst im Büro des Vizepräsidenten Joe Biden gearbeitet, und man spürt auf jeder Seite, dass er den Apparat von innen kennt. Der Anwalt beschreibt mit vielen Beispielen, warum keiner der Banker, die die Finanzkrise mitverursacht haben, jemals ins Gefängnis musste: Sie hatten alle kräftig an Obama gespendet. Obama brauchte sie, denn ohne die reichen Unterstützer aus New York hätte er nie gegen die Republikaner gewonnen, die viel Geld von Ölfirmen und anderen Gönnern aus den Südstaaten bekamen. An einer Stelle zitiert Connaughton den Harvard-Professor Lawrence Lessing mit folgendem Satz: «Vergesst nicht, dass wir in einer Welt leben, in der die Architekten der Finanzkrise regelmäßig im Weißen Haus zu Abend essen.»

Nun ist es nicht neu, dass Menschen mit viel Geld in Washington viel Einfluss haben. Und zwar in beiden großen Parteien, sowohl bei den Demokraten als auch den Republikanern. Doch 2010 ist der letzte Damm gebrochen. Da kippte nämlich der Oberste Gerichtshof der USA in dem Verfahren Citizens United gegen McCutcheon alle Grenzen für Parteispenden: Es verstoße gegen das Recht auf freie Meinungsäußerung, wenn die Geldsumme, die jemand an einen Kandidaten spenden dürfe, künstlich beschränkt werde. Seitdem explodieren die Wahlkampfspenden an beide Parteien. Das hat wiederum massive Folgen für deren Umgang mit der Wirtschaft und damit auch für die Handelspolitik.

Über zwei Milliarden Dollar brauchen Politiker 2016, um ernsthaft für den Wettlauf um das Weiße Haus antreten zu können. So viel Geld kann nur von den großen Konzernen, von ein paar Milliardären oder den großen Banken in die Kassen der Wahlkämpfer fließen. Genau das geschieht seit Frühjahr 2015. Allein die beiden ultrakonservativen Brüder Charles und David Koch haben versprochen, für den Wahlkampf fast 900 Millionen Dollar zu spenden: Deshalb reisten die republikanischen Kandidaten im April 2015 zum Schaulaufen nach Palm Spring in Kalifornien. Nicht etwa, um vor einer Parteiversammlung anzutreten, sondern um sich ausschließlich vor den Superreichen, die die Kochs geladen hatten, zu präsentieren und mit einem dicken

Scheck wieder abzureisen. *US Today* titelte am Tag danach: «Die Kochs spielen Königsmacher.»

Auf der demokratischen Seite ist die Lage nicht grundsätzlich anders. Der Kontakt zwischen Hillary Clinton und großzügigen Geldgebern ist schon sehr lange sehr eng. Sie zehrt dabei von ihrer langen Vergangenheit als Gattin des Präsidenten. Schon als Bill Clinton noch Präsident war, durften manche von ihnen im Lincoln-Schlafzimmer des Weißen Hauses übernachten oder im Kartenzimmer einen Kaffee trinken. Als einen seiner letzten Akte im Amt begnadigte Clinton den flüchtigen Finanzjongleur Marc Rich. Dessen Exfrau, Denise Rich, spendete 450 000 Dollar für Clintons Präsidentenbibliothek. Es gibt viele solche Geschichten aus Washington, auch aus der Zeit, in der Hillary Außenministerin war. Damals flossen Spenden für die Stiftung der beiden Clintons auch aus dem Ausland. Gleichzeitig wuchs ihr privater Reichtum erstaunlich schnell. Das Paar, das Hillary höchstpersönlich nach dem Auszug aus dem Weißen Haus als «dead broke», als tödlich pleite bezeichnet hatte, machte sehr schnell Millionen. Das ist für Ex-Präsidentenpaare nicht so ungewöhnlich, und wahrscheinlich war auch nichts von dem, was Bill und Hillary zum Geldverdienen so unternahmen, definitiv illegal. «Kuscheln die Clintons zu sehr mit den Leuten, die ihnen Geld geben?», fragte die *Washington Post* trotzdem im Frühjahr 2015.

Die Analyse des amerikanischen Politikwissenschaftlers Norman Birnbaum geht noch weiter: Er sagt, Geld spiele im politischen System der USA nicht nur eine viel zu große Rolle. Es verpeste Washington. Es zerstöre die politische Kultur. Birnbaum hat wenig Hoffnung auf Besserung. Und damit steht er nicht allein. Zwar tauchen auf Webseiten und in Zeitungen immer wieder mal bittere Anklagen gegen die Käuflichkeit des Systems auf. Aber egal, mit wem man in Washington redet: Kommt das Gespräch aufs Geld und die Politik, reagieren die meisten Gesprächspartner mit Schulterzucken. Allenfalls seufzen sie oder machen eine zynische Bemerkung. Und wechseln dann das Thema.

Andere Länder, andere Sitten, andere Probleme. Auf den ersten Blick könnte man die Spenden und den Einfluss der Milliardäre für ein amerikanisches halten. Doch über die Handelsverträge werden sie zu einem Problem für den Rest der Welt.

«Große Handelsabkommen werden von multinationalen Konzernen für multinationale Konzerne geschrieben», sagt der Abgeordnete Peter DeFazio. Der Demokrat vertritt den Bundesstaat Oregon seit 1986 im Repräsentantenhaus in Washington. Er kommt damit aus einer traditionell linksliberalen Gegend, doch selbst dort ist ohne viel Geld eine Wahl kaum zu gewinnen. DeFazio verzichtete jedenfalls 1996 darauf, zum Kampf um den Sitz im Senat anzutreten. Ohne reiche Spender wäre das kaum zu schaffen gewesen, und denen wollte er sich nicht verpflichtet fühlen. Auch nicht indirekt.

DeFazio hält den massiven Einfluss der Reichen auf die Politik für falsch, besonders gefährlich findet er ihn jedoch während der Verhandlung neuer Handelsverträge. Statt durch sie die Verbraucher zu schützen, würden sie genutzt, damit Konzerne wie der Saatguthersteller Monsanto ihre Interessen weltweit besser durchsetzen können. Das beste Beispiel ist für ihn das TPP-Abkommen, das die US-Regierung mit asiatischen Ländern abschließen will. Es definiere beispielsweise die Kennzeichnung von gentechnisch veränderten Organismen als «Handelshemmnis», gegen das die Regierung bei den Handelspartnern vorgehen müsse. Durch diplomatischen Druck. Durch Klagen. Washington mache sich so zum Verbündeten der Konzerne und Politik richte sich gegen die Interessen der Bürger.

Harte Vorwürfe. Doch sie lassen sich beweisen. 2004 schlossen die Amerikaner ein Abkommen mit Australien. Große Teile befreiten allerdings gar nicht den Handel. Im Gegenteil: Von nun an wurden die Herstellung und der Verkauf von Generika, also von billigeren Kopien patentgeschützter Medikamente, viel schwerer als vorher. US-Patente wurden länger und besser geschützt, Australier müssen seither mehr Geld für Medikamente bezahlen.

Man kann diese Regel gut finden, weil sie die forschungsstarken Medikamentenhersteller länger schützt. Nur hat sie mit Freihandel nichts zu tun.

Der Pharmaindustrie brachte sie allerdings viele Millionen Dollar ein. Und für zwei Männer lohnte sie sich besonders: Kurz nachdem der Deal unterzeichnet war, kündigten Ralph Ives und sein Assistent Claude Burcky, die beide im Büro des Handelsbeauftragten gearbeitet hatten. Beide bekamen nun Jobs in der Pharmaindustrie. Der eine wurde Vizepräsident für globale Strategien bei AdvaMed, einem Hersteller von medizinischen Geräten. Der andere ging zu Abbott Laboratories.

Seit Obama regiert, ist der Kontakt der kalifornischen Software- und Internetgiganten zum Weißen Haus ziemlich gut. So wechselte Anfang 2014 der stellvertretende Handelsbeauftragte Stan McCoy zu Motion Picture Association, einer Hollywood-Lobbygruppe. Dafür kam Robert Holleyman in die Behörde. Der Mann hatte mehr als zwei Jahrzehnte als oberster Lobbyist der BSA/The Software Alliance gearbeitet, die für die Interessen von Apple, IBM, Microsoft und anderer großer Computerfirmen kämpft. Wen wundert es da noch, dass Washington inzwischen im Ausland für extrem strengen Patent- und Copyrightschutz kämpft?

Er glaube nicht, dass diese Leute bewusst zweifelhafte Politik machen, wenn sie in der Regierung arbeiten, schreibt der amerikanische Journalist Timothy B. Lee, der viele ähnliche Fälle recherchiert hat. Die sogenannte «Drehtür» werde aber quasi automatisch zum Problem, wenn in einem Teil der Regierung vor allem eine bestimmte Sorte von Leuten Karriere mache, wenn also beim Handelsbeauftragen vor allem ehemalige Manager und Lobbyisten arbeiten. Und fast nie Bürgerrechtler, Umweltschützer oder gar Gewerkschafter. Lee beschreibt die Folgen so: Die ehemaligen Manager, die nun plötzlich im Büro des Handelsbeauftragten der Regierung säßen, bräuchten bei komplizierten Rechtsfragen oft Hilfe von außen. Und da sei es eben klar, dass sie sich ihren Rat bei ehemaligen Kollegen holen. Oder dass sie glauben, was für Hollywood oder die Pharmaindustrie gut sei, sei auch für die Nation gut.

Die Wissenschaftlerin Margot E. Kaminski arbeitet als Leiterin des Information Society Project der Yale University. Die Juristin hat viele Gesetzestexte mit den Vorschlägen aus Handelsverträgen verglichen. Ihr Fazit: «Das Büro des Handelsbeauftragten ist sehr anfällig dafür, von privaten Interessenvertretern gekapert zu werden und gegen das öffentliche Interesse zu verhandeln.» Lobbyisten bestimmter Unternehmen säßen in Expertenkommitees, die die Beamten beraten. Sie lieferten Ideen und Vorschläge, was die USA von den Europäern oder anderen Verhandlungspartnern fordern sollten, und böten auch Formulierungshilfe bei Verträgen an. «Die Verhandler sollen amerikanisches Recht exportieren, aber sie exportieren Recht, das privaten Interessen nützt», so Kaminski.

Dabei machten sich die Konzerne eine Besonderheit zunutze. Das Büro des Handelsbeauftragten arbeitet, anders als andere amerikanische Behörden, weitgehend im Geheimen. Also kann die Expertise der Lobbyisten nur schwer durch andere Meinungen gekontert werden. So werden Kaminski zufolge die Darstellungen der Lobbygruppen zur Realität der Regierung, werden die privaten Interessen zu öffentlichen. Umweltgruppen, Bürgerrechtler, Verbraucherschützer könnten das kaum ändern. Die Folge sei der globale Export von Rechtsbegriffen, die bestimmten Interessengruppen nützten.

So weit die eine Seite. Da verhandeln im Namen der USA und unter dem Vorwand, dem Land etwas Gutes zu tun, ehemalige Manager von großen Konzernen und Banken für Konzerne, Banken und die industrielle Landwirtschaft. Das Ergebnis nennen sie gern Freihandel. Und die, die das kritisieren, nennen sie Freihandelsgegner. Verdrehte Welt.

In Europa funktioniert das Spiel anders, komplizierter

In der EU ist die Situation auf den ersten Blick nicht so offensichtlich problematisch. Die meisten Mitgliedsländer der EU haben Regelungen, die den Einfluss von Geldgebern auf die Politik beschränken. Zudem funktionieren in Europa die Demokratien anders. Politiker machen meistens durch ihre Parteien Karriere und nicht durch das besonders geschickte Eintreiben von großen Spendensummen. Auch die Karriere der Bürokraten gehorcht anderen Regeln. Zwar werden nach einer Wahl Abteilungsleiter oft ausgetauscht, in großen Teilen der Ministerien arbeiten die Berufsbeamten jedoch einfach weiter.

Das ist so in Frankreich, England, Deutschland und den meisten anderen Staaten, und auch in den Institutionen der EU. Trotzdem sind weder die nationalen Regierungen noch die EU frei von Lobbyeinflüssen. Sie funktionieren nur anders, und deswegen lohnt sich auch hier ein Blick tief hinein in die Mechanismen der Macht. Er zeigt, wie und für wen Europas Eliten ihre Handelspolitik machen.

Das Büro von Cecilia Malmström liegt im Berlaymont-Gebäude der EU-Kommission. Aus ihrem Fenster sieht man weit über die Dächer von Brüssel, drinnen sieht es aus wie in der Ikea-Werbung. Bunte Möbel, ein großer Besprechungstisch mit zusammengewürfelten Stühlen und an den Wänden fröhliche Filzstiftbilder von Kindern. Wenig erinnert hier an europäische Bürokratie, die ihre Büros oft mit immer denselben funktionalen grauen Möbeln und denselben blauen Teppichen ausstattet.

Auch die seit Herbst 2014 amtierende Handelskommissarin selbst wirkt nicht wie eine typische Eurokratin. Malmström ist eine fröhliche, offene Schwedin, politisch eine Liberale. Sie verhandelt für die Europäer die Abkommen, die mit anderen Ländern und Regionen abgeschlossen werden. Sie entscheidet, bei welchen Partnern die EU mit besonders viel Energie auf schnelle Abschlüsse drängt, wo sie neue Ideen präsentiert. Und über was sie überhaupt verhandelt. Malmström ist damit für die europäische Exportwirtschaft die derzeit wichtigste Frau der Welt.

Natürlich gibt es da noch Angela Merkel. Und es gibt die Chefs der anderen Regierungen, die allem zustimmen müssen, was Malmström vorschlägt. Doch diese fungieren eher wie der Aufsichtsrat eines Unternehmens. Sie segnen die grobe Richtung ab und verfolgen dann mehr oder weniger wohlwollend, was das Management so schafft. Wie groß der Spielraum ist, den die Regierungen den Leuten von Malmström geben, hängt allerdings auch von der politischen Großwetterlage in ihren jeweiligen Ländern ab. Geht es beispielsweise um das Abkommen, das die EU mit Indien verhandelt, kümmert sie das kaum. Bei TTIP oder auch dem kanadisch-europäischen CETA-Abkommen ist das jedoch schon seit einer Weile anders. Regelmäßig und sehr detailliert lassen sich die Regierungen in Brüssel über den Stand der Dinge berichten. Oft stehen diese Themen deswegen auf der Tagesordnung des handelspolitischen Ausschusses, in dem sich die Vertreter der Wirtschaftsministerien regelmäßig mit Beamten der EU-Kommission treffen. Hinter verschlossenen Türen.

Und dann gibt es auch noch die Parlamente. In den USA reicht dem Präsidenten die Zustimmung des Repräsentantenhauses und des Senats. Hat die EU-Kommission ein Abkommen erfolgreich zu Ende verhandelt, dann müssen die Regierungen grünes Licht gegeben, durch einen offiziellen Beschluss des EU-Rates.

Und auch die Parlamente müssen zustimmen, das der EU und alle 28 nationalen Parlamente.

Europa ist kompliziert. Das allein ist nicht neu, aber bei der Handelspolitik noch einmal besonders auffällig. Denn hier führen die vielen Gremien und Institutionen nicht nur dazu, dass fast nur Experten durchblicken, wer wann was wie endgültig entscheidet. Es gibt deshalb auch viele versteckte Seitentüren für Lobbyisten: in die Büros der EU-Kommission, in die Wirtschaftsministerien, ins EU-Parlament – und sogar in die Regierungszentralen: Wenn es hart auf hart kommt, schreiten nämlich die Mitarbeiter der Regierungschefs ein. Angela Merkel hat das beispielsweise ganz offensiv getan, als die EU-Kommission die CO_2-Grenzwerte für die Autobranche reduzieren wollte, was die deutschen Hersteller von Luxuskarossen viel Geld gekostet hätte.

Natürlich ist es nicht von vorneherein verwerflich, wenn ein Unternehmensvertreter mit einem Politiker oder Beamten redet. Es kann im Gegenteil sehr nützlich sein. Schließlich sollten Letztere wissen, was ihr Tun bewirkt. Problematisch wird es allerdings, wenn das im Geheimen passiert. Wenn nicht klar wird, wer auf welchen Rat gehört hat. Wenn nur irgendwann auffällt, dass eine Gesetzgebung oder der Vorschlag für eine Formulierung in einem Handelsabkommen fast wörtlich den Empfehlungen einer Branche gleicht. Und wenn die Parlamente und damit die Bürger erst dann offiziell etwas über ein neues Abkommen erfahren, wenn es schon fertig verhandelt ist. Zumindest in der Vergangenheit war das fast immer so. Nur zwei Mal passierte etwas anderes: bei MAI und bei ACTA. Beide Verträge wurden nach öffentlichen Protesten von Parlamenten oder Regierungen gestoppt; dazu später mehr.

Was für Washington die K-Street ist, ist in Brüssel die Place Schuman. Rund um sie liegen die wichtigsten EU-Gebäude, die Büros der Lobbyisten und viele schicke Spesenrestaurants: das

Barbanera, Stanhope oder das Vimar. Alle großen deutschen Verbände haben in Brüssel ihre Vertreter, dazu kommen die Repräsentanten der großen Unternehmen. In fußläufiger Entfernung liegen der Verband der Chemischen Industrie (VCI) und der Bundesverband der Deutschen Industrie (BDI), die Dependance der Deutschen Bank und die der BASF. Dazu kommen die Vertretungen der Städte, Regionen und Landesregierungen, von Gewerkschaften, Think-Tanks, Kirchen und Umweltgruppen. Letztere haben meistens nicht sehr luxuriöse Büros, ihre Vertreter müssen weiter laufen, und ihr Spesenetat ist niedriger.

In den Lobbybüros arbeiten nicht nur ehemalige Angestellte der Kommission. Lobbyisten sind ein bunter Haufen. Dort gibt es Exjournalisten, Expolitiker, Exbotschafter. Hin und wieder findet sich auch der ein oder andere ehemalige Abgeordnete oder Kommissar. Die SPD-Politikerin und Handelsexpertin Erika Mann wechselte beispielsweise aus dem Parlament als Lobbyistin zu Facebook, die ehemalige Kommissarin Monika Wulf-Mathies zur Post. Andere haben mit einem Praktikum im EU-Parlament begonnen und sind dann irgendwie im Viertel rund um die Place Schuman hängengeblieben. Wieder andere wurden von ihren Zentralen in die EU-Hauptstadt geschickt. Alle verbindet jedoch zweierlei: Sie kennen viele Leute aus vielen Ländern, und sie können mit ihnen reden, meist in mehreren Sprachen. Grobe Schätzungen gehen davon aus, dass 15 000 Interessenvertreter in Brüssel aktiv sind. In das EU-Parlament werden 732 Abgeordnete gewählt.

Im Vergleich mit den USA gibt es in Brüssel immer noch wenige Drehtüren. Hier geht es (noch) nicht, dass jemand heute als Banker arbeitet und morgen die Handelsgespräche für die EU leitet. Hier wird der Topmanager von BMW nicht morgen schon zum Generaldirektor in der EU-Kommission. Erstens wäre das für ihn finanziell ein riesiger Abstieg, ohne dass er sicher mit einer Rückkehr auf einen Topjob in der Industrie rechnen könnte. Und zweitens springt es sich von draußen eben nicht so leicht auf Jobs in der Kommission oder deren nachgeordnete Behörden. 2012 hatte die EU-Kommission beispielsweise Mella Frewen für den Vorstand der EU-Lebensmittelbehörde EFSA vorgeschlagen. Frewen leitete damals als oberste Lobbyistin der Lebensmittelwirtschaft deren Brüsseler Verband FoodDrinkEurope (FDE), der nach eigenen Angaben die Arbeit von 700 Experten koordiniert. Zuvor hatte sie für den US-Saatgutriesen Monsanto gearbeitet, der in Europa immer wieder wegen seines aggressiven Werbens für die Gentechnik kritisiert wird. Diese Lobbyistin als Chefin der wichtigsten europäischen Verbraucherinstitution, die unter anderem gentechnisch veränderte Nahrungsmittel auf ihre Sicherheit untersucht? Das war in der EU dann doch vielen zu viel. Nach heftigem Protest des Parlaments fiel Frewen durch.

Am häufigsten finden sich Quereinsteiger in den Kabinetten der Kommissare, und das ist auch so gewollt. Die Kommissare, die aus den Mitgliedsstaaten nach Brüssel entsendet werden, sollen während ihrer Amtszeit wenigstens den einen oder anderen Vertrauten um sich haben. Manche dieser Leute bekommen später dann zwar auch einen dauerhaften Job in der Behörde. Doch sie machen nicht die Mehrheit aus, und sie bestimmen auch nicht das Klima. Quereinsteiger sind im Übrigen ja nicht grundsätzlich ein Problem, sie können im Gegenteil für frischen Wind sorgen. Denn der typische Eurokrat macht seine Karriere traditionell so: Er besteht irgendwann nach dem Studium den Concours, einen mehrstufigen Test, bei dem sich tausende von Bewerbern aus vielen Ländern für wenige Jobs bewerben. Wird er eingestellt, dann bleibt er gern. Seine Karriere endet, wenn alles sehr gut geht, ein paar Jahre vor der Pensionierung auf dem Posten des Generaldirektors.

Der Nachteil des europäischen Systems liegt damit auf der Hand: Die EU-Behörde ist oft nicht besonders innovativ. Es fehlt ihr an politischem Gespür für die Sensibilitäten der Mitgliedsländer und mitunter auch die Kenntnis der Branchen, die sie reguliert. Ihre Beamten fühlen sich nur einem Herrn verbunden, dem Generaldirektor, der sie befördert. Und so werden sie oft als arrogant und selbstbezogen empfunden und als unfähig, schnell auf Kritik zu reagieren. Und immer öfter sind sie schlicht nicht raffiniert genug, um mit den hochbezahlten Experten der Amerikaner mitzuhalten.

Drehtüren, Hintertüren und besondere Einladungen

Doch Brüssel verändert sich gerade – und nicht zum Besseren. Erstens arbeitet die Behörde zunehmend mit Angestellten, die Zeitverträge haben. Werden sie nicht verlängert, dann warten draußen die Jobs in den Büros der Lobbyisten. Und zweitens lockt dann doch den einen oder anderen Beamten, dessen Karriere drinnen vielleicht nicht so schnell vorangeht wie erhofft, das höhere Gehalt draußen. Dabei ist ein Wechsel nach draußen nicht das eigentliche Problem, sondern die Frage, wofür derjenige, der einen neuen Job annimmt, von seinem neuen Arbeitgeber bezahlt wird. Im Herbst 2014 kritisierte ein Bericht der EU-Ombudsfrau Emily O'Reilly viele «Mängel im System der Drehtüren». So sei oft nicht genügend dokumentiert, wohin ein EU-Beamter wechsele, und deshalb könne man auch nicht untersuchen, ob es «Interessenkonflikte» gebe. Im Klartext: Die Kommission interessiert es viel zu wenig, ob ein ehemaliger Beamter von seinem neuen Arbeitgeber vor allem für seine intimen Kenntnisse und die guten Zugänge zu der Behörde bezahlt wird.

Das Büro des Ombudsmannes oder der Ombudsfrau ist ein Art Anwaltsbüro für die Bürger. Es soll die europäischen Institutionen an ihre eigentlichen Aufgaben erinnern und reagieren, wenn etwas offensichtlich falsch läuft, wenn ein Bürger, eine Initiative oder auch ein Unternehmen diskriminiert oder ungerecht behandelt wird. Jedermann kann das Büro anrufen und um Hilfe bitten, doch es kann Missstände auch selbständig dokumentieren. Sehr deutlich hat die derzeitige Chefin Emily O'Reilly kritisiert, dass die Kommission zu lax mit möglichen Interessenkonflikten umgeht. Besonders problematisch findet sie den Umgang mit den sogenannten Expertenkomitees. Denn diese sind in der EU das alltägliche Einfallstor für klassischen Lobbyismus – auch und gerade in der Handelspolitik.

Wie viele vermeintliche oder echte Experten die EU beraten, weiß niemand. Selbst das Büro der Ombudsfrau hat bei der Recherche kapituliert. Weder gebe es «klare Kriterien» dafür, wer ein Experte sei, noch lasse sich bestimmen, welche «Kategorie von Organisation» er vertrete. Dort, wo es Register gebe, seien die höchst lückenhaft. Manchmal würden Experten wegen ihrer «persönlichen» Expertise ernannt, gehörten aber in Wirklichkeit zu einer Interessengruppe. Die Kommission solle doch bitte klar formulieren, so ein Vorschlag der Ombudsfrau, wie sie sich das «Ausbalancieren» von ökonomischen und nichtökonomischen Interessen in einer Beratergruppe überhaupt vorstelle. Und dann verweist die Ombudsfrau noch auf eine Resolution des EU-Parlamentes. Das hatte am 22. Oktober 2014 sogar damit gedroht, einen Teil des Budgets nicht freizugeben, wenn die Kommission nicht ihre Regeln für die Expertengruppen reformiere. Viel passiert ist seither nicht.

Denn die europäische Bürokratie hat ein Problem: Obwohl man es angesichts der Größe ihrer Gebäude kaum glauben mag, ist sie vergleichsweise klein. In der Kommission und im Parlament arbeiten etwa 33 000 Beamte. Das klingt nach viel, es sind aber gerade mal so viele Leute wie in der Stadtverwaltung von München. Die Folge: Sowohl die Mitarbeiter der Abgeordneten als auch die Beamten der Kommission sind oft chronisch überlastet. Da hilft es dann schon mal, wenn ein Lobbyist ein Papier mit ein paar Vorschlägen für die nächste Richtlinie schickt. Natürlich ganz unverbindlich. Es geht nicht ohne die Beratung von draußen. Durch Experten.

Im Oktober 2014 beispielsweise – zuvor war bekannt geworden, wie die Schweiz mit Hilfe europäischer Banken reichen Kunden half, ihr Geld vor den Steuerbehörden zu verstecken –, richtete die Kommission eine dieser vielen Beratergruppen ein. Sie sollte für die Generaldirektion Steuern Tipps erarbeiten, wie man grenzübergreifende Steuervergehen besser in den Griff bekommen kann. Eigentlich keine schlechte Idee. Doch von den 25 vermeintlichen Experten, die da berufen wurden, kamen allein 16 von großen Banken, deren Verbänden oder Beratungsgesellschaften. Darunter waren auch zwei Vertreter des Verbandes der Luxemburger Fonds – also Finanzmarktlobbyisten, die auch noch ausgerechnet aus dem Land stammen, das ein paar Monate nach den Swiss Leaks seinen eigenen Steuerskandal hatte: die Lux Leaks. Die Regierung unter dem heutigen EU-Präsidenten Jean-Claude Juncker hatte jahrelang internationalen Konzernen dabei geholfen, in Europa möglichst wenig oder gar keine Steuern zu bezahlen.

Interessant ist auch die Teilnahme von John Everett. Der vertritt offiziell die British Bankers Association, ist aber angestellt bei Tax Services der HSBC Securities. Die HSBC gehört zu den Banken, die tief in die Swiss Leaks verstrickt waren. Die Hinweise darauf, dass sie wahrscheinlich Kunden dabei geholfen hat, Steuern zu hinterziehen, sind so bedeutend, dass in Belgien und Frankreich jeweils Verfahren gegen die Bank eröffnet wurden. Und nun sitzt ein Angestellter ausgerechnet dieser Bank in dem Gremium, das neue Ideen für die Steuerpolitik der EU entwickeln soll? Die restlichen acht Sitze wurden übrigens an einen Mix von Organisationen vergeben, darunter zwei Vertreter von Genossenschaftsbanken. Gar nicht dabei sind Gewerkschaften. Oder Wissenschaftler, die sich in dem Thema auskennen.

Fälle wie diese gibt es viele. Ab und zu fällt das auf, immer dann, wenn die Unausgewogenheit gar zu offensichtlich ist. Wie in dem Expertengremium, das die EU-Kommission beim Umgang mit Fracking beraten soll: Zwei Drittel der Mitarbeiter stammen aus der Industrie oder sind mit ihr finanziell verbunden. Weniger als zehn Prozent kommen aus Umweltgruppen.

Seit Mitte 2015 versuchte Transparency International, mehr Licht in das Dunkel zu bringen. Auf der Internetseite «integrity watch.eu» kann man sehen, wer sich laut offiziellem Lobbyregister wie oft mit Kommissionsvertretern zu welchem Thema getroffen hat. Die drei aktivsten Lobbyisten sind demnach der Trans-Atlantic Business Council, Eurochambers und der Europäische Runde Tisch der Industriellen. Dabei dokumentieren auch diese Daten nicht das ganze Bild. Denn gerade Kommissare, Kabinettsmitglieder und die Leiter der Generaldirektionen verschweigen so manches Mittagessen. Doch die Transparency-Recherchen bestätigen die immer gleiche Tendenz.

Wirtschaftsvertreter haben in Brüssel deutlich mehr zu sagen als andere Gruppen – auch wenn diese mindestens genauso betroffen sind. «Die Positionen der EU und der USA beim Handel spiegeln weitgehend die Interessen der Wirtschaft wider», schreiben die Wissenschaftler Andreas Dürr und Lisa Lechner von der Universität Salzburg. Übersetzt man die höflichen Worte der Wissenschaftler, dann heißt das so viel wie: Guckt beim Business Europe an der Avenue de Cortenbergh 168 vorbei, und ihr wisst in etwa, worüber im Schuman-Gebäude der EU-Kommission nachgedacht wird.

Pierre Defraigne hat einst in der Kommission für Etienne Davignon und danach für den Handelskommissar Pascal Lamy gearbeitet. Er kennt das Brüsseler Geschäft also genau, heute leitet er die renommierte Madriaga Stiftung. Es gebe ein «geheimes Einverständnis zwischen der EU-Kommission und Wirtschaftsvertretern, bei dem das angebliche Einverständnis des Verbrauchers einfach angenommen wird», schreibt der Ökonom. Es fehle an der Balance zwischen Wirtschaft und Sozialem. Die Kommission sei zu einer Maschine geworden, in der sich ein Oktopus aus amerikanischen und europäischen Lobbys immer breiter mache. Und dann schreibt er noch: Das europäisch-amerikanische Handelsabkommen TTIP sei das Produkt dieser Vermischung.

Da bleiben nur zwei Interpretationsmöglichkeiten: Entweder Europas Regierungen sind zu dumm, um zu merken, was da passiert. Oder sie wollen es genau so. Man weiß nicht genau, was man sich eher wünscht. Aber man versteht ein bisschen besser, warum in der Handelspolitik das passiert, was passiert.

Für ein noch tieferes Verständnis folgt jetzt ein kurzer Blick in die Geschichte.

Die Erde ist nicht flach – noch nicht
Eine kurze Geschichte
der modernen Welthandelspolitik

D ie moderne Handelspolitik beginnt mit einer diplomatischen
Niederlage. Nach dem Ende des Zweiten Weltkrieges war der
globale Handel weitgehend zusammengebrochen. Kaum jemand
verschickte noch Waren über die Grenzen des eigenen Landes.
In dieser Situation wollten ein paar Regierungen nicht nur ihre
heimische Wirtschaft wieder ins Laufen bringen, sondern gemeinsam die Lehren aus den Irrtümern der Vorkriegszeit ziehen: Niemals mehr sollte mangelnde ökonomische Kooperation
eine politische Krise verschärfen. Statt wie in der Vergangenheit
wechselseitig die Währungen abzuwerten, Zölle anzuheben oder
Exporte zu verbieten, sollte die Wirtschaft, so ihre zugleich geniale und banale Idee, gemeinsamen, verbindlichen Regeln gehorchen. Die Unternehmen sollten sich fair Konkurrenz machen
auch über die Grenzen hinweg, dadurch in friedlicher Konkurrenz innovativer werden, wachsen und für Jobs und Wohlstand
sorgen. Und nebenher auch für Frieden. Also machten sich die
Regierungen daran, neue Regeln für die Handelspolitik aufzu-
stellen.

Vertreter von 53 Regierungen trafen sich im Frühjahr 1948
auf Kuba. Die Insel muss die Delegierten damals zum Träumen
gebracht haben. Sie diskutierten, wie ein fairer Umgang mit Roh-
stoffen funktionieren könne. Darüber, wie die Regierungen

schnell weltweit für Jobs sorgen könnten. Sogar über den richtigen Umgang mit Auslandsinvestoren dachten sie nach – und räumten den Regierungen der Empfängerländer weitgehende Rechte ein. Die Politiker aus dem Süden, die ihre Kolonialherren noch nicht lange los waren oder sahen, wie andere noch unter deren Ausbeutung ihrer Länder litten, legten darauf besonderen Wert. Und so einigten sich alle im März 1948 auf die Gründung einer internationalen Handelsorganisation (ITO).

Doch die amerikanischen Regierungsvertreter, die mitverhandelt hatten, trauten sich nicht, die ITO-Charta ihrem Kongress überhaupt zur Beratung vorzulegen. Zu groß war ihre Sorge, in der neuen Organisation von linksregierten Entwicklungsländern überstimmt zu werden und die eigenen, US-amerikanischen Interessen nicht mehr in der Welt durchsetzen zu können. In einem Abkommen ohne die USA sahen aber auch die anderen Regierungen keinen Sinn mehr. Die ITO war noch vor ihrer Geburt gestorben. Nur die Idee, dass eine faire Weltordnung möglich sei, lebt heute noch.

Ganz ohne Regeln ging es trotzdem nicht weiter, nur eben mit anderen. Fünfzehn Regierungen hatten schon vor der Konferenz in Havanna in einem kleineren Kreis begonnen, über eine weiterreichende Liberalisierung des Handels zu diskutieren. Sie wollten Zölle reduzieren und ein paar Regeln vereinfachen. Daraus wurde schließlich das GATT (General Agreement on Tariffs and Trade), das Allgemeine Zoll- und Handelsabkommen; es trat 1948 in Kraft. Mit dabei waren 23 Nationen. Heute hat der Nachfolger, die Welthandelsorganisation (WTO), 168 Mitglieder. Heute ist also fast die ganze Welt dabei.

Hinter dem Parc Mon Repos am Ufer des Genfer Sees, gleich hinter den Blumenrabatten, hat die Institution seither ihren Sitz: In dem braun-grauen Palast versammelte das Sekretariat in den vergangenen Jahrzehnten immer wieder sogenannte Handelsrunden, in denen die Regierungen gemeinsam über Zölle und die Veränderung der Regeln stritten. Dass die auch eingehalten werden, darüber wacht das Sekretariat ebenfalls und entwickelte sich so zu dem Motor für die globale Öffnung der Märkte.

Mehr als ein halbes Jahrhundert später beschrieb der amerikanische Publizist Thomas L. Friedman die Geschichte dieser Nachkriegspolitik in einem der erfolgreichsten Bücher über die Globalisierung. Er verglich die Zölle und Quoten, die die Einfuhr ausländischer Produkte begrenzt, mit künstlichen Bergen, an denen die Handelsströme abprallen. Und er beschrieb, wie die Regierungen die Berge abtrugen und dadurch der Welthandel anschwoll. Heute sind die meisten Berge verschwunden. «Die Welt ist flach», so nannte Friedman sein Buch.

Was Friedman behauptet, stimmt natürlich nicht ganz. Bei genauerem Hinsehen sind da immer noch Unebenheiten zu erkennen, kleine Anhöhen, Hügelketten, sogar die eine oder andere Felswand. Viele Länder schützen ihre Bauern, manche bestimmte Branchen, einzelne Firmen oder auch nur ein Produkt oder ein Verfahren. Sie erreichen das immer noch durch Zölle, auch wenn die meisten längst niedrig sind. Doch umso erfindungsreicher sind Regierungen darin, andere Hindernisse zu erfinden – oder zu erhalten. Sie erlassen Regeln, die nur die eigenen Unternehmen erfüllen können. Sie subventionieren ihre Industrie oder erfinden Quoten. In den USA etwa verpflichtet der «Buy American Act» die öffentlichen Behörden, amerikanische Waren zu kaufen. Israel verabschiedete 2013 den «Defensive Textile Act», der Polizei und Militär dazu vergattert, ihre Uniformen bei heimischen Herstellern zu ordern. Ausländer kommen nur zum Zug, wenn ihr Angebot 50 Prozent unter den besten einheimischen liegt. Indien verlangt seit 2011, dass bestimmte Sicherheitstechnik für die Bahn zu 100 Prozent im Land gefertigt werden muss. Auch aus politischen Gründen beschränkten Regierungen den Handel immer wieder: Die USA haben Kuba jahrzehntelang blockiert, um Fidel Castro zu schwächen. Die Europäer verkaufen seit 1989 keine Waffen mehr an China, seit die Studentenrevolte auf dem Tiananmen-Platz brutal beendet wurde. Und nach Nordkorea liefert eine große Zahl von Ländern keine Luxuswaren, weil die Regierung ihre atomare Aufrüstung nicht einstellt.

Immerhin aber haben die großen Wirtschaftsmächte die Handelspolitik nicht wieder wie in den 1930er Jahren benutzt, um sich gegenseitig zu ruinieren. Zumindest in dieser Hinsicht hat die Handelsdiplomatie halbwegs funktioniert.

Kleidung aus Vietnam, Flachbildschirme aus Südkorea, Mangos aus Marokko: dass all das heute billig zu kaufen ist, liegt an den langen und oft zermürbend langweiligen Handelsrunden der vergangenen Jahrzehnte. In ihnen stritten Diplomaten oft jahrelang darum, wer welchen Markt für ausländische Importe öffnet. Da ging es um Prozentsätze und Quoten, um gebundene und ungebundene Tarife. Anfangs waren viele Regierungen noch schnell bereit, Zölle zu senken. Allerdings zeigte sich auch damals schon die Scheinheiligkeit der Europäer und der Amerikaner. Denn die predigten zwar weltweit gern, wie sinnvoll die Öffnung der Märkte sei. Sie waren aber zugleich klug (oder verschlagen) genug, Privilegien der nationalen Industrien zu verteidigen und sich damit einen Vorsprung vor der Konkurrenz zu sichern: in der Luftfahrt, der Automobilindustrie, auch in der Landwirtschaft zum Beispiel. Die ersten Handelsrunden waren im Grunde so konstruiert, dass sie den «Spielraum» der Industrieländer für eine eigene Wirtschaftspolitik bewahrten und zugleich die schlimmsten «merkantilistischen Praktiken beschränkten», schreibt die UNCTAD, eine Organisation der Vereinten Nationen, die in Genf sitzt und die Interessen der Entwicklungsländer stärker im Blick hat. Sie meint damit, dass die EU und die USA zwar wichtige Branchen nach und nach der globalen Konkurrenz aussetzten und auch hingenommen haben, dass eigene Unternehmen in billigere Länder abwanderten. Die

Textilindustrie beispielsweise, oder Stahlhersteller. Doch oft warteten sie lange, bis sie deren Schutz verringerten. Manchmal sogar bis in die Gegenwart.

Bis 1994 gab es acht Welthandel-Verhandlungsrunden. Die neunte Runde läuft nun schon seit über einem Jahrzehnt, sie begann 2001 in Doha. Lange schien der Erfolg durchaus für die Verhandlungen zu sprechen: Jahrzehntelang wuchsen die Länder, die ihre Märkte für Konkurrenz aus dem Ausland öffneten, schneller als der Rest. «Hinter Wirtschaftswundern», schrieb die Weltbank einmal, habe stets «die Öffnung der Märkte für Handel und Wettbewerb gestanden», und belegte das mit eindrucksvollen Zahlen. Allerdings sagen diese nichts darüber, wie der Reichtum verteilt wurde. Sie erzählen nicht, welche Länder zu den Gewinnern gehören und welche Menschen. Mit wie viel Umweltzerstörung er erkauft wurde. Und wem die jeweils neuen Regeln mehr nutzen.

Wer die richtigen Worte findet, hat Macht über das Denken

Bereits vor gut 50 Jahren begann zugleich ein Prozess, von dessen Folgen damals noch niemand etwas ahnte. Ein Prozess, der die Handelspolitiker zu den Schlüsselfiguren des globalen Kapitalismus machen wird: die schleichende Ausweitung ihrer Kompetenzen. Nach und nach eroberten sie sich immer neue Gestaltungsmacht – tief hinein in immer neue Bereiche der Gesellschaft. Nach und nach gelang es ihnen, die eine Idee durchzusetzen: Handel ist gut, mehr Handel ist besser.

Handel wird damit zum Ziel an sich.

Der amerikanische Linguist George Lakoff hat beschrieben, wie Sprache, wie eine bestimmte Bezeichnung für eine bestimmte Politik dafür sorgen kann, dass Menschen sie anders wahrnehmen. Schon in den 60ern beginnt das in der Handelspolitik durch die Karriere einer Wortkombination. Sie lautet:

«nichttarifäre Handelshemmnisse». Zunächst nimmt diese Wortkombination über den engen Zirkel der Fachleute hinaus kaum ein Mensch wahr – und auch heute kennen viele Leute sie noch nicht. Und doch ermöglicht sie einen anderen Blick auf die Politik und die Gesellschaft, einen Blick, den bewusst oder unbewusst immer größere Teile der Eliten übernehmen.

Ein nichttarifäres Handelshemmnis ist, um in Friedmans Bild zu bleiben, jeder Hügel und jeder Berg auf der Ebene. Es ist alles, was neben Zöllen den Export und Import behindert. Wenn beispielsweise Deutschland die Produktion von Stahl subventioniert, dann wird es für Südkorea schwerer, dieses Material hierher zu exportieren. Also sind Subventionen nichttarifäre Handelshemmnisse. Wenn umgekehrt Südkorea nur Ventile erlaubt, die eine Norm erfüllen, welche nur die heimischen Hersteller produzieren, dann macht dies das Geschäft für deutsche Konkurrenten schwerer. Doch unter den Begriff fällt noch mehr: Gesetze zum Schutz von Umwelt oder Arbeitnehmern, die Bevorzugung lokaler Unternehmen oder auch Regeln für den Umgang mit geistigem Eigentum.

Das alles in einen Begriff zu packen, folgt einer bestechend einfachen Logik: Wenn alles ein Hindernis ist, kann alles in Frage gestellt werden. Man muss dann nicht mehr ausführlich erklären, warum man beispielsweise eine globale Ausschreibung für die Aufträge von Kommunen erzwingen will. Das ist dann eine logische Konsequenz. Und so kann man mit ein wenig Phantasie den Markt in immer neue Bereiche der Gesellschaft vordringen lassen. Ist es nicht auch ein Handelshemmnis, wenn Hamburg sein Stromnetz wieder ins Eigentum der Stadt zurückholt?

Niemals zuvor oder danach haben Diplomaten gemeinsam so umfassend viele neue Regeln für den Welthandel gesetzt wie zwischen 1986 und 1994 in der sogenannten Uruguay-Runde. Sie verhandelten über insgesamt 15 Bereiche, Zölle waren nur noch ein kleiner unter vielen anderen. Sie erfanden einen Streitschlichtungsmechanismus, Methoden, um die Subventionen für die Landwirtschaft und die Textilindustrie zu reduzieren, Regeln für Dienstleistungsmärkte. Sie beschlossen die Gründung der Welthandelsorganisation (WTO). Sie versprachen sich gegenseitig, künftig noch mehr zu liberalisieren: die Finanzmärkte, die Telekommunikation, die Schifffahrt. Am Ende unterschrieben sie Abkommen, die bis heute wirken und sich hinter Abkürzungen wie GATS, TRIPS oder TRIMS verstecken.

Handelspolitik spiegelt immer auch den Zeitgeist: Liberalisierung und Privatisierung gelten bei vielen Regierungen Ende der 80er Jahre als das Patentrezept für Wachstum und Wohlstand. Es sind die Jahre, in denen in den USA Ronald Reagan zum Präsidenten gewählt wird und die sogenannten Reagonomics durchsetzt. Der Republikaner propagiert die Reduzierung von Steuern, die Privatisierung bislang staatlicher Aufgaben und Unternehmen. Eben das ganze Instrumentarium des Neoliberalismus.

Dazu gehört auch die Annahme: Wenn die Wirtschaft nur ordentlich von Regeln befreit wird und dann boomt, wird von dem Reichtum schon genug nach unten durchsickern. «Unter den Tendenzen, die Wirtschaftswissenschaften schaden, ist die verführerischste und in meinen Augen auch giftigste die Beschäftigung mit Verteilungsfragen», erklärt der Nobelpreisträger Robert Lucas, Jr. von der University of Chicago, einer der damals einflussreichsten amerikanischen Ökonomen der vergangenen Jahrzehnte. Solche Ideen machen Schule, zumal sie – zumindest anfänglich – Aufbruchsstimmung vermitteln und einen einfachen Weg weisen, um die massive Verschuldung der Staaten abzubauen. Denn es gibt in jenen Jahren ja tatsächlich ein Problem: Anfang der 80er Jahre sind viele Industrieländer überschuldet und zugleich unnötig stark reguliert. Es ist die Zeit, in der es in Deutschland nur ein Telefon gibt: es ist grau, hat eine Wählscheibe und darf nur von der Post installiert werden. Da klingen die Botschaften der Neoliberalen verführerisch: Statt hoher Staatsausgaben lieber viel Privatinitiative. Statt unbeweglicher Bürokratien besser schnelle Unternehmer. Statt des Schutzes alter Privilegien viel Raum für neue Initiativen.

Auch in Europa setzen sich diese Ideen durch. In Großbritannien regiert die Eiserne Lady Margaret Thatcher, die im großen Stil die Staatsbetriebe privatisiert, die Gewerkschaften bekämpft und die Finanzmärkte von staatlicher Aufsicht befreit. «Es gibt keine Alternative», begründet sie ihre radikale Politik. Und ihren Kritikern, die das Auseinanderbrechen der Gesellschaft in Arm und Reich befürchten, hält sie trocken entgegen: «Es gibt keine Gesellschaft. Es gibt nur Männer, Frauen und Kinder.» Heute, im Rückblick, weiß man, wie viel Sinnvolles die Schocktherapie der Thatcher und Reagan unnötigerweise zerstörte. Wie ihr Furor nötige Reformen ins Absurde steigerte. Die staatliche britische Bahn, die immer zu spät kam, funktioniert heute als privates Monopol auch nicht besser. Überhaupt leidet Großbritannien noch Jahrzehnte später darunter, dass damals die industrielle Basis des Landes nicht, wie behauptet, durch eine Radikalkur befreit, sondern eher zerstört wurde und sich nie davon erholt hat. Neidisch schauen die Briten heute auf die deutschen Unternehmen. Und leben von den Geschäften, die in der Londoner City gemacht werden und damit an den Börsen der Welt.

Die 80er und frühen 90er Jahre haben auch mentale Spuren hinterlassen. Sie veränderten das Denken der Eliten, verankerten den Glauben an die grundsätzlich Wohlstand steigernde Wirkung des Marktes tief im Bewusstsein. Dies hat sicher damit zu tun, dass damals der «Eiserne Vorhang» fiel und das real existierende Gegenmodell zum Kapitalismus endgültig diskreditiert war. Es liegt aber auch am gedanklichen Rahmen, den die neoliberalen Meinungsführer in jenen Jahren so erfolgreich verbreiten konnten. Die Idee von der grundsätzlich Wohlstand steigernden Wirkung der «freien Märkte» setzte sich in den Köpfen fest – ohne dass noch gefragt wurde, ob das immer stimmt und wessen Spielraum und Wohlstand das genau erhöht. Bis heute wird trotz aller Finanzkrisen die globale Liberalisierung der Märkte von kaum einer Regierung grundsätzlich in Frage gestellt.

Die 90er: große Demos, viel Selbstkritik – kleine Wirkung

Anfang der 90er Jahre formieren sich die ersten Vorläufer der Antiglobalisierungsbewegung, zuerst in den USA und Kanada und später dann auch in Europa. Viele wütende junge Leute protestieren gegen die Zerstörung der Umwelt. Sie wehren sich aus Gerechtigkeitsgefühl gegen die Dumpingpreise, mit denen hochsubventionierte Agrarprodukte aus den reichen Ländern die Märkte in Afrika zerstörten. Gegen Regeln, die vor allem unserer Wirtschaft nutzen. Aus wenigen Vollzeitaktivisten werden in den kommenden Jahren immer mehr Empörte. Zu den Umweltschützern stoßen Teile der Gewerkschaften, Dritte-Welt-Gruppen, Kapitalismuskritiker: Menschen, die das System unfair und unausgewogen finden – und sich weltweit vernetzen.

Die Weltöffentlichkeit bemerkt das, als 1999 die Bilder aus Seattle über die Bildschirme der Nachrichtensender gehen. Sie ist überrascht – und schockiert. In der liberalen und weltoffenen amerikanischen Stadt wollen die Handelsminister aus der ganzen Welt eine neue Runde starten. Doch sie kommen kaum dazu. Rund um das abgesperrte Tagungszentrum tobt der Straßenkampf. Tagelang. Aus einer friedlichen Demonstration wird eine

Schlacht zwischen schwer bewaffneter Polizei und immer wütenderen Protestlern. In «Battle of Seattle» zeigt der Regisseur Stuart Townsend, wie sich der Konflikt zuspitzt. In seinem Film sind die Prototypen des Globalisierungsdramas alle vertreten: die friedlichen Demonstranten, die einen Baukran entern, um ein WTO-kritisches Plakat daran aufzuhängen. Der Bürgermeister, der erst auf Deeskalation setzt, dann aber unter politischen Druck gerät und die Nationalgarde ruft. Die Soldaten, die brutal gegen die Demonstranten vorgehen. Vermummte, die Steine werfen. Der Delegierte der Organisation Ärzte ohne Grenzen, der hofft, auf die Probleme der Entwicklungsländer aufmerksam machen zu können, und für günstige Medikamente wirbt, aber gegen einen Lobbyisten der Pharmaindustrie verliert. Die afrikanischen Delegierten, denen von der Konferenzleitung der Dolmetscher entzogen wird und die am Ende die Konferenz scheitern lassen.

Die Delegierten reisen aus Seattle ab, ohne etwas beschlossen zu haben. Das liegt vor allem an ihrer offensichtlichen Uneinigkeit – und dem wachsenden Selbstbewusstsein mancher Schwellenländer, die die Pläne der Amerikaner und Europäer nicht mehr hingenommen haben. Die Gegner des Freihandels feiern das Scheitern jedoch als ihren Sieg, als einen Beweis dafür, dass die Reichen nicht länger die Regeln für den Welthandel zu Lasten der Armen diktieren.

Tatsächlich scheint sich etwas zu ändern. Zwei Jahre später, im November 2001 auf dem Gipfel in Doha, klingt die Abschlusserklärung streckenweise so, als ob der Vertreter einer Dritte-Welt-Gruppe sie geschrieben hätte: «Die Mehrzahl der WTO Mitglieder sind Entwicklungsländer. Wir wollen ihre Bedürfnisse und Interessen ins Zentrum des Arbeitsprogramms stellen. Wir erkennen an, dass alle Menschen von den Möglichkeiten und den Wohlfahrtsgewinnen des internationalen Handels profitieren müssen.»

Der Grund für diesen neuen Ton sind jedoch nicht die Argumente der Globalisierungskritiker. Es ist vielmehr der 11. September 2001. Der Tag, an dem fundamentalistische Terroristen zwei Flugzeuge in das World Trade Center in New York lenkten. Der Terroranschlag verändert die Weltpolitik in vielerlei Hinsicht. Der Schock über dieses Attentat sitzt noch tief, als im Dezember die Konferenz in Doha stattfindet. In jenen Tagen eint die Weltpolitiker nicht nur das Entsetzen, sondern auch eine Analyse: Wenn man den Zulauf zu den religiösen Fundamentalisten stoppen will, muss man den armen Ländern mehr Entwicklungsmöglichkeiten bieten. Man muss die Perspektivlosigkeit bekämpfen und deswegen die Regeln des internationalen Handelssystems umformulieren. Beispielsweise so, dass sich der Norden verpflichtet, die Subventionen für die eigenen Landwirtschaften zu kappen, damit sie nicht länger die Märkte des Südens zerstören. In Doha, so der erklärte Wille aller, solle eine Entwicklungsrunde beginnen.

Doch der Wille reicht nicht weit. 2004 kommt der Schweizer Jean Ziegler in einem Bericht an die UNO zu dem Ergebnis: «Das Unrecht des globalen Handelssystems wird unter der WTO nicht gelöst, sondern fortgeschrieben. In den Entwicklungsländern verlieren Millionen Bauern ihre Lebensgrundlage, aber auch in den Industrieländern leiden die kleinen Farmer.» Das liegt sicher daran, dass die Interessen der Länder immer unterschiedlicher werden. Brasilien teilt mit Niger nicht mehr Interessen als mit Belgien. Doch die Hauptverantwortlichen sind die EU und vor allem die USA. Sie haben nicht die Kraft, ihre Privilegien wirklich aufzugeben und etwas Grundsätzliches zu ändern. Der Ökonom Jagdish Bhagwati von der New Yorker Columbia University ist einer der weltweit berühmtesten und einflussreichsten Handelsexperten der Welt. Er klagt im Sommer 2015 in Berlin: Das Doha-Abkommen sei im Rückblick daran gescheitert, dass es in den USA niemand wollte: weder die Gewerkschaften, noch die Umweltverbände, aber auch nicht die Wirtschaft. Für Letztere sei einfach zu wenig herausgesprungen.

Am Ende des alten Jahrtausends also nicht Neues: Abkommen, die der Wirtschaft der reichen Länder nichts nutzen, werden nicht abgeschlossen. Bis heute ist Doha nicht fertigverhandelt.

Das neue Jahrtausend: Wir öffnen viele kleine Clubs

Die kanadische Politikwissenschaftlerin Noemi Gal-Or beschreibt, was seither geschieht, so: «Wenn ein Beobachter vom Planeten Mars sich fragen sollte, ob und wie er dem Planeten Erde ein Handelsangebot machen sollte, so stünde er vor einer schwierigen Entscheidung. Was der Marsbewohner sehen würde, ist eine dreidimensionale interaktive Schatzsucherkarte auf dem neuesten Stand der Technik, die ein Labyrinth zeigt, das durch eine mehrschichtige, mehrdimensionale und multifaktorielle veränderliche Geometrie führt, die von Staaten gebildet wird, die verzweifelt versuchen, sich mehreren Allianzen anzuschließen.» Es gründen sich viele exklusive Clubs, mal aus zwei Ländern, mal aus einer Handvoll, mal schließt sich eine geographische Region zusammen, mal sind es weit entfernte Handelspartner. Die Zahl der sogenannten bilateralen oder regionalen Handelsabkommen explodiert: Am 7. April 2015 zählt die Welthandelsorganisation sage und schreibe 612 regionale Handelsabkommen, davon sind 406 bereits in Kraft getreten. Inzwischen gibt es kaum noch ein Land der Erde ohne die Mitgliedschaft in einem solchen Club. Noemi Gal-Or nennt das Welthandelssystem deswegen eine «Mehrfachhelix».

Man könnte auch sagen: Die Regierungen benehmen sich wie Katzen, die mit Wollfäden spielen. Sie schaffen ein kaum zu entwirrendes Knäuel.

Wieder setzen die beiden großen Wirtschaftsmächte den Trend. In Washington und Brüssel hat man in den 90er Jahren längst erkannt, dass sich manches viel leichter durchsetzen lässt, wenn nur *ein* großer Verhandler am Tisch sitzt und ein paar kleinen Ländern die Bedingungen diktieren kann. Die Großen können bei bilateralen Gesprächen Bedingungen formulieren, die in der WTO unvorstellbar wären: Vor allem die Amerikaner machen davon eifrigen Gebrauch. Politisches Wohlverhalten wird verlangt. Freihandelspartner, so sagte im Mai 2003 in einer Rede der ehrgeizige Handelsrepräsentant Robert Zoellick, der später Weltbankpräsident wurde, müssten «als Minimum» auch in Fragen der Außenpolitik und der nationalen Sicherheit kooperieren. Doch es geht auch um alle möglichen Regeln, die der eigenen Industrie nutzen. In einem Abkommen mit Singapur, das noch zu Zeiten von George W. Bush verhandelt wurde, wird zum Beispiel die Öffnung des dortigen Marktes für amerikanische Finanzdienstleister vereinbart, dazu kommen der Schutz amerikanischer Investitionen und Urheberrechte sowie anderer typischer Brancheninteressen.

Sogar der Kaugummihersteller Wrigley hat es geschafft, die Regierung für sich einzuspannen. In Singapur ist der Import von Kaugummi nämlich in jener Zeit verboten. Natürlich ist das lächerlich, doch das ist für diese Geschichte nicht der springende Punkt. Interessant ist, wie sehr eine Firma ihr Interesse zu der eines ganzen Landes machen kann. Wrigley organisiert sich zunächst die Hilfe eines Abgeordneten, Phil Crane. Der wiederum überzeugt den Handelsbeauftragten, dass die Kaugummi-Industrie durch Singapur diskriminiert werde. Und damit wird das Verbot von Kaugummi zu einem wichtigen Punkt der Handelsgespräche. Für eine Weile sogar zu dem wichtigsten ökonomischen Hindernis – bis die Regierung in Singapur schließlich eine gesichtswahrende Lösung findet. Sie erlaubt den Import von zahnfreundlichen Produkten. Verkaufen dürfen diese Kaugummis aber nur Apotheken und Zahnärzte, und sie müssen die Namen der Kunden aufschreiben. Nicht alle Regierungen sind so findig, wenn sie sich gegen die Forderung eines großen Verhandlungspartners nicht mehr wehren können. Und nicht alle Geschichten so absurd und zugleich so harmlos.

Das erste tiefgreifende regionale Abkommen der Amerikaner ist NAFTA (North American Free Trade Agreement), das 1994 die Wirtschaft der USA mit der Mexikos und Kanadas zusammenbindet. Europa ist zu jener Zeit mit der Erweiterung der EU beschäftigt, auch sie ist ja ein großes Liberalisierungsprogramm, allerdings flankiert durch Übergangsregeln und Hilfsprogramme. Doch die EU schließt auch Verträge mit fernen Ländern – in Asien, Afrika und Südamerika. Gleich eine ganze Reihe von European Partnership Agreements hat sie mit afrikanischen Regierungen in den vergangenen Jahren unterzeichnet und dabei immer wieder auch Exporterleichterungen für die mächtige europäische Agrarindustrie durchgesetzt, obwohl oft genug dokumentiert wurde, wie unsere subventionierten Billighühner oder unsere Milch die lokalen afrikanischen Bauern in den Ruin treiben.

Der ehemalige mexikanische Staatspräsident Ernesto Zedillo nennt den europäisch-amerikanischen Wettlauf um bilaterale Handelsabkommen eine «Strategie des Teilens und Herrschens». Tatsächlich sind die EU und die USA mal globale Konkurrenten und mal Partner. Beide eint und trennt dasselbe Ziel: Sie wollen schneller als die anderen neue Märkte für ihre Unternehmen erschließen und deren Rechte ausbauen – jeweils ohne selbst zu viel dafür geben zu müssen. Dabei nutzen sie den jeweils anderen zugleich als Argument und Druckmittel.

Deswegen verhandeln die beiden Riesen auch heute weiter – und weiter. Einen «Dominoeffekt» nannte das der Genfer Wirtschaftsprofessor Richard Baldwin. Derzeit sind sie im Gespräch mit den meisten südostasiatischen Staaten. Das große Projekt der USA heißt TPP (transpazifische Partnerschaft) und umfasst Australien, Brunei, Kanada, Chile, Japan, Malaysia, Mexiko,

Neuseeland, Peru, Singapur und Vietnam. Die EU wiederum verhandelt jeweils getrennt mit einer Reihe dieser Länder, sie redet zudem unter anderem mit China und Indien. Ein Abkommen mit Singapur ist fertig verhandelt, aber noch nicht von den Parlamenten abgesegnet, und auch das kanadisch-europäische Abkommen CETA ist fast fertig, hat aber von den Parlamenten ebenfalls noch kein grünes Licht erhalten. Mit dem geplanten europäisch-amerikanischen Abkommen TTIP, über das seit 2013 verhandelt wird, wollen die USA und die EU den größten Wirtschaftsraum der Welt schaffen.

Ohne die Abkommen CETA mit Kanada und TTIP mit den USA werde Europa von den boomenden asiatischen Ländern abgehängt, warnt Wirtschaftsminister Sigmar Gabriel im November 2014 im Bundestag: «Sind wir als Europäer draußen vor, dann ist das für eine Exportnation wie Deutschland eine mittlere Katastrophe.» Dann seien hunderttausende Arbeitsplätze in der Industrie gefährdet. Dies treffe nicht den öffentlichen Dienst oder Parlamentarier, sondern Facharbeiter und Angestellte. «Die werden das am Ende bezahlen müssen.» Aber ist die Liberalisierung wirklich ein Wettlauf, bei dem den Letzten die Hunde beißen? Sigmar Gabriel findet das. Barack Obama auch. Die EU-Kommission ebenfalls. Und so spielen die Katzen weiter.

«Diese Verträge sind die Plage des Welthandelssystems», findet Jagdish Bhagwati. Durch die Vielzahl an Abkommen entstehe ein unüberschaubarer Wust an Regeln, die am Ende den Handel nicht erleichtern, sondern erschweren werden. Weil sich die komplizierten Regeln gegenseitig ausschließen. Tatsächlich hat allein das geplante CETA-Abkommen zwischen Kanada und der EU 1634 Seiten.

Die Welt der Zukunft: Alte Ideen in immer neuen Paragraphen

Trotz der neuen Vielfalt ist eines auffällig: Immer wieder tauchen ähnliche Ideen in veränderter Form in unterschiedlichen Verträgen auf – selbst wenn sie zuvor anderswo von Volksvertretern abgelehnt wurden. «Was sie bei der WTO nicht geschafft haben, das versuchen sie jetzt bilateral – und durch die Globalisierung eines Rechtssystems, das vor allem ihnen nutzt», sagt Melinda St. Louis. Mit «sie» meint die Handelsexpertin der Bürgerrechtsorganisation Public Citizen die exportstarken Multis und die Branchen, die weltweit Geschäfte machen und ihre Rechte entsprechend abgesichert sehen wollen. Melinda St. Louis hat einen selbstkritischen Blick auf die Vergangenheit: «Der Erfolg unseres Protestes macht uns heute Probleme», sagt sie. Tatsächlich war es für die Antiglobalisierungsbewegung vergleichsweise leicht, die Runden der WTO ins Visier zu nehmen und den Einfluss der Lobbys zu enttarnen. Die bilateralen Abkommen, die hingegen heute von Regierungen in ganz unterschiedlichen Hauptstädten mit ganz verschiedenen Partnern verhandelt werden, lassen sich viel schwerer verfolgen.

Die Handelspolitik wird so zu einer Art Wettlauf mit unfairen Mitteln: Erfahren die Kritiker früh genug vom Inhalt eines geplanten Abkommens und organisieren sie dann eine Kampagne, um vor der Einschränkung der demokratischen Rechte oder sozialen Errungenschaften zu warnen, so kann das Abkommen scheitern. Doch im Stillen plant die Handelselite dann einfach das nächste Abkommen. Oder konkret: Während die Proteste über das europäisch-amerikanische Abkommen TTIP langsam Wirkung zeigen, verhandelt die EU-Kommission in unserem Namen still und leise in Genf über TISA. Das soll die Dienstleistungsmärkte in Europa, den USA, Japan und 21 weiteren Ländern öffnen.

Sie können das, weil die Kritiker meist defensiv agieren. Zu viel mehr haben sie weder Zeit noch Energie oder Mittel. Sie bekämpfen konkrete Projekte, TTIP, TTP, CETA und wie die Verträge sonst noch heißen. Manchmal gewinnen sie sogar. Wie lange und wie oft das künftig so sein wird?

Das Ende der Geschichte ist offen.

GATT, GATS und andere Kürzel
Der Siegeszug des Marktes wird
durch globale Regeln unumkehrbar

Wenn Experten miteinander reden, dann erfinden sie gern Abkürzungen. Das ist normal, es macht das gegenseitige Verständnis leichter und beschleunigt die Gespräche. Aber es schließt viele aus. Wer nicht zu dem illustren Kreis gehört, schaltet bei Kürzeln meistens ab und nimmt im Zweifel an, dass die Experten schon wissen, was sie tun. So lange, bis es knirscht.

In der Handelspolitik wimmelt es vor Abkürzungen. Verstanden werden sie von den Beamten der Ministerien, den Juristen der großen Konzerne, den Lobbyisten – und diskutiert vielleicht noch von einigen Wissenschaftlern und ein paar globalisierungskritischen Aktivisten. Jedenfalls war das bis in die 90er Jahre so, als das GATS entstand, das General Agreement on Trade in Services. Das GATS lässt sich leicht mit dem GATT verwechseln, dem Vorläufer der Welthandelsorganisation. Offiziell ist das GATS ein Freihandelsabkommen, das die Dienstleistungsmärkte für ausländische Unternehmen öffnet. Doch es hat einen beabsichtigten Nebeneffekt: Es erhöht den Privatisierungsdruck auf Regierungen und sorgt dafür, dass sie Privatisierungen nicht mehr rückgängig machen. Weil sie dann gegen das Völkerrecht verstießen.

Stimmt nicht! Auf diesen Satz lässt sich die Meinung der EU-Kommission reduzieren. In der offiziellen Version klingt das dann so: «Kein Freihandelsabkommen drängt Regierungen, ihre öffentlichen Dienstleistungen zu privatisieren oder zu deregulieren. Die EU hat konstant Sektoren, die von allgemeinem ökonomischen Interesse sind, von ihren Handelsverpflichtungen ausgeschlossen.» Im Frühjahr 2015 schickte die Kommission diesen Text an das EU-Parlament. Er sollte beruhigen. Aber er ist nicht wahr.

Gleich die ersten Sätze des GATS-Vertrages verkünden das Gegenteil. Dort steht ausdrücklich, dass man «in dem Wunsch» handele, «so bald wie möglich einen stetig zunehmenden Grad der Liberalisierung des Handels mit Dienstleistungen zu erreichen …». Das GATS soll also explizit den Dienstleistungssektor immer weiter für ausländische Unternehmen öffnen, mehr Wettbewerb und mehr Konkurrenz in die Gesundheitsbranche, die Banken, Versicherungen, Internetdienste, Wasserwerke und die Universitäten zu bringen – kurz, in all die vielen Wirtschaftsbereiche, die in den vergangenen Jahrzehnten besonders boomten. Die als zukunftsträchtig gelten, in denen immer mehr Menschen arbeiten, die aber traditionell viel stärker als die Industrie oder der Handel vom Staat reguliert oder gar selbst betrieben wurden. Durch das GATS haben sich die beteiligten Regierungen versprochen, das zu ändern und den globalen Markt zu sich nach Hause zu holen.

Zwar gibt es in den Paragraphen des Vertrages tatsächlich eine Einschränkung: In «hoheitlicher Gewalt» erbrachte Dienstleistungen müssen generell nicht liberalisiert werden. Allerdings ist es eben eine Definitionsfrage, was denn genau «hoheitliche Gewalt» bedeutet. Man kann darüber lange streiten. Laut GATS sind das nur Angebote, die «weder zu kommerziellen Zwecken noch im Wettbewerb mit einem oder mehreren Dienstleistungserbringern» erfüllt werden. Und genau damit beginnt für Deutsche schon das Problem: Krankenhäuser, Universitäten oder die Stromversorgung sind in Deutschland sowohl in öffentlicher als auch in privater Hand. Damit gibt es Wettbewerb. Damit Deutschland oder Österreich oder andere EU-Mitgliedsländer nun nicht riesige Bereiche liberalisieren mussten, griff die EU damals bei den GATS-Verhandlungen tief in die Trickkiste der Juristen und erkämpfte für «Dienste im öffentlichen Interesse» Ausnahmen. Doch endgültig sicher ist damit nichts. Denn die Ausnahmen werden seitdem bei jeder neuen Verhandlungsrunde, bei jedem neuen Vertrag von den Handelspartnern der EU immer wieder in Frage gestellt.

«Damit steigt der Druck, bestimmte Aufgaben, die der Staat bisher erfüllt hat, stärker zu kommerzialisieren», sagt Christoph Scherrer, Professor an der Universität Kassel. Scherrer erforscht seit langem die Folgen der Handelspolitik, schreibt Gutachten und berät die Kommunen. Für ihn hat GATS den Boden für die Privatisierungspolitik vieler Länder bereitet. «Das GATS sichert diese Politik ab und macht es schwer, sie noch einmal rückgängig zu machen.»

Dass die Regierungen ausgerechnet Mitte der 90er Jahre auf die Idee kamen, Dienstleistungen dauerhaft dem globalen Wettbewerb auszusetzen, hat einen einfachen Grund: Der technische Fortschritt machte es möglich. Als in Aachen das erste Euro-Business-Zentrum direkt auf der Grenze gebaut wurde, ein Gebäude, das tatsächlich in Deutschland und den Niederlanden steht, bekam es noch zwei Briefkästen. Einen für jedes Land. Der deutsche Postbote brachte die Briefe mit deutschen Marken, der niederländische die mit der Aufschrift «Nederlands». Dann aber kamen immer weniger Briefe, sie wurden durch E-Mails ersetzt. Die laufen über Server in den USA. Die Software des Computers kann per Wartungsvertrag aus Indien überwacht werden. Und der Experte, den man bei Problemen anrufen kann, sitzt irgendwo auf dieser Welt. Oder anders formuliert: Die nötigen Dienste konnten auf einmal in allen möglichen Ländern geleistet und über die Grenzen hinweg geordert und verkauft werden.

Damit sank automatisch der Einfluss der Staaten, und grundsätzliche Fragen stellten sich ganz neu: Wie sollte man all die unterschiedlichen Dienstleistungen künftig organisieren und regeln: privat oder durch den Staat? Im Wettbewerb, durch staatliche oder durch private Monopole? Durch begrenzte Konkurrenz oder grenzenlosen Wettbewerb? Schon innerhalb eines Landes ist das kompliziert. Was die Bürger wie organisiert haben wollen, differiert von Sektor zu Sektor und oft auch noch von Land zu Land. Es hängt von der Kultur und der Geschichte ab. Manchmal zählt die Tradition, manchmal die Versorgungssicherheit oder die Umwelt. Manche Entscheidung lässt sich mit Effizienz und Kostensenkung begründen. Manch andere nicht. In Frankreich sind beispielsweise viele Wasserwerke in privatem Besitz. Das ist in Deutschland ein Tabu. Kürzlich erst hat ein vor allem von Deutschland aus organisiertes Bürgerbegehren sogar eine Richtlinie der EU-Kommission verhindert, die die Privatisierung von Wasserwerken durch die Hintertür erzwungen hätte. Die Berliner haben kürzlich ihre Wasserversorgung zurückgekauft, auch andere Städte rekommunalisieren Stadtwerke.

Nur, was für die eine Gesellschaft eine Sache ist, um das sich am besten und nur der Staat kümmert, ist für die andere ein gutes Geschäft für expansionsfreudige Unternehmen. In der Bildung ist das ganz offensichtlich: Damit wird in den USA viel Geld gemacht. Und nicht nur dort: Private amerikanische Universitäten expandieren längst weltweit. Hierzulande sehen viele Bürger den Zugang zu kostenlosen staatlichen Universitäten als eine Art Grundrecht. Und genau das beschreibt das Problem der globalen Dienstleistungsmärkte: Mehr noch als beim Handel mit Gütern kann man beim Handel mit Dienstleistungen darüber streiten, was nach globalen Regeln organisiert werden sollte, was faire Regeln sind und was unfaire Handelshemmnisse.

Das GATS, und das ist sein Verdienst, brachte ein wenig Klarheit in das Wirrwarr. Es teilte die unterschiedlichen Dienstleistungen in Kategorien ein, sogenannte Modes. Da wird unterschieden, ob nur die Dienstleistung über die Grenzen reist oder auch der Dienstleister. Diese Systematik erleichterte den Verhandlern wiederum das Abwägen, wo sie ausländische Konkurrenz auf den heimischen Markt lassen – und was sie dafür verlangen konnten. Es formulierte also tatsächlich globale Regeln für den globalen Markt.

In den konkreten Verhandlungen funktionierte das dann so: Die Beamten jedes Landes schrieben Listen. Auf der einen standen ihre Angebote. Und auf anderen, was sie fordern. Beispielsweise drängte die EU-Kommission schon in der ersten Runde gleich 72 Länder, doch bitte ihre Wasserversorgung zu liberalisieren. Sie sollten bei der Gewinnung, der Aufbereitung und Verteilung von Wasser ausländische Unternehmen zulassen. Die Kommission schrieb natürlich nicht dazu, dass sich die französischen Konzerne so etwas wünschten. Doch das steckte dahinter. Das Beispiel zeigt deswegen auch das Problem von GATS: Natürlich erzeugte die Verhandlung einen Privatisierungsdruck auf viele Regierungen. Um die Wasserversorgung wurde in Bolivien und anderen Ländern Lateinamerikas in den 90er Jahren stark gestritten.

Die Sperrklinkenklausel – oder wie das GATS die Lokalradios vernichtete

In Neuseeland geschah noch etwas anderes. Dort senden viele lokale Radiosender keine Lokalnachrichten mehr. Wegen des GATS-Vertrages.

Neuseeland öffnete seinen Markt schon seit Mitte der 80er Jahre stark. Die Regierung unterschrieb bei den Verhandlungen, in der Medienbranche und vor allem bei den Radiosendern auch ausländische Unternehmen im Land zuzulassen. Für große amerikanische Konzerne war das ein lohnendes Geschäft. Sie übernahmen zahlreiche lokale Stationen und bekamen damit weitere Abspielplätze. Nach und nach gab es dadurch immer weniger Lokalnachrichten. Stattdessen wurden immer mehr Serien gesendet, die für den globalen Markt produziert worden waren. Irgendwo, meist aber in Kalifornien. Schließlich wollte der Kulturminister ein Gesetz erlassen, das von den lokalen Stationen verlangte, mindestens 20 Prozent ihres Programms mit Inhalten aus der Region zu bestreiten. Denn genau das macht ja ein lokales Medium aus. Doch die Idee weckte erst die Manager und dann die Anwälte der Medienkonzerne auf. Sie beriefen sich auf das GATS-Abkommen und darauf, dass so etwas gegen das Prinzip des freien Marktes verstoße. Das empörte viele Bürger. Sie waren ja nie gefragt worden, ob sie das richtig finden. Das Thema kochte hoch, sogar im Wahlkampf. 1999 versprach die Labour Party, im Falle eines Wahlsieges die lokalen Quoten durchzusetzen. Sie gewann. Der neue Premierminister sagte damals: «Wir haben uns selbst einseitig entwaffnet. Wir haben einen völlig berechtigten Anspruch, lokalen Inhalt (bei den Radiosendungen) zu fordern. Und jetzt sagen uns Leute: Das könnt ihr wegen des GATS nicht tun. Das wirkt schon ein bisschen lächerlich.» Trotzdem kapitulierte er kurz darauf. Er führte die Quoten nicht wieder ein.

Ein Grund dafür ist die sogenannte «Sperrklinkenklausel». Es kennt sie bis auf ein paar Experten fast niemand, auch nicht in der englischen Version: «ratched clause». Diese kleine Klausel begrenzt die Handlungsfreiheit von Regierungen und Parlamenten massiv. Denn sie besagt, grob vereinfacht: Ein Liberalisierungsschritt, den ein Land einmal gegangen ist, kann nicht mehr rückgängig gemacht werden. Die Regierung darf also keine privatisierte Branche mehr zurück in staatliche Regie nehmen. Das GATS führte diese Klausel ein, damals in einer soften Version und ganz nach dem Motto: Erst mal vorsichtig den Boden bearbeiten, dann säen und schließlich ernten. GATS erlaubt Ländern deswegen theoretisch noch den Rückzug von Zusagen. Aber das wird nicht gern gesehen, ist kompliziert und sehr ungewöhnlich.

«Man schließt solche Abkommen ab, um staatliches Handeln einzuschränken», sagt der Erlanger Jurist Markus Krajewski. Der Rechtsprofessor erforscht seit langem die legalen Wirkungen von Handelsabkommen. In einem Gutachten für die deutsche UNESCO-Kommission über die Auswirkungen des Abkommens kommt er 2006 beispielsweise zu der Schlussfolgerung: «Inhaltliche Quoten im Rundfunk- oder Kinobereich, die speziell für nationale Angebote reserviert sind, verstoßen grundsätzlich gegen das Nichtdiskriminierungsverbot.» Im Klartext: Quoten im Radio für lokale Nachrichten darf es laut GATS nicht geben.

Ach? Nun gibt es die zwar in Neuseeland tatsächlich nicht mehr, aber doch noch in Europa. Beispielsweise in Frankreich. Und auch in manchen deutschen Bundesländern haben Radios lokale Quoten. Hat da jemand etwas übersehen? Bei der Antwort auf die Frage beginnt das Problem. Fragt man drei weitere Juristen, bekommt man drei weitere, unterschiedliche Antworten.

«Nein!», sagt der Erste: Wir sind klüger als die anderen. Wir haben die audiovisuellen Medien vom GATS ausgeschlossen. Und in allen weiteren Handelsverträgen werden wir das auch tun. Da kann kein ausländischer Anbieter rein. (Etwa so argumentiert die Bundesregierung fast immer, wenn Kritiker auf Gefahren verweisen.) «Vielleicht doch!», sagt der Zweite: Die UNESCO-Definition von «audiovisuell», die dem GATS zugrunde liegt, umfasst eigentlich das «broadcasting», das Übertragen nicht in seiner ganzen Breite. Da ist was möglich. Es hat nur noch kein privater Anbieter deswegen klagen können. «Ja!», sagt der Dritte und warnt: Spätestens mit Inkrafttreten des europäisch-kanadischen Abkommens CETA kommt der Investorenschutz, und der ermöglicht es dann den amerikanischen Mediengiganten, zu klagen. Auch gegen die Bevorzugung von öffentlich-rechtlichen Sendern. Die Amerikaner behaupten, da sei was möglich. Sie mussten selbst schon private Internet-Wetten zulassen, weil ein Schiedsgericht fand, dass die GATS-Regeln so etwas erlauben.

In Kanada aber gehen jedenfalls schon Ängste um; man weiß dort, was in Neuseeland passierte. Noch gibt es in dem nordamerikanischen Land nämlich Quoten für nationale und lokale Beiträge in den Medien, um die eigenen Künstler und Medien ein wenig vor dem mächtigen Druck der großen Konzerne aus dem Nachbarland zu schützen. Doch das Land verhandelt jetzt mit den USA die Freihandelszone TPP, durch die die USA unter anderem den freien Zugang Hollywoods zum kanadischen Markt durchsetzen wollen. «Wir haben verschiedene Barrieren für den Marktzugang festgestellt. Zum Beispiel Quoten für Radio, Fernsehen und Kabel», monierte die International Intellectual Property Alliance, ein Zusammenschluss von über 3000 amerikanischen Konzernen der Branche, erst kürzlich und forderte vom US-Handelsbeauftragten, doch bitte einzuschreiten. Es könnte also, wenn die kanadische Regierung nicht noch massiv gegensteuert, das Ende vieler lokaler Stationen eingeläutet sein.

Könnte, würde, möglicherweise? Ein Problem mit noch nicht ratifizierten Freihandelsverträgen ist, dass ihre Folgen erst in der Zukunft spürbar werden. Also wirken viele Aussagen immer irgendwie irreal und Warnungen nicht selten übertrieben. Aber Neuseeland ist nun doch ziemlich real. Und Professor Christoph Scherrer erlebt eine Folge des GATS auch schon sehr konkret an den deutschen Universitäten. Die dürfen heute Fortbildungskurse für Hochschulabsolventen nur noch kostendeckend anbieten. Sonst würden sie den ausländischen privaten Anbietern zu viel Konkurrenz machen. So dringt der Markt in die Bildung ein, über die Hintertür der Handelspolitik. «Die Liberalisierungen, die es innerhalb der EU in Bereichen gegeben hat, die auch im GATT stehen, können faktisch nicht mehr rückgängig gemacht werden», sagt Christoph Scherrer. Sie werden quasi automatisch zu Völkerrecht.

Beim GATS selbst, um die Geschichte noch schnell zu Ende zu erzählen, passierte in den vergangenen Jahren nicht viel. Die Regierungen hatten eigentlich vorgehabt, gemeinsam, im großen Kreis der Unterzeichner, immer weiter zu liberalisieren. Doch die Zahl der vertretenen Länder war groß, die Interessen zu unterschiedlich, Kompromisse zu schwer zu finden. Also suchen die Trendsetter, die Handelspolitiker der USA und der EU, andere, kleinere Clubs. Oder sie vereinbaren einfach in bilateralen Verträgen weitergehende Zugeständnisse. Thomas Fritz sorgt sich beispielsweise, dass es wegen des euro-kanadischen Abkommens CETA eines Tages für die gesetzlichen Krankenversicherungen kompliziert werden könnte, ihre Angebote auszuweiten. In einer Anhörung des Bundestages warnt der Experte, der seit Jahren über die Auswirkungen von Handelsverträgen forscht, dass ausländische private Krankenkassen, die hier ein Geschäft betreiben, auf der Grundlage des CETA-Vertrages gegen unser System klagen könnten.

Noch bedrohlicher aber könnte werden, was durch die TISA-Verhandlungen in Genf passieren soll. Denn dort haben die Regierungen noch viel ambitioniertere Ziele – ohne sie jemals zur Debatte gestellt zu haben.

Die Privatisierung der Welt
TRIPS und TISA – die «gefährlichen Brüder»

D er Niembaum stammt aus Indien. Seit Jahrhunderten wächst er dort vor Häusern, Tempeln und auf Viehweiden. Er braucht wenig Wasser, gedeiht auf fast jedem Boden und spendet Schatten. Die Bauern nutzen die Samen und produzieren ein Öl, das wiederum andere Nutzpflanzen vor Pilzen und Insekten schützt. Kranke schlafen auf seinen Blättern, Gesunde reiben sich die Haut damit vorsorglich ein. Die Blätter schützen das Saatgut vor Reisschädlingen, und sogar bei der Mundhygiene ist der Niembaum hilfreich. Kaut man seine Ästchen, bleiben die Zähne weiß und sauber. Den Hindus gilt der Baum als heilig. Er steht schon lange im Ruf, Menschen, Tiere, Ernte und Pflanzen zu schützen. Tatsächlich wurden über hundert verschiedene chemische Inhaltsstoffe in Stamm, Rinde, Blättern und den Früchten gefunden. Von vielen dieser sehr komplexen Verbindungen wissen die Naturwissenschaftler bis heute nur ungefähr, wie sie wirken.

Niem, so sagen die Inder, ist ein Geschenk der Götter an alle Menschen. Der Niem, so dachten die Manager der amerikanischen Firma W. R. Grace, ist ihr Geschenk an uns: Er macht uns reich. Sie meldeten deswegen schon vor Jahren Patente auf Wirkeigenschaften und Extraktionsverfahren von Niemprodukten an. Dann bauten sie Anlagen, um Niem weiterzuverarbeiten, kauften indische Firmen auf und begannen, die Produkte zu exportieren. Mit fatalen Folgen für die Einheimischen. Die Preise für den Samen des Baumes verzehnfachten sich, plötzlich konnten sich lokale Bauern und viele Bürger das Öl nicht mehr leisten. Und die indischen Unternehmer durften es nicht exportieren, denn dieses Recht haben ausschließlich die Inhaber der Patente.

So zumindest will es das internationale Handelsrecht. Und hier zeigt sich die bislang wohl am meisten unterschätzte Gefahr der modernen Abkommen: Sie unterstützen die Privatisierung immer größerer Teile der Erde. Dinge, Ideen, Lebewesen, die seit Jahrtausenden im Gemeinschaftsbesitz sind, werden zum Besitz privater Konzerne. Durch die Abkommen können die Eigentumstitel immer stärker geschützt und immer leichter genutzt werden. Weltweit.

Damals in Indien wuchs der Protest. Die Aktivistin Vandana Shiva rief 1991 die Organisation Navdanya ins Leben, das bedeutet «Neun Samen». Shiva kämpft gegen die Privatisierung des Niembaumes, gegen die Patentierung und gentechnische Veränderung von Pflanzen. Weil beides die traditionelle Landwirtschaft und die biologische Vielfalt des Saatgutes gefährdet und die Natur auf die Rolle eines Lieferanten von Rohmaterial reduziert. Weil beides Pflanzen, die es schon immer gab, in privaten Besitz verwandelt. Shiva sagt: «Manches westliche Unternehmen erinnert mich an einen Arzt, der einen Kaiserschnitt vornimmt und behauptet, er habe auch das Kind gemacht.»

Längst gibt es weltweit Proteste gegen die Patentierbarkeit von Leben. Denn die Frage, was patentiert und damit privatisiert werden sollte und was nicht, ist auch in Europa und den USA immer wieder hochumstritten. Das Patent EP 0 436 257 B1 auf den Niembaum wurde jedenfalls 1994 beim Europäischen Patentamt (EPA) erteilt und 2000 widerrufen. Das Unternehmen W. R. Grace habe bei seinem «Verfahren zum Schützen von Pflanzen vor Pilzbefall» nicht genug «erfinderische Tätigkeit» bewiesen, befand das EPA schließlich. Allerdings geschah dies erst, nachdem Aktivisten Beschwerden eingelegt hatten. Vor allem aber, weil auch ein anderer Unternehmer Einspruch einlegte, der den Baum schon länger ähnlich nutzte.

Viele andere Patente gelten jedoch weiterhin oder werden weiter erteilt. Zunehmend lassen sich weltweit agierende Unternehmen wie der Chemieriese BASF und der US-Gentechnikgigant Monsanto jedoch Pflanzen und Tiere patentieren. Zwar ist das bei Tierrassen und Pflanzensorten in der EU grundsätzlich verboten, doch können Züchtungsverfahren sehr wohl geschützt werden – und so wird das Verbot immer mehr ausgehöhlt. Außerdem sehen die USA die Sache anders: Schon am 16. Juni 1980 erteilte der Oberste Gerichtshof (Supreme Court) in den USA ein Patent auf ein genmanipuliertes Bakterium. Er eröffnete damit die Jagd auf den Besitz von Leben. Und auf die Nutzung der Rechte. Weltweit.

TRIPS – oder wie Ideen zur Waren werden

In entwickelten Ländern schützt der Staat aus gutem Grund die Erfindungen und auch die Kreativität seiner Bürger – oder zumindest den kommerziellen Nutzen, der sich daraus ziehen lässt. Seit dem 19. Jahrhundert entwickelt sich das Patentwesen, das Erfindungen rechtlich absichert. Und später dann auch das Urheberrecht zum Schutz von Büchern, Musik und anderen Produkten menschlicher Schaffenskraft.

Jemand komponiert ein Lied oder erfindet eine Maschine: dass er oder sie damit allein Geld verdienen soll, ist verständlich. Nur wie weit der Schutz geht, wie lange er anhält, muss immer wieder neu ausgehandelt werden. Denn je komplizierter die Dinge sind, je anziehender die Ideen, desto mehr Geld lässt sich damit verdienen – und desto lohnender ist es zugleich, sie heimlich zu kopieren.

Historisch betrachtet ist es nur logisch, dass hochentwickelte Länder vergleichsweise strenge Patentgesetze schreiben und auch versuchen, sie weltweit durchzusetzen. Es ist aber ebenso verständlich, dass die Nationen, die in der Entwicklung nachholen müssen, das Thema eher lax angehen. Heute wird jedenfalls in der internationalen Wirtschaftspolitik kaum etwas so kontrovers diskutiert wie die Frage, wer welche Rechte haben soll. Dabei geht es weniger um den Schutz des Filmproduzenten oder des Autors, dafür umso mehr um den der großen Konzerne. Zum ersten Mal konnte man das 1994 erleben. Damals unterzeichneten alle Mitgliedsstaaten der WTO das TRIPS-Abkommen, das «Übereinkommen über handelsbezogene Aspekte der Rechte des geistigen Eigentums». Hinter den fünf Buchstaben steckt der geniale Coup von 13 US-amerikanischen Hochtechnologie-Konzernen, darunter der Gentechnikgigant Monsanto, die Medienfirma Time Warner und der Computerhersteller IBM.

Die Multis haben alle ähnliche Probleme: Ihre Produkte sind neu, originell – und sie werden deswegen weltweit gern kopiert. Das schadet ihrem Börsenwert. Also wollen die Chefs, dass das Kopieren schwerer wird. Monsanto möchte, dass sein gentechnisch veränderter Mais und viele andere Sorten weltweit verkauft und angebaut werden. Es möchte aber nicht, dass Bauern sie einfach nachzüchten – so wie sie es seit tausenden von Jahren mit Saatgut gemacht haben. Time Warner möchte, dass seine Filme in allen Kinos der Welt vorgeführt werden. Doch der Medienkonzern leidet unter dem schwarzen Kopieren von Filmen. IBM will seine Computer und die dazugehörigen Programme in allen Länder besser geschützt sehen.

Das kann der Markt nicht. Verhindern lässt sich das nur mit Hilfe der Regierungen: Nur sie können die Gesetze schreiben, die die Rechte stärker schützen und auch durchsetzen. Dass die Unternehmen die Regierungen um Hilfe bitten, ist also verständlich. Einerseits. Denn natürlich wollen die großen Konzerne ein möglichst umfassendes Recht an ihren Produkten. Am besten weltweit. Möglichst lange. Mehr Patentschutz steigert ihren Aktienwert. Und je globaler er durchgesetzt wird, desto besser. Die politisch brisante Frage ist andererseits: Wie stark kann und sollte dieser Schutz sein? Ist er gut, sichert er den Umsatz der Firma, deren Innovationskraft, die Arbeitsplätze. Wird er zu intensiv, verhindert er Konkurrenz und damit Wettbewerb und Innovation. Er privatisiert möglicherweise Bereiche, für die besser keine privaten Rechte erteilt gehören. Oder nicht in diesem Ausmaß oder für so lange Zeit.

Wenn beispielsweise die Medikamente von Pharmafirmen niemals kopiert werden dürfen, dann treibt das die Gesundheitskosten in die Höhe. Also gönnen die meisten Staaten den Erfindern einen zeitlich begrenzten Schutz, damit sie gut verdienen. Dann aber läuft er aus, zugunsten der Gesellschaft. Wie lang diese Fristen sind, was die Konkurrenten leisten müssen, um dann ein Produkt kopieren zu können, ist hochumstritten. Und jede kleine Änderung kann Millionen kosten. Den Entwickler. Die Konkurrenz. Die Gesellschaft.

Ähnlich ist die Lage in der Informationstechnik: Softwarefirmen könnten ihre Erfindungen natürlich schützen. Könnten sie aber jeden kleinen Code patentieren, würden sie verhindern, dass andere Programmierer überhaupt noch arbeiten können. Genau das ist in den USA seit den 80er Jahren ein großes Problem. Sogenannte Patent-Trolle, oft sind das findige Anwälte, sicherten sich die Rechte an winzigen Programmierschritten oder an breit und unklar formulierten Patenten – um dann für deren Nutzung durch andere viel Geld zu verlangen. 2011 versuchte die US-Regierung durch ein Gesetz gegenzusteuern, und auch der Oberste Gerichtshof fällte Urteile, die den Missbrauch ein wenig eindämmten. Aber durchschlagenden Erfolg hatte das offensichtlich nicht. 2013 sagte Präsident Barack Obama: «Diese Trolle produzieren nichts, sie machen nur Geld damit, anderen die Ideen zu stehlen.» Obama sagte auch, es gehe darum, unterschiedliche Interessen abzuwägen.

Es gilt, das richtige Maß zu finden. Da hat Obama recht. Nur macht die amerikanischen Regierung ganz offensichtlich einen großen Unterschied zwischen dem, was für die USA richtig ist, und dem, was für den Rest der Welt gelten soll. Und das schon seit Anfang der 90er Jahre, als TRIPS entsteht: Damals beginnt die Globalisierung so richtig Fahrt aufzunehmen. Die Mauer ist gefallen, die Länder in Osteuropa werden kapitalistisch, und auch im Süden entstehen neue Märkte: Also denken auch die Chefs der 13 amerikanischen Multis global – und handeln entsprechend. Sie gründen das Intellectual Property Committee. Ihre Lobbyisten bringen den amerikanischen Handelsbeauftragten und ein paar Wirtschaftsministerien des Nordens auf ihre Seite. Und was dann passiert, beschreibt der ehemalige Kommunikationschef von Monsanto, James Enyart, im Rückblick im französischen *Journal Les Nouvelles* folgendermaßen: «Die Industrie wurde auf ein größeres Problem im internationalen Handel aufmerksam. Sie entwarf eine Lösung, reduzierte sie auf einen konkreten Vorschlag und verkaufte diesen unserer eigenen und anderen Regierungen.» Und dann fügt er stolz hinzu: «Die Industrie und die am Welthandel Beteiligten haben dabei gleichzeitig die Rolle des Patienten, des Diagnostikers und des behandelnden Arztes gespielt.»

Fünf Jahr später knallen in den Konzernzentralen die Sektkorken. Das TRIPS-Abkommen ist unterzeichnet. Es legt fest, welche Mindestanforderungen das Patentrecht der beteiligten Nationalstaaten zu erfüllen hat. Wer gegen diese Regelungen verstößt, kann vor der WTO verklagt werden. Das Abkommen verlängert beispielsweise den Patentschutz in den USA von 17 auf 20 Jahre, was den Pharmamultis viele hundert Millionen Dollar einbringt, denn nun müssen sie erst drei Jahre später die Konkurrenz der Generikahersteller fürchten.

Eine kleine illustre Gruppe aus 13 Unternehmen hatte damit in der Welt der Freihändler ein paar alte Zäune erhöht und neue Zäune aufgestellt. Sie hatte ihr Projekt erfolgreich in der sogenannten «Freihandelspolitik» der WTO versteckt. In Wahrheit aber hatte sie vor allem ihre eigenen Rechte globalisiert. Alle redeten von Liberalisierung, einem Wort, das damals für viele Regierungen einen durchweg positiven Klang hatte. In Wahrheit aber ging es um Privatisierung von Gemeingut. In Falle Amerikas um das Gemeingut, wichtige Medikamente ein bisschen früher ein bisschen günstiger kaufen zu können. Es ging um weniger Wettbewerb, um spätere Konkurrenz. Um Beschränkung, nicht um Befreiung der Märkte.

Zugleich geht es seither aber auch um die Beschränkung der Politik. «Wir leben in paradoxen Zeiten. Die globale Ausbreitung der Demokratie geht Hand in Hand mit der Aushöhlung ihrer Substanz. Immer mehr innenpolitische Angelegenheiten werden dem Zugriff nationaler Parlamente entzogen», schreibt Shalini Randeria, die Chefin des Wiener Institutes für die Wissenschaft am Menschen. Die Anthropologin erforscht, wie Gemeingüter – also Wasser, Luft, Ideen, Land – privatisiert werden. Durch welche Mechanismen das geschieht und welche Folgen es hat. Grund dafür sei ein Eigentumsrecht, das aus der angelsächsischen Rechtstradition stamme, so Randeria. Das kennt «privat» und «staatlich», aber kein «Gemeineigentum». Als der Streit um den Niembaum tobte, waren das traditionelle Wissen und die jahrhundertelange Nutzung des Baumes durch die lokalen Bauern nichts wert. Für die Patentbehörden zählten nur individuelle Eigentumsrechte. Randerias Fazit: «Die neoliberalen Rahmenbedingungen für geistige Eigentumsrechte ziehen nicht nur die Grenze zwischen öffentlich und privat neu, sie ändern auch die Definition des Eigentums.»

Seit Mitte der 90er Jahre wird in jedem Handelsabkommen immer auch über den Schutz von geistigem Eigentum gestritten.

Man muss auch das nicht per se falsch finden. Wenn man globale Regeln für den Handel schreibt, kommt man kaum an der Frage vorbei, wer wo ein Buch oder eine Datei kopieren und verbreiten darf. Daran, wie der Ausgleich zwischen Eigentümern bestimmter Rechte und den Nutzern am besten organisiert werden soll, wie stark neue Ideen geschützt werden und wann das die Innovationskraft hemmt. Deswegen ist auch das TRIPS nicht in allen Klauseln nur ein Erfolg der Großkonzerne. Es ermöglicht zumindest manchen armen Ländern des Südens, dass sie wichtige Medikamente schneller kopieren dürfen als andere.

Doch TRIPS ist eben nur der erste Schritt. Seither versuchen die großen Konzerne, in jedem Handelsabkommen ihre Rechte weiter auszubauen – oft sogar über den Schutz hinaus, den sie in ihren Heimatländern genießen. Und so tauchen Bausteine und Klauseln, die sich in dem einen Abkommen nicht durchsetzen lassen, an anderer Stelle, bei neuen Verhandlungen wieder auf. «Die Topunternehmen sind schneller als die Regierungen, die sie als müde und unfähig empfinden. Und viele Unterhaltungen weisen darauf hin, dass sie schon bald immer mehr von dem übernehmen, was traditionell Regierungen tun», schreibt Rana Foroohar 2012 aus Davos für das *Time Magazine* und trifft damit den Kern des Problems: Längst sind die Strategen der Konzernzentralen global besser vernetzt und kundiger als die Beamten vieler Regierungen. Die wiederum lassen sich deswegen oft gern von den eloquenten Lobbyisten helfen – vor allem, wenn sie eine große, arbeitsplatzintensive heimische Industrie vertreten. Was soll auch schlecht daran sein …

Ein paar Jahre nach TRIPS tauchen strengere Regeln, mit denen die Pharmariesen und die Softwareindustrie ihre Patente noch besser schützen lassen wollen, im Entwurf des ACTA-Abkommens auf. Das verhandelt die amerikanische Regierung still und leise zu Anfang der 2010er Jahre mit der EU-Kommission. Die Schutzrechte, die hier festgeschrieben werden sollen, sollen die Staaten dazu verpflichten, beispielsweise das Kopieren von Software oder das Benutzen kurzer Codes als Verbrechen zu verfolgen und hart zu bestrafen. Doch diesmal scheitern die Pläne. Als die Texte bekannt werden, läuft eine schnell erwachende Internet-Community Sturm. Sie bombardiert die Abgeordneten des Europaparlamentes mit Protestmails und überzeugt die Parlamentsmehrheit. Im Juli 2012 lehnt die das Projekt ab, mit 478 Stimmen. Nur 39 Abgeordnete sind dafür, 165 enthalten sich. Während die Aktivisten jedoch noch ihren Sieg feiern, sind die Lobbyisten längst anderswo unterwegs. Im pazifischen Abkommen TPP, das die USA mit einer ganzen Reihe von Pazifikstaaten abschließen wollen, tauchen ähnliche Formeln in noch schärferer Form wieder auf.

Die amerikanische Politikprofessorin Susan Sell von der George Washington University hat das in einer Studie mit dem Titel «TRIPS war nie genug» ausführlich beschrieben. Sie nennt die Taktik «forum shifting», was man wohl am schönsten mit «Szenenwechsel» übersetzen kann. Wenn man in dem einen Vertrag nicht zum Ziel kommt, dann nutzt man eben den nächsten. «Die politische Arena hat sich horizontal ausgeweitet, über viele multilaterale Institutionen und vertikal von der internationalen Ebene bis weit hinunter, zu den Individuen», schreibt Sell. Das ist aus Sicht der Manager sogar logisch. Ihr Job ist es, den Aktienwert zu erhöhen. Sie handeln rational, wenn sie die Welt als einen globalen Markt betrachten, in dem sie ihre Produkte möglichst oft verkaufen können. Zu einem möglichst hohen Preis. Und der Gewinn lässt sich nun mal besser steigern, wenn Gesetze so umgeschrieben werden, dass sie die privaten Rechte möglichst weitgehend schützen.

Offensichtlich verwechseln aber auch viele Regierungen die privaten Interessen der Industrie mit öffentlichen Interessen. Das Büro des amerikanischen Handelsbeauftragten hat privaten Eigentumsschutz gegenüber einer ganzen Reihe von Entwicklungsländern immer wieder massiv durchgesetzt: Thailand wurden Handelssanktionen angedroht, falls es nicht die Schutzrechte für die Produzenten von HIV-Medikamenten stärker achte und billigere Reimporte aus Indien nicht einschränke.

Wie sehr, wie lange, wie weit soll ein moderner Schutz reichen und wo soll er enden? Gesellschaften müssen das immer wieder neu aushandeln. Doch sie bekommen dafür immer weniger Spielraum. Das ist in einer vernetzten Welt bis zu einem gewissen Punkt logisch. Doch es kann eigentlich nicht sein, dass eine kleine Gemeinde aus Handelsexperten und Konzernanwälten dieses Recht zunehmend einschränkt. Genau das aber geschieht weltweit.

TISA – Warum dieses Abkommen der nächste große Skandal werden kann

«Hier tickt eine Zeitbombe», sagt die ehemalige EU-Justizkommissarin Viviane Reding im November 2014 im *Spiegel*. Die Luxemburgerin ist nicht als Verschwörungstheoretikerin bekannt. Sie ist Christdemokratin und war einst in der Kommission auch für Medien und Kommunikation zuständig. In jener Zeit hat sie sich mutig mit Mediengiganten angelegt. Sie weiß also, wovon sie spricht, wenn sie sagt, die USA wollten «TISA als Hintertür benutzen, um europäische Standards wie den Datenschutz zu verwässern». Reding sorgt sich sehr, dass mit TISA die nächste Handelsrunde längst begonnen hat. Ganz im Stillen und weitgehend unbemerkt. Aber mit weitreichenden Folgen.

TISA in aller Kürze: Die Idee zu diesem Dienstleistungsabkommen (Trade in Services Agreement) kommt aus den USA. Seit Anfang 2012 verhandeln die USA, die EU und 21 kleinere Länder darüber. Insgesamt sind 50 Länder dabei, in und zwischen denen fast zwei Drittel des globalen Dienstleistungsmarktes abgewickelt wird – wozu Geschäfte mit Finanzen, Bildung oder Gesundheit zählen. Pikanterweise sitzen die großen Schwellenländer, also China, Indien und Brasilien, nicht mit am Tisch. Diese 50 selbst ernannten «echten Freunde der Dienstleistung» wollen offiziell Handelshemmnisse im Dienstleistungssektor beseitigen. Deswegen starteten sie ihre Gespräche in Genf 2013 auch ziemlich heimlich – und in der Absicht, viele Dokumente am besten gar nicht oder erst viel später, vielleicht erst lange nach Abschluss der Verhandlungen zu veröffentlichen. «Zur Veröffentlichung fünf Jahre nachdem das Abkommen in Kraft getreten ist», steht beispielsweise auf einem geheimen Vertragsentwurf.

Die «Freunde» verhandelten zunächst in der australischen Botschaft miteinander oder an anderen verschwiegenen Orten. Pressekonferenzen gab es nicht und auf der Internetseite der EU-Kommission lange nur einen sehr spärlichen Hinweis. Bei der Online-Befragung, die sie pflichtgemäß 2013 ins Internet stellte, bekam sie deswegen auch nur 40 Zuschriften. Das Mandat, also die Grundposition, mit der die EU in die Verhandlungen geht, veröffentlichte sie erst im März 2015 – also gut zwei Jahre nachdem das Projekt begonnen wurde. Zwar finden sich auf der Webseite der Kommission jetzt Informationen. Konkrete inhaltliche Ergebnisse, Verhandlungsdokumente oder eventuelle Zugeständnisse werden aber immer noch nicht bekannt gegeben.

Doch glücklicherweise gibt es *netzpolitik* und *Associated Whistleblowing Press* und *wikileaks*. Die drei Internetportale veröffentlichen geheime Dokumente der Verhandlungen. Nur deshalb kann man inzwischen ahnen, was da so droht: Auch hier geht es wieder darum, politischen Spielraum einzuschränken. Während hierzulande die ersten Kommunen ihre Stromnetze und Wasserversorgung wieder verstaatlichen, weil sich die Privatisierung als Fehlentwicklung herausgestellt hat, verhandelt die EU in Genf über Klauseln, die solche Rück-Verstaatlichungen künftig massiv beschränken sollen.

Als «bösen Bruder von TTIP» bezeichnet der Internet-Experte Glyn Moody das Abkommen. Der Blogger warnt: Das Abkommen sei nicht nur ein Angriff auf die Neutralität des Internets, sondern auch auf den Schutz von Daten. So wünschen sich beispielsweise gleich eine ganze Reihe von Regierungen für den Artikel 2.1 folgende Formulierung: «Kein Unterzeichner darf einen Dienstleister aus einem anderen Land davon abhalten, Informationen, darunter auch persönliche Daten, in ein anderes Land zu transferieren, in dem der Dienstleister diese bearbeitet oder sichert.» Klingt harmlos. Aber hinter dieser Formulierung steckt die ganze große transatlantische Auseinandersetzung um das Recht auf Daten. Sollte der Artikel so in Kraft treten, könnten Google und Facebook künftig ohne Probleme alle persönlichen Daten von europäischen Nutzern in die USA transferieren und damit arbeiten. Sie könnten damit einen der wertvollsten und gewinnträchtigsten Rohstoffe der kommenden Jahre zu sich nach Amerika holen: die Daten der Europäer.

Damit wären automatisch alle Versuche der Europäer gescheitert, einen stärkeren Schutz der Bürger im Netz durchzusetzen. Ganz nebenbei hätte sich der amerikanische Geheimdienst, die NSA, noch einen weiteren dauerhaften Zugang zu Informationen gesichert, weil er in den USA durch entsprechende Gesetze und Absprachen mit den Netzanbietern ja leicht permanenten Zugang zu den Informationen erlangen kann – ohne dass es, wie beim Abhören französischer Präsidenten, auffliegt und die politische Stimmung vermiest.

Es gibt noch viele weitere Beispiele dafür, dass die großen Internetfirmen in Genf heimlich mit am Tisch sitzen. Besonders brisant ist ein Entwurf der USA und anderer Länder für Artikel 6. Hier geht es um den Streit zwischen großen Software-Multis und der Open-Source-Bewegung. Letztere schreibt Softwareprogramme, verbreitet sie und lässt andere sie kostenfrei nutzen. Das Linux-Betriebssystem funktioniert so und gilt immer mehr als die sichere Alternative zu den Microsoft- und Apple-Betriebssystemen. Auch der Text dieses Buches wurde mit einem Open-Source-Programm geschrieben.

Als Vorschlag für den Artikel 6 von TISA ist folgender Text in der Diskussion: «Kein Unterzeichner darf den Transfer von oder den Zugang zum Quellcode von Software eines Unternehmens aus dem Land eines anderen Unterzeichners zur Bedingung für Dienstleistungen im Zusammenhang mit dieser Software machen.» Das könnte bedeuten, dass öffentliche Institutionen bei Ausschreibungen von Computerprogrammen nicht mehr die Auflage machen dürfen, dass sie auf Basis von Open-Source-Programmen geschrieben werden. Schwäbisch Hall indessen macht das schon seit langem. Auch die Münchner Stadtverwaltung hat 2013 auf Linux umgestellt, um Lizenzgebühren zu sparen, flexibler und weniger abhängig von den großen Anbietern zu sein. Ein paar Rathäuser weniger als Kunden, das klingt verschmerzbar. Doch für Microsoft und Co. ist dieser Trend gefährlich. Man stelle sich vor, alle öffentlichen Computer in Behörden, Schulen oder Universitäten würden mit kostenloser Software laufen. Den Multis entgingen dann Milliardengewinne.

TISA befindet sich noch im Maschinenraum der Bürokratien. Deswegen muss über das Abkommen zwangsläufig im Konjunktiv geschrieben werden. Aber ist Wachsamkeit nicht schon angebracht, weil die Verhandlungen im Dunklen begannen und eigentlich im Dunklen enden sollten?

Warum TTIP? Darum!

Eine bizarre Geschichte, kurz erzählt

Die Herren hatten sich eine malerische Kulisse ausgesucht. Hinter ihnen funkelte das Wasser im Sonnenlicht und in der Ferne erstreckte sich eine sanfte, waldige Hügellandschaft bis zum Horizont. Die Stehpulte von Präsident Barack Obama und gleich drei Europäern, dem Präsidenten des Europäischen Rates, Herman Van Rompuy, dem EU-Kommissionspräsidenten Manuel Barroso und Premierminister David Cameron waren am Ufer des irischen Sees Lough Erne aufgebaut. Feierlich verkündeten die vier hier am 17. Juni 2013 ihr großes transatlantisches Projekt, ein Vorhaben, das die Völker auf beiden Seiten mehr denn je verbinden und für den Rest der Welt ein leuchtendes Beispiel sein sollte.

«Unser gemeinsames Ziel ist es, Wachstum und Jobs auf beiden Seiten des Atlantiks zu schaffen, indem wir Handel und Investitionen einen Schub geben, sagte Kommissionspräsident Manuel Barroso. Obama wiederholte die Botschaft, mit fast denselben Worten: «Wir reden hier darüber, wie wir neues Wachstum und Jobs auf beiden Seiten des Atlantiks schaffen können.» Er sei glücklich, den Start von «Gesprächen über ein neues Handelsabkommen» verkünden zu können, das dabei helfen werde, diese Ziele zu erreichen. Mit rund 800 Millionen Verbrauchern werde der weltgrößte Wirtschaftsraum entstehen. Der amerikanische Präsident gab dem Baby dann auch einen Namen: Transatlantic Trade and Investment Partnership, kurz TTIP.»

Die Idee ist nicht neu. Seit den frühen 90er Jahren spielen Politiker immer mal wieder öffentlich mit ähnlichen Ideen. Schon 1990 unterzeichnete George Bush (der Senior) eine transatlantische Erklärung, in der auch die Liberalisierung des Handels gepriesen wurde. Der damalige liberale Außenminister Klaus Kinkel und sein britischer Kollege Malcolm Rifkind schlugen 1995 die Trans-Atlantic Free Trade Area (TAFTA) vor. Es folgten viele andere. Die New Transatlantic Agenda; (1995, Spanien, Ministerpräsident Felipe Gonzáles); die Transatlantic Economic Partnership (1998, Großbritannien, Tony Blair); die Initiative to Enhance Transatlantic Economic Integration and Growth (2005, Luxemburg, Jean-Claude Juncker). Schließlich verkündete Bundeskanzlerin Angela Merkel 2007: Dank deutscher Initiative solle ein transatlantischer Wirtschaftsraum entstehen – für mehr Wachstum, Gewinne und Arbeitsplätze.

Angela Merkel war in jenem Jahr gerade EU-Ratspräsidentin. Immer schon haben die Regierungschefs die Idee der transatlantischen Wirtschaftsgemeinschaft besonders laut gepriesen, wenn ihr Land gerade die EU-Präsidentschaft innehatte. Sie hatten dann einen Grund, um nach Washington zu fliegen. Dort gab es einen Termin im Weißen Haus und ein Foto mit dem Präsidenten der Vereinigten Staaten, vor dem Weißen Haus oder im Oval Office. Es folgte der CNN-Moment, eine Pressekonferenz vor laufenden Kameras. Und auf der wurde dann regelmäßig irgendeine Erklärung über eine «Wirtschaftspartnerschaft» abgegeben. Manchmal gab es dazu noch Aktionspläne (Blair listete 150 Projekte auf), Roadmaps (Juncker nur 15) oder technische Abkommen. Letztlich ging es aber immer um Ähnliches: um Liberalisierung der Wirtschaft, um die Senkung von Zöllen, um Rechtsangleichung, Standards und Zertifizierung.

«Weder Clinton noch Bush mochten diese Gipfel», steht in

einer EU-Studie aus jener Zeit, an der auch amerikanische Experten mitschrieben. Hinter vorgehaltener Hand bestätigten das in Washington viele. Die jährlichen Absichtserklärungen seien nicht schädlich, nützten aber wenig. Selten wurden dabei nämlich die konkreten Streitfälle angesprochen, zum Beispiel jener zwischen Boeing und Airbus oder die amerikanischen Antidumpinggesetze. 2005 zählte eine Studie, die von der EU-Kommission in Auftrag gegeben worden war, zwischen Washington und Brüssel 33 Abkommen und 49 Gesprächskreise, die einzelne Themen vorantreiben sollten. Sie konstatierte zugleich nüchtern einen «vielversprechenden Beginn und stetigen Niedergang» vieler Projekte. Und trotz einiger Fortschritte analysierte das Centrum für angewandte Politikforschung (CAP) in München: «Die Partner reden immer noch über die gleichen Probleme wie seit Jahren.»

Doch noch aus einem anderen Grund wurde lange nichts aus den Plänen. Bis in die frühen Nullerjahre waren viele Experten in den Regierungsapparaten davon überzeugt, dass sich Handel am besten global und unter der Aufsicht der Welthandelsorganisation WTO regeln lasse. Und dass ein ökonomisches Abschotten ausgerechnet der beiden stärksten Wirtschaftsregionen vom Rest der Welt das falsche Zeichen setzen würde, zumal die künftigen Wachstumsregionen und damit die attraktiven Märkte von beiden Seiten eher im Osten vermutet wurden. Der Fall der Mauer war noch nicht lange her, in Osteuropa wuchsen junge Demokratien und der Enthusiasmus war groß, dass auch der Rest der Welt schon bald von marktwirtschaftlichen Demokratien beherrscht werden würde, wenn man diese Entwicklung nur ein bisschen unterstützte.

Die USA und auch die EU, die zudem von allen Seiten mit Aufnahmeanträgen überhäuft wurde und mit der Osterweiterung mehr als genug Arbeit hatte, sahen sich als Vorbilder für den Rest der Welt, ökonomisch wie politisch. Ihre Eliten lasen das «Ende der Geschichte», ein Buch, in dem Politikwissenschaftler Francis Fukuyama prophezeite, dass das Ende «der ideologischen Evolution der Menschheit» erreicht sei. Im Kampf der Systeme habe sich die westlich geprägte Demokratie als die «finale» Form einer «menschlichen Regierungsführung» durchgesetzt. Schon bald würden sich Liberalismus, Demokratie und Marktwirtschaft überall durchsetzen, denn sie befriedigten das Bedürfnis nach sozialer Anerkennung besser als alle anderen Systeme.

Das war, wie wir heute wissen, blauäugig. Die Geschichte der Menschheit ist natürlich nicht an ihr Ende gelangt. Dass sie zwangsläufig in einer globalen bürgerlichen Gesellschaft endet, hat sich zumindest vorerst ebenso als Trugschluss erwiesen wie die alte sozialistische Idee von der klassenlosen Gesellschaft als höchster Stufe der gesellschaftlichen Entwicklung. Nur das Prinzip des Marktes scheint zu überleben: als eine Konstante, die vom ehemals kommunistischen China über das nationalistische Russland bis hin in die religiös-fundamentalistisch geprägten Staaten des arabischen Raumes reicht. Es gibt Kapitalismus in verschiedenen Ausprägungen, ganz unterschiedlich mit dem Staat verknüpft und geregelt. Mal geregelter, mal gegängelter, mal entfesselter trifft er in jeder Gesellschaft auf andere kulturelle Besonderheiten und verändert sich dadurch selbst.

Doch eine Regel stimmt immer: Ökonomische Großmächte haben globalen politischen Einfluss.

Wie aus einer uralten Idee DAS Projekt des Westens wird

Böse Zungen behaupten, die Idee von der transatlantischen Partnerschaft sei das letzte Aufbäumen des alten Westens – bevor Asien die Macht übernimmt. Jedenfalls wollten das Weiße Haus und die EU-Kommission die alte Idee von der ökonomischen Kooperation des Westen 2011 endlich mit Leben füllen. Sie nutzten dafür den sogenannten Transatlantic Economic Council (TEC). Im TEC treffen sich Bürokraten beider Seiten, mal auf der einen, mal auf der anderen Seite des Atlantiks. In diesem Club versuchen sie seit langem vergeblich, die Streitigkeiten über Chlorhühnchen und Hormonfleisch aus der Welt zu schaffen. Zeitweise war er wohl vor allem eine Art Reisebüro für transatlantische Trips. Nun durfte er eine «High-Level Working Group on Jobs and Growth» organisieren. Die sollte nun wiederum möglichst konkrete Pläne erarbeiten. Sie sollte die Blaupause für das ambitionierteste Handelsabkommen aller Zeiten anfertigen.

Welche Ziele das erfüllen sollte, außer *mehr* Wachstum, wurde allerdings von den Auftraggebern nie breit diskutiert. Obwohl im Bundestag längst eine Enquête-Kommission über «Wachstum, Wohlstand und Lebensqualität» nachdachte. Obwohl auch Brüssel immer mal wieder Papiere darüber beschlossen hat, dass Europa «nachhaltig» wachsen wolle. Und obwohl die EU sich gern als Umwelt- und Klimachampion sieht.

Die Handelsexperten planten. Von Anfang an war diese High Level Group besonders geheim. Die EU-Kommission weigerte sich, auch nur die Namen der Teilnehmer zu nennen. Bekannt wurden sie nur, weil CEO, eine kleine Organisation, die sich für mehr Transparenz in Brüssel einsetzt, immer wieder darauf drängte. Sie erinnerte die Behörde hartnäckig an das Informationsrecht der Bürger. Sie mahnte per Mail, doch bitte öffentlich bekannt zu geben, wer die Experten sind. Doch die Kommission blieb hart. Am Ende halfen Amerikaner. In den USA haben Bürger ein viel weitergehendes Recht auf Informationen. Über ihre Kontakte in Washington bekamen die Aktivisten von CEO schließlich die Liste. Sie lasen darauf die Namen von Handelsbürokraten. Ein «Chefökonom» tauchte da auf und ein «Referatsleiter». Warum also, so fragten sich die Aktivisten, macht die Kommission aus den Namen dieser Leute solch ein Geheimnis? Vielleicht, weil von europäischer Seite kein Experte für Umweltschutz mit am Tisch saß? Und keiner für soziale Fragen?

Die Leute von CEO fragten abermals in Brüssel nach: Woher beziehen die Mitglieder der Gruppe eigentlich ihr Wissen? Wie entscheiden sie, was in ihrem Bericht als besonders lohnendes Ziel für die Liberalisierung auftauchen soll? Mit wem diskutieren sie, wann Regeln sinnvoll sind und wann ein Handelshemmnis? Wer sind ihre Berater? Wieder zögerte die Kommission mit ihren Antworten, wich aus, spielte auf Zeit. Doch schließlich kam nach und nach heraus: Ihre Beamten hatten sich immer und immer wieder mit den Lobbyisten der Wirtschaft getroffen, mit hochbezahlten Vertretern der Banken, der Chemieindustrie, der Automobilbranche und der Landwirtschaft. Sie hatten mit ihnen getagt, Papiere darüber gelesen und archiviert, was die sich so von einem Handelsabkommen wünschen. Damit sie sie später in den Verhandlungen mit den Amerikanern wieder würden nutzen konnten. Für ihre eigenen Vorschläge, wie sich dann zeigen sollte.

Liest man auf den Webseiten und in den Dokumenten der EU-Kommission nach, dann erzählen die allerdings eine andere Geschichte. So schreibt die High Level Working Group: Wir haben uns «intensiv mit den wichtigsten Interessenvertretern auseinandergesetzt, darunter den Vertretern von Wirtschaft, Umwelt, Konsumenten und Arbeitnehmern, um unsere Empfehlungen zu schreiben.» CEO hat nachgezählt: Um ihr TTIP-Konzept vorzubereiten, trafen sich die EU-Beamten der zuständigen Generaldirektion Handel insgesamt 560 Mal mit Interessenvertretern. Darunter waren 520 Wirtschaftsvertreter, also 92 Prozent. Um zu verstehen, welcher Geist hinter TTIP steckt (und welcher nicht), muss man also nur wissen: Die Verbraucherverbände bekamen keine speziellen Einladungen. Die Umweltgruppen auch nicht. Die Gewerkschafter ebenso wenig. Nicht die Künstlerverbände, die Vertreter von Kommunen oder die der öffentlichen

Unternehmen. Die Liste der nicht geladenen Experten ließe sich noch beliebig verlängern, entscheidend ist: Die, die dabei waren, repräsentieren mitnichten eine Demokratie. Oder, wem das zu groß ist: Sie vertreten nicht einmal den Kreis der potenziell Betroffenen.

Die High Level Group schrieb am Ende auf, was liberale Ökonomen und Unternehmensvertreter so aufschreiben würden. Sie forderte die ambitionierte Öffnung der beiden Märkte, besonders für Dienstleistungen und die Finanzindustrie. Sie empfahl, die verbleibenden Zölle massiv zu senken, den Umgang mit Hygienefragen, Urheberrechten und die Wettbewerbspolitik anzugleichen. Sogar für die Arbeitsmarktpolitik und zu Umweltfragen schlug sie Änderungen vor.

An dieser Stelle muss einmal betont werden: Es ist nicht verwerflich, dass Beamte der EU-Kommission kluge Ideen übernehmen, die sie bei Treffen mit Wirtschaftsvertretern gehört haben. Es ist auch völlig in Ordnung, dass sie sich mit ihnen treffen und von ihnen lernen. Das ist sogar höchst sinnvoll. Schließlich sollen sie Regeln für eine praxisnahe Politik machen, also müssen sie mit jenen reden, die die Wirkung spüren – im Positiven wie im Negativen. Problematisch wird die Sache allerdings, wenn im Kreis der vermeintlich Betroffenen fast *nur* Vertreter der Wirtschaft sind. Wenn zu spüren ist, dass sonst mit nicht vielen Leuten gesprochen wurde. Das mag vielleicht bei Zöllen funktionieren. Fast alle anderen Ideen, über die die Handelsexperten im Vorfeld von TTIP jedoch nachdachten, wirken in die ganze Gesellschaft hinein, verändern das Leben, die Umwelt oder die Arbeitsbedingungen von Menschen.

Beispielsweise auf dem Arbeitsmarkt, wenn deutsche Unternehmen mit amerikanischen konkurrieren, in denen es keine Betriebsräte gibt, in denen Gewerkschaften verboten und deshalb die Löhne entsprechend niedriger sind. Wird da am Ende die Mitbestimmung von Arbeitnehmervertretern schnell zum

Handelshemmnis? Noch ist das keine Realität. TTIP gibt es noch nicht. Aber es gibt Vorschläge der Amerikaner für Teile des Vertrages und solche der Europäer. Und wenn man den Code für die Übersetzung mancher Fachbegriffe kennt, dann klingen viele Sorgen plötzlich nicht mehr übertrieben.

TTIP konkret: Warum das Projekt so schlecht startete – und worum es in Wirklichkeit geht

Ein entscheidender Schlüssel zum Verständnis von TTIP ist das Mandat. Die offizielle Übersetzung der Bundesregierung dafür lautet: «Leitlinien für die Verhandlungen über die transatlantische Handels- und Investitionspartnerschaft zwischen der Europäischen Union und den Vereinigten Staaten von Amerika». In diesem Papier formulieren die Regierungen, worüber die EU-Kommission im Namen aller Europäer mit den Amerikanern gern verhandeln würde. Es ist sozusagen der Arbeitsvertrag, den die Chefs der EU-Kommission erteilt haben.

Das Mandat ist nicht sehr lang. Es umfasst 18 Seiten und gibt der Kommission viel Spielraum. Explizit eingeschränkt wird der nur bei Fragen der kulturellen Vielfalt, beim audiovisuellen Sektor, beim Arbeitsrecht und der öffentlichen Daseinsvorsorge. TTIP soll europäischen Unternehmen helfen, leichter auf den amerikanischen Markt und an öffentliche Aufträge zu kommen. Die letzten Zölle sollen fallen. Amerikanische Investoren sollen besonders geschützt werden, indem sie den Staat bei privaten Schiedsgerichten verklagen dürfen. Vor allem aber sollen Regeln und Standards angeglichen – und dann am besten global durchgesetzt werden.

All das nahm sich die Kommission in den ersten Monaten des Jahres 2013 vor. Dann diskutierte sie es kurz mit Regierungsvertretern, und die stimmten im Juni ohne große Einwände zu. Hinter geschlossenen Türen. Kurz darauf verkündeten Obama, Barroso und Co. vor laufenden Kameras den offiziellen Start der Gespräche. Ein paar Tage lang jubelten die Kommentatoren der Wirtschaftszeitungen über die wunderbaren Aussichten und Chancen, die dieses Projekt für Wachstum und Wirtschaft haben würde – ohne wirklich zu wissen, was drinsteht. Danach wurde es wieder still.

Seither arbeitet wieder der Maschinenraum, vor seiner Tür ein dickes Schild mit der Aufschrift: Betreten verboten. Angeführt vom damaligen EU-Kommissar Karel De Gucht und dem US-Handelsbeauftragten Michael Froman sowie ihren jeweiligen Chefunterhändlern, trafen sich die EU-Beamten und die Kollegen aus Washington im Herbst 2013 zur offiziell ersten Gesprächsrunde. In kleinen Teams loteten sie Gemeinsamkeiten und rote Linien aus, redeten über den künftigen Export von Fleisch und Schokoriegeln, Scheibenwischern und Chemikalien. Sie machten es diskret, wie immer. Und sie hofften darauf, dass sie so auch in den kommenden Monaten würden arbeiten können.

Nur hatte sich die Welt inzwischen verändert, ohne dass die Verhandler das gemerkt hatten. Experten kann so etwas leicht passieren, wenn sie unter sich bleiben. Zuletzt haben das jene erlebt, die die Finanzmärkte überwachen sollten. Die meisten von ihnen hielten es für richtig, gegen die wachsende Spekulation nichts zu unternehmen, und bestätigten sich darin. Schließlich brachte das ja Wachstum, und die Länder, die ihren Geldjongleuren besonders viel Spielraum gaben, wuchsen besonders schnell: Irland, Island, Großbritannien. Sie ließen es also zu, dass die Banker aus Geld noch mehr Geld machten. Sie lockerten die Regeln immer weiter und lästerten über die altmodische Welt, in der die Industrie noch Dinge produzierte. Bis das Finanzsystem fast zusammenbrach.

Seither glauben viele Bürger nicht mehr, dass die Liberalisierung der Märkte automatisch gut ist und Wachstum ihnen immer nutzt. Sie sind kritischer geworden, wägen die Vorteile ab gegen die Nachteile. Da ist zwar das Internet, sind die Handys, die preiswerten Flüge und die günstigen Klamotten aus Vietnam. Aber auf der anderen Seite auch die giftigen Erdbeeren aus China und gentechnisch verändertes Soja aus den USA. Die Zunahme der Billigjobs. Und eine diffuse Angst, dem Weltmarkt ausgeliefert zu sein.

All das manifestierte sich in den wachsenden Protesten gegen TTIP – im Zeichen des Chlorhühnchens.

Fragte man Anfang 2014 in Brüssel nach, warum immer noch niemand auf diese veränderte Stimmung reagierte und beispielsweise das Mandat für die Verhandlungen schnell veröffentlichte, um ein paar Ängste auszuräumen, so bekam man zwei Antworten, die sich widersprachen. Entweder: In dem Mandat stehe sowieso nichts Aufregendes. Oder: Die Veröffentlichung verschaffe den Amerikanern einen strategischen Vorteil. Wenn nämlich die erst einmal wüssten, was Europa wichtig sei und worauf man leicht verzichten kann, dann erhöhe das ihre Verhandlungsmacht. Dann könnten sie besser agieren. Kein kluger Verhandler werde freiwillig offenlegen, was seine Trümpfe sind, auf was er am Ende verzichten kann und wofür er kämpfen wird.

Nur: Es kann nicht etwas zugleich unwichtig sein – und dem Verhandlungspartner wichtige Informationen liefern.

Die deutsche Politik und TTIP:
Nichts sehen, nicht hören, nichts sagen

Im März 2014 hatten drei Abgeordnete der Grünen im Europaparlament genug. Sven Giegold, Rebecca Harms und Ska Keller brachen ein Tabu. Sie stellten das Mandat für TTIP ins Internet. Die Originalversion und eine mit Kommentaren. «EU-RESTRICTED» (Vertraulich) steht ganz oben in dicken, schwarzen Buchstaben auf dem Papier. Weiter unter auf dem Titelblatt heißt es nochmals: «Dieses Dokument enthält als RESTREINT EU/EU RESTRICTED eingestufte Informationen, deren unbefugte Weitergabe für die Interessen der Europäischen Union und/oder ihrer Mitgliedstaaten nachteilig sein könnte.»

Die Lektüre des Papiers ist kein Vergnügen. Aber sie belegt: Das TTIP-Mandat hat eine gewisse Bedeutung – trotz vieler blumiger Worte. Es dient der Selbstvergewisserung, denn es dokumentiert, wo die eigenen roten Linien sind und worüber man auf keinen Fall verhandeln wird. Es zählt auf, wo die EU etwas herausholen will und wo sie etwas geben könnte. Als offizieller Beschluss des EU-Rates bindet es zudem die europäischen Regierungen und macht es ihnen schwerer, hinter die einmal verabschiedeten Zusagen zurückzufallen. Deswegen ist bedeutsam, was in dem Mandat steht und wie es formuliert ist. Und ebenso, was fehlt. Beispielsweise findet sich im Mandat etwas zu den Themen Umwelt und Nachhaltigkeit. Artikel 32 wünscht sich, dass «die Bedeutung der Anwendung und Durchsetzung interner Rechtsvorschriften zu Arbeit und Umwelt gleichfalls betont werden sollte». Doch diese Passage ist so weich formuliert, dass sie alles über die Prioritäten der Verhandler sagt. Der Wunsch nach Schutz der Umwelt wird nur «betont». Zum Vergleich: «Für die Beilegung von Streitigkeiten zwischen Investor und Staat» soll es «einen wirksamen Mechanismus» geben.

Die Charme-Offensive: Neuer Stil – alter Inhalt

Seit Herbst 2014 hat sich einiges verändert. Es gibt eine neue Kommission und die neue Handelskommissarin der EU: Cecilia Malmström. Als sie den Job damals antrat, erhielt sie zwar von allen Seiten Glückwünsche. Doch hinter vorgehaltener Hand wurde sie kräftig bedauert, denn allen war klar: Das wird ein Knochenjob. Nur ihre Kollegen, die sich um die Eurokrise kümmern, haben es noch schwerer.

Die Schwedin ist eine grundoptimistische Frau. «Es macht Spaß!», antwortet Malmström auf die Frage, wie sie ihren Job findet – auch nach den ersten paar Monaten noch. Doch dann sagt sie den viel wichtigeren Satz: «Ich halte nichts von Hintergrundgesprächen. Sie können alles schreiben, was ich erzähle.» Sie stehe für Transparenz, moderne Handelspolitik müsse offen und verständlich sein. Die Frau kommt aus einem Land, das traditionell sehr offen mit Informationen umgeht. Das führt dort zu einem viel entspannteren Umgang der Politiker mit der Öffentlichkeit und vermeintlichen Geheimnissen. Schweden dürfen natürlich erfahren, mit wem sich ihre Politiker treffen. Sie können sehr leicht an Dokumente kommen, sogar an die Steuererklärung und den Lohnzettel des Kollegen.

Die nordische Kultur wirkt nun auch in Brüssel. Schon in ihren ersten Tagen in Brüssel hat sich Malmström mit ihren Kritikern getroffen. Seitdem geht sie mehr an die Öffentlichkeit als alle ihre Vorgänger. Sie twittert regelmäßig. Sie trifft sich nicht nur mit Wirtschaftslobbyisten, sondern auch mit Schulklassen und Demonstranten. Sie reist durch Europa und diskutiert immer wieder in allen möglichen Foren öffentlich, warum sie tut, was sie tut. Sie berichtet nach jeder Verhandlungsrunde vor Journalisten und Interessenvertretern. Sie hört sich Bedenken an. Und sie hat dafür gesorgt, dass viele der bis dato geheimen Dokumente ins Internet gestellt wurden. Die Webseite enthält inzwischen Dokumente, die früher den Stempel «restricted» trugen.

Zu verdanken ist das, das muss fairerweise auch geschrieben werden, vor allem einer kleinen Gruppe von Aktivisten und Politikern, die inzwischen systematisch nach Informationen und Papieren suchen und sie veröffentlichen. Die Kommissarin hat darauf nur reagiert – und vor allem dort, wo der Druck besonders groß war. Deswegen sorgen sich die Aktivisten auch, dass schnell die alten Gewohnheiten zurückkommen könnten – falls der Druck nachlässt. Zudem veröffentlicht die Kommission bei TTIP auch nur europäische Dokumente. Die Erwiderungen der Amerikaner bleiben weiter geheim – weil die das so verlangen und die Kommission es einfach akzeptiert. Damit bleiben automatisch auch die Vertragstexte, auf die sich beide Seiten einigen, bis zum Ende der Verhandlungen geheim. Und damit die entscheidenden Unterlagen.

Eines aber ist klar: Geheimdiplomatie wird nie wieder so leicht sein wie in der Vergangenheit. Denn die NGOs bringen heute auch Licht in das Dunkel des Handelsausschusses – und damit jenes Gremiums, das die Kommission regelmäßig kontrolliert. In dem Gremium treffen sich Beamte der Wirtschaftsministerien mit den Eurokraten. Auch dieser Ausschuss tagt geheim. Was dort passiert, erfuhr man lange nur aus Erzählungen der Teilnehmer oder aus sogenannten Drahtberichten. Der Name stammt aus Zeiten, in denen Diplomaten ihre Berichte tatsächlich über den Telegraphendraht nach Hause telegraphierten. Heute schickt ein Diplomat nach solchen Treffen eine E-Mail. In Berlin darf ein ausgewählter Kreis von Menschen dann lesen, was in Brüssel besprochen wurde, also Beamte anderer Ministerien, Abgeordnete und deren Mitarbeiter. Zwar darf niemand die Informationen weitergeben. Doch ist der Kreis der Leser wiederum so groß, dass er kaum zu kontrollieren ist. Und so kommen Lobbyisten, NGOs und hin und wieder auch Journalisten an die Texte. Der Handelsausschuss, so könnte man sagen, arbeitet jetzt nur noch im Halbschatten.

Schon das ist vielen Regierungsvertretern zu viel Licht. Verfolgt man, was dort passiert, zeigt sich nämlich eines: Im Kern hat sich in Brüssel trotz aller Kritik an TTIP nichts grundsätzlich verändert. Warum auch. Kommissarin Malmström ist selbst eine überzeugte Wirtschaftsliberale. Und die Regierungen wollen auch gar keine grundsätzlich anderen Verhandlungen. Wollten sie die, müssten sie das Mandat neu schreiben. Denn auf der ersten Seite steht: «Das Abkommen wird die beiderseitige Liberalisierung des Handels mit Waren und Dienstleistungen sowie Regeln zu handelsbezogenen Fragen vorsehen, wobei es ehrgeizige Ziele verfolgt.»

In Wahrheit wurde bisher nur eine einzige inhaltliche Konzession an die Kritiker gemacht, und die stammt aus der Zeit des Vorgängers von Malmström. Die Verhandlungen über die *privaten Schiedsgerichte* liegen auf Eis. Stattdessen wird der Reformvorschlag von Wirtschaftsminister Sigmar Gabriel diskutiert, der ein öffentliches, bei der WTO angesiedeltes Schiedsgericht vorgeschlagen hat. In allen anderen Bereichen gibt es zwar öffentliche Versprechen, was alles nicht passieren wird: Es werden angeblich keine *Standards* gesenkt; gentechnisch veränderte Lebensmittel und Chlorhühnchen kommen nicht nach Deutschland; die Umwelt kann weiter wie bisher geschützt werden; die Kultur ist nicht in Gefahr. Es gebe keinen *Liberalisierungszwang* für Kommunen oder für die vielen Unternehmen der sogenannten «Daseinsvorsorge», also für Wasserwerke, Krankenhäuser oder Universitäten. Die Förderung der Kultur werde nicht eingeschränkt. Und es gebe auch keine Gefahr, dass die demokratische Mitbestimmung von Parlamenten und Bürgern unterminiert werde. Und so weiter und so fort. Man hört fast nur noch Reden über das, was alles nicht kommt.

Doch verbindlich festgeschrieben ist nichts davon. Genau das wird noch für viel Ärger sorgen.

Wie TTIP wirklich verhandelt wird

Interessant ist ein Blick auf die Mechanismen, in denen verhandelt wird. Damit die Verhandler überhaupt wissen, worüber die Gegenseite mit ihnen reden will, verfassen sie Listen. Früher haben sie das so gemacht, wie es jeder klar denkende Mensch tun würde: Sie schrieben Forderungen und Angebote auf. Letztere natürlich nicht detailliert, es ging schließlich um ein wechselseitiges Geben und Nehmen, und da legt man nie in der ersten Runde schon alles auf den Tisch. Aber die großen Themen, über die man reden wollte, wurden natürlich festgelegt: welche Branchen der Wirtschaft liberalisiert werden sollten, wo man bereit war, Konkurrenz stärker auf den eigenen Markt zu lassen. Welche Zölle man senken würde.

Das nennt sich Positivliste.

Bei den Handelsrunden der WTO haben sich die Regierungen mit dieser Methode geeinigt. Doch dann kamen die Amerikaner auf eine neue Idee. Zum ersten Mal probierten sie die während der NAFTA-Verhandlungen aus, in denen sie sich mit Kanada und Mexiko auf eine Freihandelszone einigten. Sie erfanden die Negativliste. Die dreht das Prinzip einfach um. Die Verhandler müssen nun nicht mehr aufschreiben, wo sie mehr ausländische Unternehmen zulassen wollen. Jetzt ist grundsätzlich erst einmal alles offen für den Wettbewerb. Aufgelistet wird nur das, was auf gar keinen Fall liberalisiert werden soll.

Das klingt einfach. Eine Regierung kann festlegen, dass sie zum Beispiel in der Gesundheitsbranche nichts verändern will. Doch auf den zweiten Blick entpuppt sich das Verfahren als brandgefährlich.

Weil auf den Negativlisten *alles* stehen muss, was einer Regierung besonders schützenswert vorkommt, offenbart sie damit zugleich den Verhandlern der anderen Seite, wo sich ein Angriff besonders lohnt. Wenn die Gesundheitswirtschaft offenbar besonders geschützt ist, könnten dort besonders hohe Profite winken. Das wirkliche Problem aber beginnt, wenn ein Beamter einfach etwas vergessen hat. Wenn ein schützenswerter Bereich deswegen nicht auf der Negativliste steht. Im CETA-Abkommen steht beispielsweise auf Seite 1575/76 im Sektor «Gesundheitsdienste» unter der Industrie-Klassifizierungsnummer 93110: «Deutschland behält sich das Recht vor, privat finanzierte Krankenhäuser, die von der Bundeswehr betrieben werden, in nationalem Besitz zu belassen. Deutschland behält sich vor, andere privat finanzierte Krankenhäuser zu renationalisieren.» Das heißt im Umkehrschluss, dass ohne diese Formel ein Verstaatlichen von Krankenhäusern nach Abschluss von CETA unmöglich wäre und kanadische Unternehmen der Gesundheitsbranche dann vor einem Schiedsgericht klagen könnten. Nun steht die Renationalisierung von Krankenhäusern hier nicht zur Debatte. Aber dass Deutschland sich Kanada gegenüber für so etwas absichern muss, ist absurd.

Ein anderer, noch gefährlicherer Fall wird indes häufiger zum Problem werden: Wenn grundsätzlich die ganze Wirtschaft für die Konkurrenz aus dem Ausland geöffnet wird, dann gilt das auch für Branchen, die noch gar nicht existieren. Die können auch in Zukunft, selbst wenn eine Regierung das gerne hätte, nicht mehr reguliert werden. Die Regierung darf dann auch keine Sonderregeln für die ausländischen Anbieter erfinden. Tut sie es dennoch, verstößt sie gegen den Freihandelsvertrag.

Beim CETA-Vertrag hat die EU-Kommission mit einer Negativliste verhandelt. Bei TTIP arbeitet sie mit einer «Hybridliste»: Sie funktioniert mal so, mal so.

Man kann fragen, warum europäische Verhandler und Regierungen sich überhaupt auf so ein so kompliziertes Spiel einlassen. «Weil das neu war und wir es gern ausprobieren wollten», lautete die Antwort eines Kommissionsbeamten, der sich in dem Feld sehr gut auskennt. Weil sie die Gefährlichkeit unterschätzen, sagt ein Kritiker.

Aber vielleicht lautet die wahre Antwort noch ganz anders: Weil sie mehr Liberalisierung im Zweifel besser finden als weniger!

Wie Handelsabkommen wirken
Auf Arbeitnehmer, Kultur und Umwelt:
drei Beispiele

1. Wozu Gewerkschaften – geht doch billiger ohne

Damit hatte Reiner Hoffmann nicht gerechnet. Während seiner ersten USA-Reise als DGB-Chef schoben ihm die amerikanischen Kollegen zur Begrüßung ein deutsches Schriftstück über den Tisch. Es war eine «Petition an den Deutschen Bundestag» und zugleich eine bittere Klage: Die amerikanische Tochter der Deutschen Telekom schikaniere Gewerkschafter. Sie unterlaufe den Arbeitsstandard, drangsaliere ihre Mitarbeiter und kündige ihnen willkürlich. Deswegen bitte man die Bundesregierung, aktiv zu werden und sich für «die Wahrung von Arbeitnehmerrechten an ausländischen Standorten deutscher Unternehmen» einzusetzen. Deutschland sei schließlich Anteilseigner der Telekom.

Verrückte Welt. Da reist ein deutscher Gewerkschafter nach Amerika und wird dort von seinen amerikanischen Kollegen gebeten, doch bitte seine heimische Regierung dazu anzuhalten, den Managern einer deutschen Firma Druck zu machen: damit diese wiederum die Chefs ihrer amerikanischen Tochterfirma dazu anhalten, ihre Arbeiter anständig zu behandeln. Man kann das Globalisierung nennen. Reiner Hoffmann aber denkt weiter. «An solchen Fällen», so findet der Gewerkschaftschef, «wird sich zeigen, ob die EU-Kommission in der Lage ist, soziale Standards in TTIP zu verankern. Ob sie es wirklich ernst damit meint, dass die EU das soziale Referenzmodell für andere Länder sein kann.» Ob Handelsabkommen die Lage von Arbeitnehmern verbessern oder deren Rechte beschneiden. Wie mit der Mitbestimmung, der Tarifautonomie und anderen Schutzrechten umgegangen wird: «Die dürfen keinesfalls als ‹Handelshemmnisse› interpretiert werden.»

Wenn die USA und Europa sich zu einem großen Markt mit gemeinsamen Regeln zusammenschließen, dann kann in den Bereichen, die die Arbeitnehmer betreffen, nämlich ganz Unterschiedliches passieren: Europa könnte Amerikas Standards übernehmen, was ein Absinken auf niedriges Niveau wäre. Oder Amerika übernimmt umgekehrt die Standards Europas, was die Rechte von Arbeitnehmern dort stark ausbauen würde. Beide könnten sich auch irgendwo in der Mitte einpendeln. Am wahrscheinlichsten aber ist, dass sie das jeweils andere System mehr oder weniger ignorieren und so tun, als ob das mit dem Handel nichts zu tun hat. Doch das wäre ein großer Irrtum.

Die Telekom gibt sich in Deutschland gern als Vorzeigeunternehmen. Früher als andere hat das Management die Förderung von Frauen ernst genommen. Als erstes DAX-Unternehmen hat sie sogar eine 30-prozentige Quote bei den Führungsjobs eingeführt. Doch in den USA ist das anders. Der Streit zwischen den Gewerkschaften und der Geschäftsführung der Tochterfirma T Mobile tobt dort schon seit Jahren. Immer wieder haben amerikanische Gewerkschafter geklagt, dass Mitarbeiter schikaniert werden. Erst kurz vor Hoffmanns Reise in die USA hatte die oberste Behörde für Arbeitsrechtsfragen, das National Labor Relations Board, den Telekommunikationskonzern dazu verurteilt, bestimmte «unfaire Geschäftspraktiken» in seinen Arbeitsvorschriften zurückzunehmen. Bis so etwas passiert, muss in einem Unternehmen in den USA schon viel im Argen liegen.

Die Rechte von Arbeitnehmern sind in den vergangenen Jahrzehnten in den USA massiv abgebaut geworden. Mittlerweile schränken in 25 Bundesstaaten, vor allem im gewerkschaftsfeindlichen Süden und in den Heartland-Staaten der USA, sogenannte «Right to work»-Gesetze die Aktivitäten von Gewerkschaften ein. Das politische Klima ist für die, die sich für die Interessen von Arbeitnehmern einsetzten, ziemlich eisig. Das mussten jüngst sogar die VW-Chefs erleben.

In seinem Werk in Chattanooga (Tennessee) hatte VW versucht, eine Art Betriebsrat zu installieren. Das Management hat mit dieser Form der Mitbestimmung in Deutschland gute Erfahrungen gemacht, sie sorgt in vielen Betrieben dafür, dass sich die Mitarbeiter mehr engagieren. Das gilt als ein Grund für den globalen Erfolg des Autobauers – auch in Krisenzeiten. Doch in den USA machten die konservativen Politiker des Bundesstaates vehement Front gegen die Pläne in Chattanooga. Der republikanische Senator Bob Corker beschimpfte die Automobilgewerkschaft UAW öffentlich als Jobkiller. Er drohte damit, staatliche Subventionen zu streichen. Er warnte die Arbeiter sogar davor, dass das Werk den Zuschlag für ein neues Modell verlieren und damit die Chance auf neue Jobs verspielen würde, wenn sie einen Betriebsrat wählten. Das wurde zwar von VW dementiert, doch die Drohung des Senators wirkte trotzdem.

In Tennessee darf ein Betriebsrat nur gegründet werden, wenn eine Gewerkschaft die Beschäftigten bei Tarifverhandlungen vertritt. Die aber darf in einem Betrieb nur dann aktiv werden, wenn die Mehrheit der Beschäftigten zustimmt. Und genau das klappte am Ende in Chattanooga nicht: Im Februar 2014, nach einer von wilden Gerüchten und Drohungen begleiteten Kampagne, stimmten 712 Beschäftigte gegen die Einrichtung des Betriebsrates und nur 626 dafür. Es half nicht einmal mehr, dass der US-Präsident Barack Obama die Betriebsrats-Initiative begrüßte und schimpfte, dass republikanische Politiker sich offensichtlich mehr um deutsche Aktienbesitzer als um amerikanische Arbeiter sorgten. Am Ende siegte unter den Arbeitern die Angst. «Das Nein bei der Wahl wurde von allen Befragten als Ergebnis der politischen Einflussnahme von Senator, Gouverneur und Anti-Gewerkschaftsgruppen mit Unterstützung der Medien interpretiert», schreibt die Bochumer Sozialwissenschaftlerin Julia Molck. Sie hat mit Arbeitern, Gewerkschaftern und Unternehmensvertretern gesprochen und den Konflikt analysiert: Der internationale Rückhalt der Gewerkschaften, auch durch die deutsche Unternehmensführung, habe kaum eine Rolle gespielt. Man könnte auch sagen: Was zählt schon das Wort von VW-Chefs und von deutschen Betriebsräten gegen das eines republikanischen Senators?

Viele Arbeitgeber der Region feierten die Wahl als großen Sieg. Für sie wäre es ein fatales Signal gewesen, hätte sich das VW-Modell durchgesetzt. Denn für sie war der niedrige Organisationsgrad der Arbeiter ein Grund, ihren Betrieb im Süden anzusiedeln. Der Zuzug der Unternehmen gilt wiederum als ein Grund dafür, dass die Region boomt. Allerdings zahlen die Arbeitnehmer überproportional viel dafür. In diesen Bundesstaaten sind die Löhne signifikant niedriger als anderswo. Das Economic Policy Institute hat in einer Studie dokumentiert: In einem gewerkschaftsfeindlichen Bundesstaat verdient ein Arbeiter durchschnittlich 1500 Dollar pro Jahr weniger als in anderen. Er bekommt von seinem Arbeitgeber weniger Beihilfen zur Krankenversicherung und weniger zur Altersversorgung dazu.

Was das mit Handelsabkommen zu tun hat? Auf dem grenzenlosen amerikanischen Markt wurden in den vergangenen Jahren dort Fabriken geschlossen, wo die Löhne hoch und die Gewerkschaften stark waren. Sie entstanden dafür in Gegenden, wo wenig bezahlt wird und die Arbeitnehmer kaum organisiert sind. Was also würde passieren, schaffte man alle Grenzen zwischen den USA und der EU ab? Zieht dann Chattanooga nach Wolfsburg? Oder Wolfsburg nach Chattanooga?

Im internationalen Vergleich sind die deutschen Unternehmen wettbewerbsstark und müssen sich wenig vor Konkurrenz fürchten. Für die deutsche Automobilindustrie gilt das besonders, also ist die Gefahr derzeit nicht groß. Doch was ist mit den Zulieferern? Außerdem geht es in vielen anderen Branchen darum, Kosten zu sparen. Fallen Grenzen und Hindernisse, wird auch dort natürlich wieder neu geprüft, was sich wo am billigsten und am besten produzieren lässt. Und da soll gar kein Druck auf die deutschen Löhne und sozialen Errungenschaften entstehen? Es ist kein Zufall, dass sich die IG Metall schon früh, als erste deutsche Gewerkschaft, kritisch zu TTIP geäußert hat.

Den Gewerkschaftern sind drei Punkte besonders wichtig: Sie wollen kein Investitionsschutzabkommen, sie sorgen sich um Standards bei Arbeitnehmerrechten, Verbraucherschutz und Umwelt. Und sie fordern die Anerkennung aller acht ILO-Kernarbeitsnormen durch die USA. Sechs davon haben die USA nicht ratifiziert, darunter die Normen 87 und 98, die die Versammlungsfreiheit und das Recht auf kollektive Verhandlungen umfassen – also Errungenschaften, die in Europa völlig selbstverständlich sind und nicht nur hier. «Das sind Normen, die quasi weltweit gelten. Die viele Länder ratifiziert haben. Warum sollen sie in einem hochindustrialisierten ILO-Mitgliedsland, wie es die USA sind, nicht gelten?», fragt Éva Dessewffy von der österreichischen Arbeiterkammer. Sie kennt sich aus in den Labyrinthen der europäischen Verträge und des internationalen Rechts, und sie hat sich immer wieder über eines geärgert: «Die sozialen Rechte sind nicht einklagbar. Ein Fortschritt ist zwar, dass es in den neueren Handelsabkommen auch Kapitel über nachhaltige Entwicklung gibt und dort die ILO-Kernarbeitsrechte angesprochen werden. Aber sie können nicht durchgesetzt werden.» Das Recht, eine Gewerkschaft zu gründen oder zu streiken, ist damit, selbst wenn es in Handelsverträgen steht, nicht mehr als schöne Prosa.

Die Arbeiterkammer ist in Europa eine besondere Erscheinung. Als einziges Land der EU hat Österreich nicht nur der Wirtschaft eine Kammer gegeben, sondern auch den Arbeitnehmern. So etwas gibt es zwar auch in Bremen und im Saarland. Aber bundesweit kennt man das in Deutschland nicht. In Brüssel hat die österreichische Arbeiterkammer, da sie eine öffentlich-rechtliche Einrichtung und damit in die Handelspolitik der Regierung eingebunden ist, besseren Zugang zu Informationen als andere. Bei Éva Dessewffy hat das vor allem eine Wirkung: Ihre Sorgen wachsen, dass TTIP den Druck auf die Arbeitnehmer steigern wird. Weil sie stärker mit Leuten konkurrieren müssen, die sich nicht organisieren dürfen. Die deswegen weniger Lohn, weniger Urlaub und weniger Rente bekommen, schlechter abgesichert sind und nicht einmal demonstrieren dürfen.

Als sie das im Juni 2015 bei einer Veranstaltung der Kammer in Brüssel dem EU-Vertreter Fernando Perreau de Pinninck sagt, reagiert der mit einem leicht resignierten Lächeln: «Wir sind nicht in einem Geschäft tätig, in dem es darum geht, das System der anderen Seite zu ändern.» Im Klartext bedeutete das: Der EU-Kommission ist es herzlich egal, ob sich in den Südstaaten der USA Betriebsräte gründen dürfen oder nicht. Oder sie traut es sich nicht zu, das zum Thema zu machen, geschweige denn, eine Veränderung zu wünschen. Das mag eine realistische Einschätzung der Machtverhältnisse sein. Aber mit welchen Standards will sie dann den Bestand des europäischen Sozialsystems erhalten – und Dumping verhindern?

Richard Trumka ist kein Träumer. Der Chef des amerikanischen Gewerkschaftsdachverbandes AFL-CIO hat ziemlich früh gelernt, dass man für seine Rechte kämpfen muss. Gleichzeitig hat Trumka den Niedergang der Gewerkschaften miterlebt: «Hier gibt es viele Leute, die glauben, dass Gewerkschaften gar nicht existieren sollten», sagt er, und er kennt auch die Folgen: Gerade mal sieben Prozent der Arbeitsverträge sind heute in den USA noch tarifgebunden. Zum Vergleich: In Deutschland sind es 40 Prozent. Die amerikanischen Gewerkschaften sind nicht unschuldig am geringen Organisationsgrad. Sie haben selbst viele Fehler gemacht, es gab in Teilen massive Korruption oder auch Einfluss der Mafia. Doch es gab eben auch die brutale Ausgrenzung von Gewerkschaften durch konservative Politiker. Trumka selbst steht für einen Reformkurs, für die Öffnung hin zu den Migranten, für einen ganz neuen, unbefangeneren Kontakt mit Umweltgruppen und sozialen Bewegungen.

Trumka hat beobachtet, wie jedes neue Handelsabkommen, das die USA abgeschlossen haben, den Druck auf die Arbeiter erhöht hat: weil sie mit jedem Mal der Billigkonkurrenz aus den armen Ländern noch mehr ausgesetzt waren. Weil mit jedem neuen Vertrag der Druck wuchs, auch in den USA die Löhne zu senken. In den Partnerländern aber sei alles beim Alten geblieben. «In Kolumbien werden weiter Gewerkschafter umgebracht», klagt er, daran hätten auch die Arbeitsstandards und die schönen Formulierungen in den Handelsabkommen über Menschenrechte nichts geändert. Das sei ja alles nicht einklagbar. Der Gewerkschafter kämpft gegen neue Handelsabkommen seines Landes. Massiv hat er gegen das transpazifische Abkommen mobilisiert, den Demokraten sogar den Entzug der Wahlkampfspenden angedroht. Doch bei TTIP macht er eine Ausnahme «Das könnte der Vertrag werden, bei dem für alle etwas besser wird», sagt Trumka und setzt hinzu: «Wenn wir es richtig machen.» Er hofft auf eine Art Entwicklungshilfe aus Europa: «In Europa ist vieles besser, Arbeitnehmer haben mehr Rechte als hier, und sie sind besser geschützt. Wenn wir das Abkommen nutzen, um auf beiden Seiten die Standards zu senken, wird der Protest weiter wachsen. Nutzen wir es, um die Standards zu heben, dann wird es Zustimmung geben.»

Europa als Entwicklungshelfer in den USA? Das wäre wirklich mal etwas ganz Neues.

Doch im Juni 2015 geraten die ersten Textvorschläge der EU-Kommission an die Öffentlichkeit. Im Kapitel über «Handel und nachhaltige Entwicklung» wünscht sich die EU zwar die Beachtung der ILO-Kernarbeitsnormen. Aber es bleibt auch beim Wünschen. Die Kommission fordert nicht etwa die Ratifizierung durch die USA, sie wünscht nur, dass deren Regierung sich weiter dafür einsetzt. Es soll auch keine Folgen haben, wenn beispielsweise das Versammlungsrecht missachtet wird, sich also keine Betriebsräte gründen dürfen. Kein soziales Recht wird nach TTIP einklagbar sein – auch nicht, wenn das Abkommen zu Dumping führt. Das ist als Ausgangsposition von Verhandlungen extrem weich. Zwar mag der Wunsch, das amerikanische Wirtschaftssystem durch einen Handelsvertrag zu ändern, tatsächlich ziemlich phantastisch sein. Nur, könnte man es nicht zumindest fordern? Die Amerikaner versuchen in Europa doch genau das immer wieder: beim Umgang mit Gentechnik, Landwirtschaft und Risiko.

«Sie könnte zum Beispiel fordern, dass in einem transatlantischen Marktplatz die amerikanischen Angestellten von europäischen Unternehmen auch durch deren Betriebsräte vertreten werden können – und sie mitwählen dürfen», schlägt Thea Lee vor, die Chefökonomin des amerikanischen Gewerkschaftsdachverbandes AFL-CIO. So würde verhindert, dass die Unternehmen, die in Europa längst gelernt haben, mit Gewerkschaften zu leben, in den USA zu deren härtesten Feinden werden. Tatsächlich gib es in der EU die Euro-Betriebsräte. Warum nicht ein ähnliches Partizipationsmodell für TTIP fordern? Die Idee findet auch DGB-Chef Reiner Hoffmann gut: «Handelspolitik muss auch den Arbeitnehmern etwas bringen. Das gilt auch für TTIP.»

2. Wozu Kulturförderung – geht doch auch ohne

Früher hat Hans-Jürgen Blinn mitten in New York gewohnt, in einem Hochhaus im 30. Stock. Sein Appartement lag an der 42. Straße zwischen dem Chrysler Building und Grand Central Station. Den Bahnhof konnte er aus dem Fenster sehen, wenn er mal zu Hause war. Doch das war selten der Fall, Blinn arbeitet als Anwalt in einer amerikanischen Kanzlei, und bei der, so erzählt er heute schmunzelnd, stimme die «work live balance» einfach nicht. Er habe noch einen Freund aus jener Zeit. Den erreiche er am besten samstags abends um 22 Uhr. Im Büro.

Heute arbeitet Blinn im Zentrum von Mainz, Mittlere Bleiche 61. Statt auf die Skyline von New York blickt er jetzt auf das Dach des Landesmuseums. Sein Büro liegt im 5. Stock des Ministeriums für Bildung, Wissenschaft, Weiterbildung und Kultur des Landes Rheinland-Pfalz, und Blinn ist froh darüber. Denn ihm fehlte in den USA nicht vor allem Freizeit, sondern die Kultur, das Essen, das Lebensgefühl. Er stammt aus der Südpfalz, wohnt heute nur ein paar Kilometer von der französischen Grenze entfernt. Nicht weit, in Mainz, Wiesbaden und Frankfurt, kann er jede Menge Museen, Theater und Konzerthallen besuchen.

Und genau um die sorgt sich Blinn, privat und beruflich. Denn der Jurist vertritt in Brüssel die Bundesländer, wenn es um die Kultur in Handelsabkommen geht. Er fährt zu den Treffen des Handelsausschusses. Reden darf er dort zwar nicht, denn die EU hat ihre Schwierigkeiten mit dem deutschen Föderalismus und damit, dass hier auch Landesregierungen etwas EU-Relevantes zu melden haben. Und dass das besonders bei kulturellen Fragen der Fall ist. Wenn Blinn die Runde also etwas wissen lassen will, muss er das seinem Kollegen aus dem Wirtschaftsministerium vorher mitteilen. Der sagt das dann. Aber Blinn kann zumindest zuhören und aufpassen. Oft fühlt er sich dort allein unter vielen. Alle anderen Regierungen schicken nur einen Vertreter, meist aus ihren Wirtschaftsministerien. Für sie ist die Kultur nur ein Thema unter vielen oder sie ist ihnen sogar herzlich egal. Blinn sorgt sich, ob der Staat auch in Zukunft Orchester, Museen und Initiativen so bezuschussen darf wie bisher.

Die Kulturförderung sei nicht gefährdet, versichert Wirtschaftsminister Sigmar Gabriel immer wieder. Da gebe es viel zu viele Sorgen: «dass die Buchpreisbindung nicht mehr möglich ist, dass die Kulturförderung dem freien Markt geopfert wird». Er sei sich aber sicher, dass «wir auf alles eine vernünftige Antwort haben werden». Die Regeln des Welthandels hätten mit der Förderung der Stadttheater «nichts zu tun». Im Mai 2015 stellte sein Ministerium sogar einen kurzen Film ins Internet. Auf dem ist der Wirtschaftsstaatssekretär Matthias Machnig zu sehen, wie er ein Plakat überklebt. Ursprünglich stand da: «Kultur braucht kein TTIP». Der Politiker machte daraus: «Kultur braucht keine Angst. Sondern Fakten.» Das soll beruhigen.

Blinn macht es nervös. Er geht zum Einbauschrank seines Büros und holt einen Aktenordner heraus. Er legt ihn auf seinen Schreibtisch. Dann sagt er überzeugt: «Es ist fraglich, ob Kultur künftig noch so gefördert werden darf wie bisher.» Die Papiere, in denen Blinn nun blättert, hätte er vor ein paar Monaten noch gar nicht zeigen dürfen. «Das TTIP-Abkommen gibt es ja noch nicht. Aber hier habe ich Teile des CETA-Abkommens abgeheftet, das die EU mit Kanada verhandelt hat.» Dieses Abkommen ist inzwischen paraphiert, also vorläufig unterzeichnet, und die EU-Kommission hat es veröffentlicht. Die Regierungen können noch Kleinigkeiten ändern, dann sollen die Parlamente aber zustimmen. Blinn hat einige Paragraphen gelb markiert; schnell findet er Kapitel 10, Investment, Artikel X.3 Definitions, Seite 149. Danach gelten als Investitionen auch Gewinnerwartungen. «Es wäre denkbar, dass ein Unternehmen wie Amazon über seine kanadische Dependance die Buchpreisbindung als Handelshemmnis definiert, das seine Gewinnerwartungen schmälert, und Deutschland vor einem Schiedsgericht verklagt.»

Blinn blättert weiter: Kapitel 9. Absatz X.3. Darin geht es um staatliche Subventionen und die Frage, wann sie erlaubt sind. «Wir fördern in Rheinland-Pfalz heimische Künstler. Damit diskriminieren wir natürlich Künstler aus anderen Gegenden. Dürfen wir das noch, wenn CETA in Kraft tritt?», fragt Blinn dann und deutet auf den Paragraphen. Da steht, dass es im Streitfall «informelle Konsultationen» zwischen den Handelspartnern geben soll. Mit dem Ziel, Subventionen abzubauen. Kann es also möglich sein, dass die EU-Kommission und die kanadische Regierung irgendwann über die Förderung von rheinland-pfälzischen Künstlern streiten werden?

Blinn grinst und sagt: «Ich nehme immer das Schlimmste an. Ich bin Jurist, und Juristen finden immer Möglichkeiten, unklare Formulierungen auszulegen.» Schon die Frage, wer oder was eigentlich zur Kultur zählt, ist hoch umstritten. Das gibt sogar die Bundesregierung zu, an anderer Stelle. Als der Abgeordnete der Linken, Klaus Ernst, im Juni 2015 durch eine Kleine Anfrage wissen will, ob beispielsweise «die Kultur» künftig durch das geplante europäisch-kanadische Abkommen CETA gefährdet sei, bekommt er zur Antwort: «Einer abschließenden Definition des deutschen Kulturbegriffes steht die Rechtsprechung des Bundesverfassungsgerichtes entgegen.» Außerdem hätten die Vertragsparteien ein gemeinsames Verständnis von dem Begriff «sämtliche Bereiche kulturellen Schaffens» nicht entwickelt. Heißt dass, dass dem einen schützenswerte Kultur sein darf, was für den anderen nur ein gutes Geschäft ist?

Das Wirtschaftsministerium muss auch zugeben, dass so manches beruhigende Wort wohl etwas vorschnell war. Klaus Ernst fragte nämlich auch, ob das geplante CETA-Abkommen die Kultur in irgendeiner Weise bedrohe. Und die Juristen der Regierung müssen zugeben, dass Deutschland auf Grundlage des CETA-Vertrages durchaus für die Benachteiligung ausländischer Medienkonzerne vor Schiedsgerichte gezogen werden kann. Sie schreiben, dass «unangemessene Beeinträchtigungen getätigter Investitionen im audiovisuellen Bereich» gerügt werden könnten. «Diesbezügliche Verletzungen können durch Anrufung von Schiedsgerichten im Wege des Investor-Staat-Streitbeilegungsverfahrens geltend gemacht werden.»

In Europa sorgen sich um die Kultur vor allem die Franzosen. Ihre Regierung hat deshalb noch vor Eröffnung der TTIP-Verhandlungen durchgesetzt, dass dort über audiovisuelle Medien nicht verhandelt werden darf. «Typisch französisch», hieß es damals spöttisch aus Brüssel: die mit ihren kulturellen Extrawürsten! Die Folge aber ist: Radio und Fernsehen werden künftig nicht unter die Regeln des Abkommens fallen. Die Quoten, die es in Frankreich in diesen Medien gibt – sie müssen eine bestimmte Menge an französischer Musik spielen oder Filme zeigen – können also nicht von den Amerikanern angefochten werden. Und auch nicht die Fenster, die es in manchen deutschen Bundesländern für lokale Initiativen in den privaten Radios gibt. Oder die bevorzugte Lizenzvergabe an regionale Medienhäuser. Nur, auch diese Beschränkung lässt sich eng oder weit interpretieren. Sie gilt definitiv für alle Übertragungen im klassischen Fernsehen und Radio. Wie aber sieht es mit dem Internet aus, mit Medienangeboten, die gestreamt werden? Sind sie dann keine Kultur, sondern automatisch Ware? Und was ist mit all den anderen Bereichen der Kultur, also Orchestern, Stadttheatern oder Museen? Mit denen, die erst noch erfunden werden, die also heute noch niemand kennt?

«Was passiert, wenn wir, nur so als Beispiel, irgendwann einmal eine Buchpreisbindung für E-Books durchsetzen wollen?», fragt Blinn. Der Mann sieht von seinem Schreibtisch aus auf ein schwarz-weißes Foto der Central Station. Doch er findet den Umgang der USA mit der Kultur fremd. Für Europäer sei Kultur mehr als ein Wirtschaftsgut, das Wettbewerbsregeln unterworfen werden könne. Deswegen habe Europa auch wie die meisten anderen Länder der Welt die UNESCO-Konvention über den «Schutz und die Förderung» der Vielfalt kultureller Ausdrucksformen» unterzeichnet. Sie soll dafür sorgen, dass Kultur eben nicht wie eine Ware behandelt werden darf. Die USA haben die Konvention nicht unterschrieben.

Dahinter stecken milliardenschwere Gründe: In den USA wird die Kultur viel stärker als anderswo wie eine Ware behandelt. In etwa so, dass man sie den gleichen Regeln unterwerfen kann wie Brötchen. Amerika kennt staatliche Kulturförderung kaum, keine öffentlichen Rundfunkanstalten. Museen, Orchester, Bibliotheken und sogar das National Public Radio finanzieren sich über Spenden. Das sorgt in New York und anderen großen Städten durchaus für ein pulsierendes Kulturleben, im Mittleren Westen aber herrscht in vielen Gegenden Ödnis. Daneben gibt es dann in Hollywood die florierende Medienindustrie, ein Magnet für Menschen aus aller Welt und eine einzigartige Mischung aus Kreativität und Geschäftssinn. Sie funktioniert zumindest ökonomisch höchst erfolgreich: Viele der produzierten Serien verkaufen sich weltweit wie Brötchen. Das ginge allerdings noch leichter, gäbe es nicht in zahlreichen Ländern ärgerliche Gesetze wie in Frankreich oder subventionierte nationale Kulturschaffende und Kanäle wie in Deutschland.

Der Passauer Juraprofessor Hans-Georg Dederer mahnt in einem Rechtsgutachten, dass es «von der Verhandlungsstärke der EU» abhängen werde, «ob und inwieweit die EU oder ihre Mitgliedsstaaten substanzielle Vorbehalte im audiovisuellen Dienstleistungssektor durchzusetzen vermögen». In vielen Zeilen seines Gutachtens klingt diesbezüglich Skepsis durch; er hält es offensichtlich für fraglich, ob die Europäer dem amerikanischen

Druck standhalten. Zumal dieser Bereich für die Brüsseler Verhandler nur einer unter vielen ist und am Ende vielleicht doch nur Verhandlungsmasse. Hingegen gehöre «der konsequente Abbau bzw. Ausschluss von Handelshemmnissen auf dem Gebiet speziell der digitalen Produkte zur Agenda der US-amerikanischen Freihandels-Verhandlungen.» Anders formuliert: Die Westkünste hat ein vitales Interesse daran, ihre Produkte möglichst weltweit zu vermarkten. Und Europa ist nun mal der bedeutendste Exportmarkt für amerikanische Medienprodukte.

Wirtschaftsminister Sigmar Gabriel tut solche Bedenken mit einer von jenen flapsigen Bemerkungen ab, für die er bekannt ist: Der eine Professor sage das eine, der andere was anderes. Doch wenn die Bundesregierung den Schutz der Kultur ernst meint – wieso besteht sie nicht darauf bei TTIP? Der Vertrag ist ja noch nicht fertig verhandelt. Da ginge noch was. Wenn sie wollte.

Aber sie will nicht. Im Herbst 2014 musste das Klaus Staeck erleben, damals der Präsident der Akademie der Künste. Schon seit Wochen waren seine Befürchtungen gewachsen, dass TTIP die Sonderstellung der Kultur trotz aller Beteuerungen doch einschränken könne und damit auch die öffentliche Finanzierung von Orchestern und Theatern. Oder öffentliches Geld für Ausstellungen und Veranstaltungen. Oder die Buchpreisbindung. Deswegen kämpfte er mit anderen für folgende Idee: Eine «Generalklausel» sollte sie von ihren Ängsten befreien. Sie sollte dafür sorgen, dass die Handelsleute nicht nur die audiovisuellen Medien, sondern den gesamten Kulturbereich von ihren Verhandlungen ausnehmen. Immerhin hatten sie ja immer mal wieder öffentlich gesagt, dass diesem keine Gefahr drohe. Dann sollte es ja eigentlich eine leichte Übung sein, das auch schriftlich und verbindlich festzuhalten. In Brüssel.

Sie hatten sogar die deutsche Beauftragte der Bundesregierung für Kultur und Medien, Monika Grütters, für diese Idee gewonnen. Und eine Weile lang auch andere Vertreter der Regierung, zumindest auf Arbeitsebenen – das belegt das Protokoll einer Sitzung, die im Oktober 2014 unter Regierungsvertretern stattfand. Auf dem steht: «VERMERK. Betr: Generalklausel für den Bereich ‹Kultur› und ‹Medien› am 7. Oktober». Und weiter: «BMWi, BKM und die Ländervertreter stimmen darin überein, dass der Formulierungsvorschlag der BKM für eine Generalklausel zum Schutz der Kultur und der Medien in TTIP von BMWi, BKM und den Ländern gemeinsam getragen wird.»

Die kurze Übersetzung: Das Wirtschaftsministerium, die Staatsministerin für Kultur und die Ländervertreter sind für eine Generalklausel, die die Kultur aus den TTIP-Verhandlungen streicht. Die wollen sie in Brüssel durchsetzen, damit sich die EU-Kommission daran halten muss. Am 25. November sollte in Brüssel beim Treffen des Kulturministerrates darüber abgestimmt werden. Doch kurz vor der Sitzung wurde das Projekt gestoppt. Später sagt der Pressesprecher von Staatsministerin Grütters, dass eine Abstimmung an dem Tag doch nicht geplant war. Dass es Terminprobleme gab und der Generaldirektor der Kommission gefehlt habe. Dass die Staatsministerin das Projekt weiter verfolgen werde. Doch bis heute gibt es keine Klausel. Wie es auch keinen Ratsbeschluss gibt, dass die Buchpreisbindung nicht fällt. Nur Beschwichtigungen.

Klaus Staeck ist heute noch verärgert über die damaligen Ereignisse. Denn immer wieder hat er dieselbe Reaktion erlebt: «Öffentlich wird beschwichtigt, aber hinter den Kulissen, wenn es dann um Textstellen in Verträgen geht, passiert nichts. Dann wird eben genau die Formulierung, die die Kultur besser schützen könnte, nicht in die Entwürfe geschrieben.»

Olaf Zimmermann ist der Geschäftsführer des deutschen Kulturrates. Dieser vertritt in Berlin die knapp 250 Verbände, in denen wiederum Verlage, Filmwirtschaft, Musiker, Schriftsteller, bildende Künstler, Architekten, Designer und viele andere organisiert sind. Er ist sich sicher, dass die Politiker nur noch durch eines zu überzeugen sind: durch mehr öffentlichen Druck. Deswegen meldet die Webseite seiner Organisation regelmäßig Neuigkeiten über das geplante Freihandelsabkommen. Deswegen hat er im Sommer ein Buch mit Beiträgen von 34 Kulturexperten herausgeben, die sich alle mit der Arbeit der Handelsexperten auseinandersetzen. Schnell spürt man bei der Lektüre: Das ist nicht überschäumendes, wildes Feuilleton, das um der schönen Formulierung und der Aufregung willen ein Thema hochpeitscht. Hier sorgen sich kundige Menschen, dass etwas leichtfertig aufs Spiel gesetzt wird. Von Leuten, die die Auswirkungen mancher Fußnoten gar nicht begreifen.

Olaf Zimmermann wird für seinen Einsatz nicht nur gelobt. Lange hat der Deutsche Kulturrat eher still gewirkt, solide die Interessen in vielen kulturpolitischen Bereichen gegenüber den Politikern vertreten. Dass er jetzt laut für Demonstrationen gegen ein Projekt trommelt, das die Bundesregierung unbedingt will, war zu Beginn nicht allen recht. Doch mehr und mehr überzeugt der Geschäftsführer mit seiner Linie. Vor allem mit einem Argument: Ein Land dürfe sich doch durch einen Vertrag nicht vorschreiben lassen, wie es seine kulturpolitische Zukunft gestaltet. Genau das aber drohe durch die Art und Weise, wie bei TTIP verhandelt würde.

3. Delphine, Öl und irre Urteile: Wie der Umweltschutz zum Handelshemmnis umdefiniert wurde

Teersand ist eine Mischung aus Sand, Ton und Erdöl. Er wird in der westkanadischen Provinz Alberta gewonnen, unterirdisch oder im Tagebau und zwar auf einer Fläche, die so groß ist wie Bayern, Baden-Württemberg und Nordrhein-Westfalen zusammen. Die meisten großen Ölkonzerne besitzen dort Areale. Sie gewinnen aus dem Sand schweres Rohöl, das dann am Golf von Mexiko raffiniert wird. Es ist ein im Wortsinn schmutziges Geschäft. Immer wieder hat die in Alberta lebende Athabasca Chipewyan First Nation geklagt, wie stark die Trinkwasservorräte des Stammes verschmutzt würden. Auch in den USA gibt es Proteste: Die Konzerne würden das Öl gern per Pipeline durch den Kontinent transportieren, 3456 Kilometer weit bis zu den Raffinerien am Golf. Vor den möglichen Umweltschäden der Keystone-XL-Pipeline fürchtete sich sogar Präsident Barack Obama und legte Anfang 2015 sein Veto ein. Damit liegt der Pipelinebau erst einmal auf Eis. Doch es gibt ein weiteres Problem mit dem schweren Rohöl, egal wie man es transportiert. Verbrennt man es, entsteht ein Viertel mehr klimaschädliches CO_2 als bei herkömmlichem Öl, sprich: der Abbau und die Nutzung von Teersand beschleunigt den Klimawandel.

Der Import von Öl, das aus diesem Sand gewonnen wird, passt deshalb nicht gut zur europäischen Umweltpolitik. Schließlich will die EU den CO_2-Ausstoß senken. Die Politiker, allen voran Bundeskanzlerin Angela Merkel, haben das oft genug versprochen. Lange durfte Teersand deswegen auch nur in geringen Mengen in die EU importiert werden. 2009 hat die EU zudem eine Treibstoffqualitätsrichtlinie verabschiedet, aber wegen fehlender Durchführungsbestimmungen nie umgesetzt. Sie sollte die CO_2-Emissionen im Transportsektor um sechs Prozent senken. Um das leichter zu erreichen, sollte der Import von Öl aus Teersand finanziell unattraktiver werden. Energiekonzerne, die es importieren wollten, sollten dafür eine Klimaabgabe zahlen.

Die amerikanischen Ölkonzerne fanden das ärgerlich. Sie hofften auf ein weltweit florierendes Geschäft mit dem Öl aus Teersand. Europa ist ein attraktiver Kunde, zudem würde jeder neue Abnehmer den Druck auf die amerikanischen Politiker steigern, die Pipeline doch noch bauen zu lassen. Es fiel ihnen nicht schwer, die konservative kanadische Regierung auf ihre Seite zu ziehen. Immer wieder versuchten Kanadas Unterhändler, das Thema bei den Verhandlungen über das CETA-Freihandelsabkommen auf den Tisch zu bringen – und den europäischen Widerstand zu brechen. Auch der amerikanische Handelsbeauftragte Michael Froman mischte sich ein, zeigte sich öffentlich besorgt, die Treibstoffqualitätsrichtlinie könne eine «Barriere für den amerikanisch-europäischen Handel» sein. Er habe das Thema «deshalb mehrere Male gegenüber erfahrenen Beamten der Kommission angesprochen, auch in Zusammenhang mit TTIP».

Lange blieb das alles ohne Wirkung. Doch als dann Mitte 2014 der Tag der Unterzeichnung von CETA näher rückte, änderte sich die Haltung in Brüssel plötzlich. Die EU veröffentlichte Ausführungsbestimmungen der Treibstoffqualitätsrichtlinie. In denen fehlte die Klimaabgabe für Öl aus Teersänden.

Eines weiß man aus mehreren Quellen ziemlich sicher: Der damalige EU-Kommissionspräsident Manuel Barroso wollte das Abkommen unbedingt noch in seiner Amtszeit abschließen. Er wollte nach Ottawa reisen, Fotos von ihm und dem kanadischen Premierminister sollten um die Welt gehen. Seine Unterschrift sollte für immer unter dem Vertrag stehen. Also wuchs der Druck auf die Verhandler. Im September 2014 flog Barroso nach Kanada und unterzeichnete den damals noch geheimen Vertrag.

Der niederländische Journalist Bas van Beek hat lange recherchiert, wieso die EU den Import von Öl aus Teersand zulässt. Er stieß auf ein Dokument aus dem Europäischen Rat vom Juli 2014 zur Vorbereitung des letzten Treffens der CETA-Unterhändler. Die energiepolitische Zusammenarbeit mit Kanada verlaufe nicht zufriedenstellend, heißt es darin. Der Grund sei «teilweise Kanadas Opposition zur Treibstoffqualitätsrichtlinie, deren Umsetzung noch aussteht». Dann war von einem neuen Vorschlag die Rede, der «nach sehr engen Beratungen mit der kanadischen

Seite und anderen Beteiligten» erarbeitet worden sei. Er solle «die Hauptbedenken Kanadas aufgreifen».

Im Klartext bedeutete das: Die EU-Kommission nutzte einfach ihren Spielraum beim Kleingedruckten. Sie schrieb die Durchführungsbestimmungen der Richtlinie so, dass die Ölindustrie künftig bei Importen nicht mehr zwischen konventionellem Öl und dem aus Teersand unterscheiden muss. Jetzt reichen allgemeine Angaben über die Art des Treibstoffs und den Handelsnamen. Ergo kann sie nun Öl aus Teersand genauso leicht wie jedes andere Öl in die EU exportieren. Ohne Extraabgabe.

In den TTIP-Verhandlungen mit den USA geht sie sogar noch einen Stück weiter: Dort wirbt sie aktiv darum, dass künftig mehr Öl nach Europa gelangt. Allerdings möglichst diskret, wohl wissend, wie umstritten das Thema ist: «Wir halten das aus den Medien raus, während wir die Gespräche mit den USA vorantreiben. Wir versuchen sehr, jeden öffentlichen Kommentar zu vermeiden, weil wir es für erfolgversprechender halten, das fern der Öffentlichkeit zu verhandeln», sagte Hiddo Houben, der stellvertretende EU-Verhandler, während einer Anhörung im Industriekomitee des Europaparlamentes – in der Hoffnung, dass kein Journalist im Publikum saß oder die Aufzeichnung später im Internet anschaute. So etwas passiert ja auch selten. Zu seinem Leidwesen hatte der britische *Guardian* hingehört.

«Handelsabkommen schaden der Umwelt nicht nur, wenn sie abgeschlossen sind, sondern schon, bevor sie abgeschlossen werden», lautet das Fazit der Umweltorganisation Friends of the Earth. Die EU-Kommission verneint das bis heute. Sie verneint auch, dass es einen Zusammenhang zwischen CETA und den Ölimporten gibt. Handelsabkommen im Allgemeinen und TTIP und CETA im Speziellen gingen nicht auf Kosten von Umwelt und Verbraucherschutz. Doch der amerikanische Handelsexperte Jeffrey Schott vom Washingtoner Peterson Institute, ein überzeugter Freihändler, lobt die EU in einem Bericht schon

2013 genau dafür: «Um den Weg für einen transatlantischen Deal zu ebnen, haben die europäischen und amerikanischen Beamten eine Reihe von ‹vertrauensbildenden Maßnahmen› umgesetzt.» Das Vertrauen der Verbraucher oder der Umweltschützer meinte er damit allerdings nicht.

Doch das eigentliche Problem liegt viel tiefer und ist viel grundsätzlicher, als es die Geschichte der Teersande ahnen lässt.

Was das Sterben der Delphine mit der Arbeit der Handelsjuristen zu tun hat

Der Streit um den Schutz der Delphine zeigte bereits zu Beginn der 90er Jahre, wie bitter globale Handelsregeln für die Umwelt sein können. Es ging um Fisch, Fischer, die mexikanische Regierung und Umweltschützer.

Mexikaner fischen Thunfisch und exportieren ihn auch seit langem in die USA. Allerdings wurden ihre Boote in den vergangenen Jahrzehnten immer schneller, ihre Netze immer effizienter. Das bedroht nicht nur den Fischbestand, sondern tötet auch Delphine. Moderne Kutter kreisen die Thunfischschwärme mit ihren Netzen ein und ziehen diese dann einfach zusammen. Alles, was sich darin befindet, wird gefangen – auch die Delphine, die häufig über den Thunfischschwärmen schwimmen. Sie verenden elend, da sie, in den Netzen hängend, nicht mehr zum Luftholen auftauchen können.

Schon in den 80er Jahren überzeugten amerikanische Umweltschützer ihre Politiker davon, dass diese Arte des Fischfangs aufhören muss. Die Politiker handelten und verhängten ein Einfuhrverbot für einen Teil der Thunfischimporte. Ins Land lassen durfte der Zoll nur noch den Fisch, der nachweislich mit «delphinsicheren» Netzen gefangen wurde. Betroffen von dieser Maßnahme waren eine Reihe von Ländern, darunter auch Mexiko.

Das ärgerte die Mexikaner. 1991 klagte ihre Regierung deswegen gegen die USA, sie zog vor die Schiedsstelle des GATT, also des Vorgängers der Welthandelsorganisation WTO. An diese Stelle können sich Regierungen wenden, wenn sie finden, dass die Exporte ihrer Unternehmen von einem anderen Staat diskriminiert werden. Die Mexikaner warfen den Amerikanern vor, Ökoprotektionismus zu betreiben. Es sei schließlich die Sache ihrer Fischer, wie sie fischten. Deren Methoden gingen amerikanische Politiker nichts an, Importverbote verstießen deswegen gegen die Regeln des Welthandels. Die Amerikaner hielten dagegen, dass es längst andere Netze gebe sowie Regeln zum Schutz bedrohter Tiere. Und dass man Fische auch fangen könne, ohne Delphine zu töten.

Doch die Mexikaner bekamen recht. Tierschutz zählte für die Schiedsrichter in Genf weniger als das Handelsrecht. Das war keine Willkür. Die Richter beriefen sich bei ihrer Entscheidung auf die Verträge und auf frühere Entscheidungen, kurz: auf das, was in der Handelspolitik von Politikern und Juristen nach und nach als allgemein gültiger Standard entwickelt wurde. In ihrem Delphin-Urteil argumentierten sie folgendermaßen: Wie etwas produziert werde und was währenddessen mit der Umwelt passiere, gehe die importierenden Länder nichts an – solange die Ware selbst in Ordnung sei.

In den USA stieß das Urteil auf wütenden Protest der Umweltgruppen. Wieso darf eine Schiedsstelle in Genf amerikanisches Recht zum Schutz von gefährdeten Tieren einfach so außer Kraft setzen? Die USA protestierten. Doch ein Jahr später bekräftigte die Schiedsstelle ihr Urteil erneut. Auch die Niederländer und die Europäische Gemeinschaft, der Vorgänger der EU, hatten geklagt. Das Embargo traf auch sie, die Zwischenhändler von Thunfisch. Auch sie siegten. Sogar im Jahr 2012, nach einem erneuten Verfahren, blieb die WTO bei ihrem Urteil, und sie fällt ähnliche Entscheidungen in anderen Streitfällen. «Gemäß heutigem Stand der WTO-Rechtsprechung ist Umweltschutz kein eigenes Unterscheidungskriterium für Produkte. Deshalb gelten Maßnahmen, welche Produkte allein aufgrund der unterschiedlichen Auswirkung auf die Umwelt unterscheiden, im WTO-Recht als diskriminierend. Das ist bedauerlich», resümiert die Juraprofessorin Marion Panizzon von der Universität Bern als Fazit einer Studie über das Verhältnis von Handel und Umwelt. «Vielfältige Interessenkonflikte haben dazu geführt, dass beim Umweltdossier kaum Fortschritte erzielt worden sind.»

Umweltschutz zieht immer den Kürzeren

Das hat auch mit einer absurden Entwicklung des internationalen Rechts zu tun. Zwar haben die Regierungen in den vergangenen Jahrzehnten viele Umweltabkommen abgeschlossen – die haben aber längst nicht alle WTO-Mitglieder unterzeichnet. Also stehen Handels- und Umweltrecht bis heute nicht nur ziemlich unverbunden nebeneinander. Sie widersprechen sich sogar oft. Allerdings können Verstöße gegen internationales Umweltrecht kaum geahndet werden, da es wenig Sanktionsmöglichkeiten gibt, wenn jemand dagegen verstößt.

Im Handelsrecht ist das anders. Dort gibt es Strafen. Im Welthandelssystem aber wird der Schutz der Umwelt wie ein Hemmnis behandelt. Also verbieten sich ökologisch differenzierte Zölle. Regierungen können keine Regeln für die Produktionsverfahren von Importgütern erlassen. Das betrifft nicht nur den Thunfischfang. Es betrifft auch die Verschmutzung von Flüssen, des Klimas oder der Erde. *Wie* dreckig ein importiertes Gut hergestellt wird, darf die Politiker des importierenden Landes im Grunde nicht interessieren.

Die USA haben nicht nur den Delphin-Thunfisch-Prozess verloren; sie wurden auch im Mai 2015 dazu vergattert, die Kennzeichnungspflicht für Fleisch aufzuheben. Die Verkäufer von

Fleisch mussten bis dahin angeben, wo es herkam, damit die Kunden eine Wahlmöglichkeit hatten. Diese Kennzeichnung ist nicht länger erlaubt, weil sie angeblich die Importeure diskriminiert. Die USA mussten auch ihre Straßen für mexikanische Lastwagen freigeben, obwohl aus deren Auspuffrohren deutlich mehr Abgase entweichen, als in den USA erlaubt sind. Das Urteil fiel auf Basis des NAFTA-Freihandelsvertrages, der die USA, Kanada und Mexiko verbindet. Es gibt noch viele Beispiele, der Mechanismus ist am Ende aber immer derselbe: Unternehmen machen erfolgreiche Lobbyarbeit bei ihrer Regierung gegen die Umweltgesetze eines anderen Landes. Wenn sie die überzeugt haben – und meist klappt das, wenn genug Geld oder Arbeitsplätze auf dem Spiel stehen –, dann wird das Wirtschaftsministerium aktiv – und nutzt die ganze Palette der Handelspolitik. Die Klage bei der WTO ist dabei nur ein Mittel. Politischer Druck ein anderes. Und wenn alles nicht hilft, dann gibt es immer öfter die Möglichkeit, vor ein privates Schiedsgericht zu ziehen.

Der schöne Schein obskurer Zahlen
TTIP und seine Wohltaten: Die Studien
und die Wirklichkeit

Prognosen sind unsicher, und zwar besonders, wie man seit Kurt Tucholsky weiß, wenn sie die Zukunft betreffen. Genau deshalb lassen sie sich trefflich für die Öffentlichkeitsarbeit benutzen, die Voraussagen zu TTIP dokumentieren das beispielhaft. Ökonomische Prognosen haben zudem den Vorteil, dass ihre Entstehungsbedingungen ohnehin nur ein paar Wissenschaftler verstehen, die Ergebnisse aber ganz wunderbar korrekt erscheinen. Es sind schließlich klare Zahlen.

Als die Verhandlungen mit den Amerikanern bekannt wurden, warfen die EU-Kommission und die Wirtschaftsministerien also ihre PR-Maschine an. Die Internetseiten warben mit wunderbaren Aussichten, priesen die potenziellen Wachstumsraten und Beschäftigungseffekte des Projekts. Mit klaren Zahlen eben. Damit diese aber nicht am Ende dennoch wie Wunschdenken aussahen, gaben die Beamten Gutachten in Auftrag: die EU-Kommission beim Londoner Centre for Economic Policy Research (CEPR), das deutsche Wirtschaftsministerium beim Münchner Ifo-Institut. Beide lieferten wie bestellt: optimistische Aussichten.

Die CEPR-Studie mit dem Titel «Abbau der Hindernisse für den transatlantischen Handel» errechnete 2013 für die EU-Wirtschaft ein Potenzial von rund 120 Milliarden Euro. Stolz verkündeten EU-Politiker wie der damalige EU-Kommissar Karel De Gucht von da an diese Zahl. Jeder Haushalt könne mit 545 Euro mehr im Jahr rechnen, erzählte er auch gern. 120 Milliarden Euro an zusätzlichem Wirtschaftswachstum für Europa? Das klingt viel – aber diese Zahl betrifft ein ganzes Jahrzehnt. Heruntergerechnet auf das Jahr ergibt das gerade mal 0,05 Prozentpunkte – und auch nur im positivsten aller Szenarien. Auch die Behauptung, dass jeder Haushalt 545 Euro mehr haben würde, war von den Forschern mit vielen Einschränkungen als absolut bestes Ergebnis vorausgesagt worden – für das Jahr 2027! Als Durchschnittswert natürlich, was bedeutet, dass längst nicht jede Familie zwischen Oslo und Lissabon in diesen Genuss kommen wird.

Genauso problematisch sind die Zahlen aus dem deutschen Wirtschaftsministerium. Für dieses präsentierte der Ökonom Gabriel Felbermayr 2013 ein höchst erfreuliches Szenario: Ein transatlantischer Wirtschaftsraum bedeute mehr Wachstum und mehr Jobs. Das wurde dann auch so auf den Internetseiten des Ministeriums präsentiert. Allerdings fiel im Laufe des Jahres dann etwas Dummes auf: Felbermayr hatte gleich zwei Auftraggeber an Land gezogen: neben dem Ministerium auch die Bertelsmann Stiftung. Das Erstaunliche war: Die Ergebnisse lauteten recht unterschiedlich. Für die Bertelsmann Stiftung bezifferte er den möglichen Beschäftigungseffekt siebenmal höher als für das Wirtschaftsministerium. Die Studie für das Ministerium kommt auf 25 220 neue Jobs, die für Bertelsmann auf insgesamt 181 092. Und auf der Internetseite des Ifo-Institutes wurde mit «bis zu 110 000 Jobs» geworben.

Die Wirtschaftswissenschaftlerin Sabine Stephan vom Düsseldorfer Institut für Makroökonomie und Konjunktur (IMK) hat nachgerechnet. Sie kommt auf ganz andere Ergebnisse, sehr viel weniger optimistische. Selbst wenn man die Ergebnisse der Studie für das Wirtschaftsministerium als richtig annähme, so

Stephan, entstünden pro Jahr durch TTIP in Deutschland gerade mal 1700 neue Jobs. Man muss das einmal wirken lassen: Selbst unter optimistischer Ergebnisprognose nur 1700 neue Jobs! Ob das den Aufwand lohnt? Bei der Kommunikation der Ergebnisse werde nicht deutlich gemacht, welche Annahmen den Modellen zugrunde lägen. Das sei nicht nur eine Voraussetzung, um sie beurteilen zu können. Es sei auch wichtig, weil die Zahlen in der öffentlichen Debatte so ein großes Gewicht hätten und «den Anschein von Objektivität» erweckten. Mehr noch ärgert die Ökonomin, dass sich kaum einer der Verantwortlichen intensiv mit den möglichen Verlierern eines umfangreichen Freihandelsabkommens beschäftigt. Ökonomen gäben sich so letztlich für politische Werbung her.

Die österreichische Forschungsstiftung für Internationale Entwicklung hat in den Auftragsstudien zu TTIP-Studien fragwürdige Methodiken entdeckt. In der Ifo-Studie würden beispielsweise nur die Arbeitsplätze gezählt, die möglicherweise neu entstünden, nicht aber jene abgezogen, die eventuell wegfallen. Sie habe den Nutzen von Zollsenkungen berechnet, aber nicht die Kosten, die durch höhere Arbeitslosigkeit entstünden.

Ähnliche Nachlässigkeiten kämen, so Werner Raza, Direktor des Instituts und einer der Autoren, in den anderen Studien vor: in der vom Centre for Economic Policy Research oder von Centre d'Études Prospectives et d'Informations Internationales. Systematisch beschrieben sie das Positive und verdrängten mögliche negative Effekte. So setzten manche Studien voraus, dass sehr viele Handelshemmnisse fallen müssten. «Einfach ausgedrückt: Je höher der Standard ist, der fällt, desto höher die potenziellen Gewinne durch den Freihandel – *wenn* der Standard fällt», so Raza. Aber die möglichen negativen Effekte dieser Strategie werden ignoriert. Die Studien kümmern sich nicht darum, welche Folgen es für die Gesundheit der Bürger hätte, wenn bestimmte Umweltregeln nicht mehr gelten, oder was dies, rein ökonomisch gedacht, die Gesellschaft kosten könnte. Auffällig sei auch, so Raza, dass alle Studien dennoch nur zu einem vergleichsweise geringen Wirtschaftswachstum kommen, ungeachtet all der optimistischen Annahmen. Raza weiß aus langer Erfahrung: «Regelmäßig» werde vor dem Abschluss solcher Abkommen mit positiven Zahlen geworben, rechne man dann aber hinterher nach, bleibe nicht viel. So habe beim nordamerikanischen NAFTA-Abkommen der damalige Präsident Bill Clinton 200 000 zusätzliche Jobs versprochen. Ein paar Jahre später war das Gegenteil eingetreten: ein Verlust von rund einer Million Jobs. Das ergaben Untersuchungen der Weltbank, der US International Trade Commission und des Congressional Budget Office, also von Institutionen, die nie NAFTA-kritisch waren. Sie kamen außerdem zu dem Ergebnis, dass das Handelsabkommen keinen oder sogar einen negativen Effekt auf das Wachstum in den USA hatte.

Gabriel Felbermayr rechtfertigt seine Ergebnisse auch ein Jahr später noch: Wissenschaftler müssten mit unterschiedlichen Methoden zu unterschiedlichen Ergebnissen kommen dürfen. Außerdem sei er für die politische Kommunikation seiner Befunde nicht verantwortlich. Das sei «Sache der Politik». Und deshalb hatte er auch kein Problem damit, eine dritte Studie im Auftrag des Entwicklungsministeriums zu schreiben – und wieder zu anderen Ergebnissen zu kommen als zuvor. Im Februar 2015 trat er bei einer Veranstaltung des Ministeriums mit den Worten auf: «Mit dieser Studie geben wir Entwarnung. Die Auswirkungen auf Entwicklungs- und Schwellenländer sind relativ harmlos.» Ein paar Monate zuvor hatte er in der Bertelsmann-Studie noch vor dramatischen Verlusten von Marktanteilen für einen Teil der Entwicklungsländer gewarnt und sie als TTIP-Verlierer bezeichnet: «Es trifft also gerade die ärmsten Länder und diese teilweise in deutlichem Ausmaß.»

Ist mir doch egal, dachte sich wahrscheinlich Staatssekretär Matthias Machnig aus dem Wirtschaftsministerium. Noch im Herbst 2014, als bereits eine Million Bürger ein Begehren gegen TTIP unterschrieben hatten und längst die erste Kritik an der PR-Ökonomie laut geworden war, setzte er weiter auf die fruchtbare Wirkung von passenden Zahlen. Frei nach dem Motto: Wenn man etwas nur lange genug behauptet, wird es sich schon in genügend Köpfen festsetzen. Auf einer Sitzung des Brüsseler Handelsausschusses, in dem sich hohe Beamte aus den EU-Mitgliedsländern und der EU-Kommission treffen, warb er energisch dafür, weiter die Wissenschaft für PR-Aktionen zu nutzen: Man solle «die KOM (die EU-Kommission) eine Studie erstellen lassen, die die Vorteile von Freihandel herausstellt». So steht es im vertraulichen Bericht, den die Botschaft nach dem Treffen nach Berlin schickte. Sein Minister hatte da den besseren politischen Riecher. Ende November 2014 sagte Sigmar Gabriel im Bundestag: Für «Voodoo-Ökonomie» halte er sowohl die Aussagen derer, die ein gigantisches Wirtschaftswachstum prognostizieren, als auch derer, die sagen, dass das nur zu ganz wenig Wachstum führen wird. Kein Mensch könne vorhersagen, «wie sich das entwickelt».

Konkrete Folgen hatten jedoch die Ministerworte nicht. Weiterhin tauchten auf vielen offiziellen Webseiten die vielen traumhaften Zahlen auf. Bis im Frühjahr 2015 FoodWatch loslegte. Deren Chef Thilo Bode hatte ein Buch über TTIP geschrieben, und parallel zu dessen Verkaufsstart nahm die Verbraucherlobby nun bei dessen Präsentation noch einmal viele dubiose Zahlenspielereien der TTIP-Fans auseinander. Per Twitter und im Netz startete ein Proteststurm, und in wenigen Tagen waren die dubiosesten Zahlen von vielen Webseiten verschwunden.

Der Chef des Bundesverbandes der Deutschen Industrie

(BDI) persönlich, der lange offensiv mit großen Zahlen geworben hatte, schrieb an Thilo Bode und stellte den Brief auch ins Netz: «Es ist richtig, dass durch unsere vielfältige Kommunikation stellenweise der Eindruck entstehen konnte, als wäre der Effekt von 100 Milliarden jährlich zu erwarten. Um eine bewusste Fehlinformation handelt es sich dabei aber nicht.» Schon bizarr: Arbeitet man beim BDI versehentlich ungenau? Oder unbewusst? Jedenfalls passte es lange so schön. Heute spart sich die Unternehmerlobby die genauen Zahlen, es heißt auf der Webseite nur noch wolkig: «Der Abbau von Handels- und Investitionsbarrieren würde den Marktzugang erhöhen, unnötige Kosten senken und so zu Beschäftigung und Wachstum führen.»

Auch das Wirtschaftsministerium behauptet jetzt nur noch: «Die transatlantische Handels- und Investitionspartnerschaft ist ein außergewöhnliches gemeinsames Projekt, das erhebliche Wachstums- und Beschäftigungseffekte erzielen kann. TTIP wird der EU und den USA neuen Schwung für Wirtschaft und Arbeitsmarkt bringen.» Auf der Webseite der EU-Kommission heißt es, dass eine «unabhängige Studie und frühere Handelsabkommen nahelegen, dass TTIP für Jobs und Wachstum sorgen» werde. Statt der Zahlen werden jetzt nette Geschichten erzählt wie die von Claus Olson, dem Marketingchef, und seinen dänischen Mette-Munk-Bäckereien. Die müssen sechs Prozent Zoll bezahlen, wenn sie in die USA exportieren wollen. Denen könne TTIP sehr nutzen und so mehr Jobs schaffen, so die Kommission. Möglich ist das. Es könnten aber auch Jobs verloren gehen. Nur wo? Darüber steht kein Wort auf der Webseite.

Welche Branche durch TTIP einen Nutzen hat und welche nicht, welche Arbeitnehmer vielleicht ihren Job loswerden könnten – solche Fragen werden von den TTIP-Befürwortern weiter ignoriert. Die Kritiker, die das fragen, gelten in Brüssel als altbackene Protektionisten. Dabei bedeutet so eine Untersuchung ja nicht, dass deswegen gleich das Projekt fallen muss. Sie würde aber ermöglichen, die Verlierer schon früh zu finden – und über mögliche Alternativen für sie nachzudenken. Aber haben Sie die EU-Kommission oder die Bundesregierung schon einmal über mögliche Verlierer von TTIP reden hören? Statt auf eine ernsthafte Debatte einzugehen, erzählt Brüssel lieber Geschichten über Bäckereien.

Denis Novy, Associate Professor of Economics an der University of Warwick, ist einer der wenigen, die vorsichtige Aussagen über negative Effekte wagen: «Es wird unzweifelhaft auch Verlierer geben. Beispielsweise wird die Landwirtschaft im Mittelmeerraum schrumpfen.» Klar, wenn die amerikanische Agroindustrie wirklich massiv auf den europäischen Markt drängt, wird das den Südeuropäern zu schaffen machen. Ausgerechnet die europäischen Länder, die schon von der Eurokrise hart getroffen wurden, könnten durch TTIP dann noch einmal verlieren. Na und – könnte man als zynischer Deutscher womöglich dazu sagen – solange wir gewinnen. Aber kann es uns wirklich kalt lassen, wenn ein politisches Projekt die Unterschiede in Europa noch verstärkt?

Nutzt oder schadet TTIP dem Rest der Welt?

Es gibt noch ein verstecktes Problem. TTIP wird – wie andere bilaterale Abkommen zuvor – Warenströme umlenken. Genau das ist ja das Ziel. Die Grenzen zwischen den USA und der EU sollen fallen, automatisch werden die Außengrenzen damit vergleichsweise undurchlässiger. Oder konkret: Durch TTIP können wahrscheinlich deutsche Scheibenwischer leichter in die USA exportiert werden und amerikanische Mixer leichter hierher. Das wird aber Folgen für den Rest der Welt haben. Es könnte nicht nur der Import aus anderen Regionen schwieriger werden – durch neue, komplizierte transatlantische Regeln. Sondern auch der Export dorthin. In China beispielsweise wird TTIP sehr klar als ein Plan verstanden, der sich gegen das Land richtet, der China ökonomisch ausgrenzen soll. In Brasilien wird das ähnlich gesehen. Noch wehren sich die dortigen Regierungen nicht aktiv. Aber das muss nicht so bleiben, zumal das ökonomische und damit auch das politische Gewicht jener Regionen in den kommenden Jahrzehnten eindeutig wachsen wird.

«Es herrscht Angst draußen, was TTIP bedeutet», sagt Arancha González vom International Trade Center (ITC). Das Center unterstützt Entwicklungsländer dabei, fit für den Weltmarkt zu werden. González kennt viele Firmenchefs aus Afrika, Asien oder Lateinamerika und weiß daher: Gerade in kleineren Ländern fürchten Unternehmer, von dem großen Markt ausgeschlossen zu werden, auch, weil die neuen Regeln ohne sie geschrieben werden. Sie sorgen sich, dass die Grenzen der neuen Handelszonen gerade für höherwertige Produkte schwerer überwindbar werden. Der Grund ist die komplizierte Rechtslage, die durch TTIP für all die entstehen wird, die nicht dazugehören.

Heribert Dieter von der Stiftung Wissenschaft und Politik (SWP) in Berlin erklärt das so: «Freihandelszonen funktionieren nur, wenn die Herkunft von Produkten klar dokumentiert wird.» Denn das sei ja ihr Sinn: Die Produkte, die in der Zone hergestellt werden, sollen frei verkauft werden. Die von draußen gerade nicht, für die muss ein Importzoll bezahlt werden. Also muss man sicher sein, wo etwas herkommt. Je komplexer jedoch ein Produkt wird, je mehr Vorprodukte unterschiedlicher Herkunft darin stecken, so Dieter, desto schwieriger wird diese Dokumentation und umso teurer.

Was soll beispielsweise ein spanischer Textilunternehmer tun, der Baumwollstoff aus Kenia importiert und den fertigen Rock in die USA exportieren will? Er müsste genau dokumentieren, wo das Vorprodukt herkommt und wie viel Wert durch das Zusammennähen hinzugekommen ist. Wie viel das sein muss, damit der Rock als «europäisch» gilt und deswegen zollfrei nach

Amerika verschifft werden darf, bestimmen die sogenannten «Ursprungsregeln». Gut möglich, dass dem Produzenten die Bürokratie zu aufwendig ist – und er die Baumwolle dann lieber bei amerikanischen Farmen kauft. Die haben ja auch billige Angebote, weil sie hoch subventioniert werden. Der Afrikaner hätte dann das Nachsehen.

Durch das NAFTA-Abkommen ist genau so etwas passiert. In den NAFTA-Ländern, also in den USA, in Mexiko und in Kanada, dürfen zollfrei nur Baumwollprodukte verkauft werden, deren Rohstoff aus US-amerikanischer Quelle stammt.

Heribert Dieter warnt davor, solche indirekten Wirkungen zu unterschätzen, und weiß: Daran denkt bisher kaum jemand in der Brüsseler EU-Kommission. «Wenn die USA und die EU nicht wollen, dass TTIP dem ärmsten Kontinent schadet, dann sollten sie sich vor den eigentlichen Verhandlungen damit beschäftigen und nicht erst später als einem von vielen Themen», forderte deswegen schon lange die Niederländerin Eveline Herfken, die einst als Entwicklungsministerin und danach als stellvertretende Generalsekretärin der UN und Beraterin von Kofi Annan gearbeitet hat. Erfolglos.

Im Mai 2015, auf dem G 7-Treffen in Elmau, bekräftigen die G 7-Regierungschefs zwar wieder einmal, dass sie den Handel für die armen Länder erleichtern wollen – indem sie das «Trade Facilitation Agreement» umsetzen. Es soll ihnen helfen, die Einfuhrhindernisse der großen Märkte besser zu bewältigen. Doch das sind leere Worte. «Kaum jemand hat sich in Deutschland wirklich darum gekümmert, welche Bedingungen die EU den afrikanischen Ländern in den vergangenen Jahrzehnten diktiert hat», klagt Uwe Kekeritz. Er ist Abgeordneter der Grünen im Bundestag und einer der wenigen Politiker, die sich um Handel und Entwicklung kümmern. Er weiß, dass die Handelspolitiker und Unternehmer die Entwicklungsländer meist als Absatzmärkte sehen und deren Bedürfnisse so meist aus dem Blick geraten. Auch weil die Öffentlichkeit kaum je etwas anderes von ihnen verlangt. Als die EU in den vergangenen Jahren beispielsweise eine ganze Reihe von Abkommen mit afrikanischen Staaten verhandelt hat, regte das niemanden auf. Kekeritz fürchtet, dass das bei TTIP ähnlich ist. Bisher hat ihn noch niemand vom Gegenteil überzeugen können.

Der Wirtschaftsnobelpreisträger Joseph E. Stiglitz fordert aus dem gleichen Grund, dass alle neuen Handelsabkommen zunächst die Länder des Nordens für die Produkte aus dem Süden öffnen müssen.

Man kann sich kaum ein Projekt vorstellen, das von diesem Wunsch weiter entfernt ist als TTIP.

Hormonsteaks, Armaturen und zwei Weltordnungen
Die USA und die EU kämpfen weltweit
um ihre Standards

Wenn Don Shawcroft auf dem Rücken seines Pferdes durch die Weiten der amerikanischen Prärie reitet, denkt er manchmal an Europa. Neben ihm trommeln Hufe, knallen Peitschen, jagen seine Cowboys eine Herde schwarzer Rinder vor sich her. Ein paar hunderttausend Dollar mit Hörnern.

Der 55-Jährige und seine Männer sind auf dem Weg in die San Juan Mountains im US-Bundesstaat Colorado. Dort oben, auf 3000 Meter Höhe, werden die Tiere den Sommer verbringen. Sie werden kühle Luft atmen und das saftige Gras des Gebirges fressen. Dann kommen sie in den Stall und kriegen eine Hormonkapsel ins Ohr.

Don Shawcroft trägt einen breitkrempigen Hut und Sporen an den Stiefeln, so wie einst sein Vater und sein Großvater. Seit 135 Jahren leben die Shawcrofts davon, Rinder zu züchten. Das ist geblieben, aber die Methoden haben sich verändert.

Aus der Kapsel fließen Wachstumshormone in den Körper der Rinder. So brauchen die Tiere weniger Futter und erreichen das Schlachtgewicht schneller. Die Futterpreise sind in den vergangenen Jahren kräftig gestiegen. Don Shawcroft ist Geschäftsmann, seine Herde zählt 600 Tiere, mehr als je zuvor in der Geschichte der Familie.

Das Problem ist: Seit einigen Jahren sinkt in den USA der

Absatz von Rindfleisch. Deshalb hofft Don Shawcroft auf Europa, berichtet er der ZEIT-Korrespondentin Heike Buchter. Dort drüben leben 500 Millionen Menschen, in Deutschland, Frankreich, Italien, Spanien. 500 Millionen potenzielle Esser von Steaks aus den USA. Aber an Deutsche, Franzosen, Italiener und Spanier darf Shawcroft sein Fleisch nicht verkaufen. Manche der künstlichen Hormone stehen im Verdacht, Krebs zu erregen und das Erbgut zu schädigen. In den Vereinigten Staaten ist ihr Einsatz erlaubt, in der Europäischen Union aber seit 1988 verboten. Das verbreitete Hormon Ractopamin haben mittlerweile 160 Länder auf den Index gesetzt, sogar Russland und China.

An dieser Stelle könnte diese Geschichte schon zu Ende sein. In Europa gelten europäische Gesetze, in Amerika amerikanische. Deshalb, so könnte man meinen, müssen sich die Amerikaner andere Abnehmer für ihr Hormonfleisch suchen. Tatsächlich geht die Geschichte an dieser Stelle erst richtig los. Und es geht in ihr nicht nur um viel Geld, sondern auch um Standards. Es geht also um die vielen tausend nützlichen und lästigen Regeln, die manchmal nur das Leben kompliziert, oft aber auch unsere Lebensmittel gesund und die Autos sicherer, die Medizin wirksamer und die Umwelt sauberer machen. Und damit um die Frage, wie viel Spielraum die Regierungen haben sollten, wenn sie Bürger vor echten oder vermeintlichen Gefahren schützen wollen.

Im Frühling 2014 lädt der amerikanische Botschafter zum Grillfest. Im Innenhof seiner Botschaft direkt am Brandenburger Tor brutzelt feinstes amerikanisches Rindfleisch über dem Feuer, an Biertischen stehen ein paar Diplomaten, Lobbyisten und Journalisten. Der Botschafter preist die deutsch-amerikanische Freundschaft, erinnert an Cowboys und amerikanische Esskultur. Die wichtigste Rede hält aber der US-Landwirtschaftsminister Greg Ibach. Den kennt zwar hier keiner. Doch in Nebraska ist das anders, da ist der Landwirtschaftsminister jemand, schließlich lebt der Bundesstaat von der Landwirtschaft, von seinen Rinder- und Schweinefarmen, Mais- und Sojafeldern. Mit dem politischen Gewicht seines Heimatstaates im Rücken hat Ibach auch in Washington Einfluss.

«Wir sollten endlich unseren kleinlichen Streit über Nahrungsmittelsicherheit begraben», wirbt Ibach. Es sei doch nicht bewiesen, dass Hormone schaden. Die Hormone und auch das Verbot der Gentechnik habe Europa doch nur aufgebracht, um sich auf den globalen Märkten in Afrika und Asien von den Amerikanern zu unterscheiden und dort mehr zu verkaufen. Später am Biertisch wird der Minister aus Nebraska deutlicher. Da formuliert er die politische Botschaft, die dieses Grillfest verbreiten soll: «Unsere Leute werden TTIP nur unterstützen, wenn es Erleichterungen für unsere Produkte bringt. Der europäische Markt ist für unsere Landwirtschaft sehr wichtig.»

Die Amerikaner wissen, wie umstritten TTIP in Teilen Europas ist. Sie haben gelesen, dass viele Deutsche Angst davor haben, dass das Abkommen ihre Lebensmittel unsicher macht und in den Kühltheken dann doch so manches liegen könnte, was sie fürchten: Genmais, Hormonfleisch und Chlorhühnchen. Zwar bekräftigen die europäischen Politiker alle Tage, dass das nicht passieren wird. Auf dem Wirtschaftstag der CDU im Juni 2015 versprach Bundeskanzlerin Angela Merkel sogar höchstpersönlich, «dass nichts von den Standards, die Europa heute hat, unterschritten wird». Aber Angela Merkel hat auch einmal versprochen, dass sie die Maut nicht zulassen werde. Und zwei Jahre später hat sie sie dann mitbeschlossen.

Es ist in der EU nicht nur verboten, Rindern oder Schweinen Wachstumshormone zu verabreichen, während das in den USA täglich tausendfach passiert. In Europa darf das Fleisch geschlachteter Hühner oder Puten auch nicht mit Chlordioxid gewaschen werden, um es dadurch zu desinfizieren. In den USA ist das übliche Praxis. In der EU ist der Anbau von genverändertem Getreide weitgehend untersagt. In den USA wächst es auf fast jedem Acker. Die europäischen Gesetze wurden nicht erlassen, um amerikanischen Waren den Weg zu versperren, sondern um die Gesundheit europäischer Bürger zu schützen. Das unterscheidet sie von Zöllen und Quoten. Trotzdem haben sie eine ähnliche Wirkung. Don Shawcroft wird sein Fleisch in Deutschland nicht los. Und der Saatgut-Multi Monsanto kann seine genmodifizierten Maisorten in Europa nicht so gut verkaufen, wie er es gerne hätte. Für die großen amerikanischen Hühnerproduzenten bleiben die Kühltheken in der EU verschlossen. Der National Chicken Council beklagt daher, dass ein «attraktiver Markt» im Wert von 600 Millionen Dollar auf «aggressive» Weise geschützt werde. Und dass sich das ändern müsse, schließlich verzehrt jeder Europäer im Jahr etwa 18 Kilo Hühnerfleisch, ist also ein potenzieller Kunde.

Viele amerikanische Firmen hätten deswegen gern, dass die europäischen Standards geändert werden. Sie sähen auch gern Kennzeichnungspflichten abgeschafft, wie die für gentechnisch veränderte Organismen. Ihre Produkte sollten nicht mehr durch ein Label «stigmatisiert werden», findet der Verband der amerikanischen Soja-Produzenten (ASA). Die Regierung in Washington unterstützt diese Wünsche und trägt dieses Anliegen weiter. Schon im September 2013 beschwerte sich das amerikanische Landwirtschaftsministerium, dass die europäischen Regeln zur Lebensmittelsicherheit den Anteil der amerikanischen Exporte nach Europa um die Hälfte reduziert haben. Und dass der Trend schon viel zu lange in die falsche Richtung gehe.

Warum Europäer und Amerikaner bei Standards eine Weltanschauung trennt

Der Streit zwischen den USA und der EU hat tatsächlich eine lange Geschichte. Fleisch von Tieren, die mit Hormonen behandelt wurden, darf die EU-Grenzen seit 1998 nicht mehr passieren. Schon damals verdichteten sich die Hinweise, dass es ungesund sein könnte, wenn Menschen zu viele von diesen Hormonen essen. Deswegen verbot die EU-Kommission ihren Einsatz in der europäischen Rinderzucht und auch den Import von Rindfleisch, das in anderen Ländern so behandelt worden war. Die Maßnahme richtete sich nicht speziell gegen Amerikaner. Die US-Regierung reagierte jedoch prompt. Sie belegte im Gegenzug europäische Produkte mit Strafzöllen von bis zu 100 Prozent. Plötzlich explodierte in den USA der Preis von französischem Käse.

Seither liefern sich beide Seiten erbitterte Debatten darüber, ob die Deutschen, Holländer und Franzosen das Hormonsteak doch in den Kühltheken ihrer Läden dulden müssen, obwohl sie den dauerhaften Verzehr für gefährlich halten. Oder was sie dafür bezahlen müssen, wenn sich die EU weiter den Luxus leistet, das zu verbieten. Richtig gelesen, auch darum geht es: Länder können zu Strafen verurteilt werden, wenn sie den Verkauf bestimmter Produkte verbieten oder erschweren.

Der Grund ist die Welthandelsordnung. Die meisten Regierungen der Welt und alle Mitglieder der EU haben sich durch ihre Mitgliedschaft bei der WTO dazu verpflichtet, Waren aus anderen Ländern unbehindert auf ihren Markt zu lassen. Zumindest grundsätzlich. Natürlich gibt es in der Realität Tausende von Ausnahmen. Aber die WTO in Genf wacht darüber, dass ihre Mitglieder sich in etwa an die gemeinsame Geschäftsordnung halten und einigermaßen fair miteinander umgehen. Sie überprüft, ob Gesetze, die bestimmte Produkte und Technologien verbieten, am Ende nur Unternehmer aus dem Ausland diskriminieren sollen – weil das der heimischen Wirtschaft nutzt. Das klingt banal, ist mitunter aber ziemlich kompliziert. Denn wann sind Gesetze, Regeln oder Standards sinnvolle Maßnahmen, um einzig die Bürger zu schützen? Wann sind es Handelshemmnisse, die ausländische Anbieter durch unfaire Methoden ausschließen?

Können sich zwei Länder in diesen Fragen partout nicht einigen, gehen ihre Juristen nach Genf: zum Schiedsgericht der WTO. Dort können Regierungen andere verklagen. Am 26. Januar 1996 verklagten die USA die Europäer. Ihre Argumentation war simpel: Die Risiken der Hormonbehandlung könnten nicht ausreichend bewiesen werden. Deshalb verstießen die Importbeschränkungen der Europäer gegen Artikel III oder XI des GATT 1994, Artikel 2, 3 und 5 des SPS-Abkommens, Artikel 2 des TBT-Abkommens und Artikel 4 des Landwirtschaftsabkommens. Die Amerikaner überzeugten die Schiedsrichter. Sie gewannen das Verfahren mit der Aktennummer DS26. Die Mehrheit der damals vorliegenden wissenschaftlichen Studien war zu dem Ergebnis gekommen, dass der Verzehr von Hormonfleisch keine Folgen für die Gesundheit der Menschen hat. Also fehlten der EU-Kommission, die die Europäer vertrat, die Belege für ihre Behauptung.

Nur eine Fußnote der Geschichte bleibt, dass viele andere Länder außerhalb der EU die Hormone längst aus Vorsicht auch verboten hatten. Wichtiger für den Fall und damit das transatlantische Verhältnis ist: Die EU gab sich durch das Urteil nicht geschlagen. In der Kommission wusste man genau, was für einen Aufruhr es in Deutschland und ein paar anderen Staaten gegeben hätte, wäre das amerikanische Hormonfleisch plötzlich ungehindert in die Läden gelangt. Verängstigte Konsumenten hätten protestiert und die Bauernlobby gegen die Billigkonkurrenz gewettert. Brüssel legte nach, und es folgte eine Materialschlacht: Studie gegen Studie, Experte gegen Experte. Dabei waren die USA eindeutig im Vorteil. Denn ihre Diplomaten hatten einfach früher als die Europäer gemerkt, wie man internationale Organisationen auf diesem Feld für sich nutzen kann. Sie hatten schon Jahre zuvor, bei der Gründung der WTO, einen entscheidenden Schritt durchgesetzt – ohne dass viele Leute es bemerkt oder gar öffentlich kritisiert hätten.

Die Amerikaner hatten ihr System, ihre Sicht auf die Welt und ihre Art, mit Risiken umzugehen, einfach ganz geschickt im internationalen Handelsrecht verankert. 1995 hatten die Regierungen der Welt von jeglicher Öffentlichkeit ziemlich unbemerkt das Abkommen über Sanitäre und Phytosanitäre Maßnahmen (SPS) verabschiedet. Hinter dem schrecklichen Titel verbergen sich jede Menge Bestimmungen über das, was Länder so tun dürfen, um ihre Bürger und ihre Natur zu schützen. Hier steht in Fachjuristisch, wie und wann vergiftetes Fleisch oder Pflanzen, die Seuchen übertragen, an den Grenzen gestoppt werden dürfen – also im Grund sehr sinnvolle Regelungen. Nur: In diesem Abkommen steht in Artikel 5 eben, dass solche Maßnahmen «wissenschaftsbasiert» sein müssen. Auch das klingt sinnvoll. Doch hinter dem Begriff versteckt sich nichts weniger als die amerikanische Weltanschauung. Und die wird seither über das WTO-Recht regelmäßig um die Welt getragen. Denn in Schiedsverfahren nehmen die Richter und Anwälte auf diese Formel Bezug.

Konkret: Die Europäer sind verurteilt worden, weil sie nicht klar und eindeutig wissenschaftlich belegen konnten, dass das Hormonfleisch schädlich ist. Sie hatten nur einen Verdacht, der aber reicht der WTO nicht. Deren Richter verlangten unbestreitbare, wissenschaftliche Belege der EU für eine mögliche Gesundheitsgefährdung. Weil sie die nicht bekam, wurde die EU zu jährlichen Strafzahlungen im Wert von 202 Millionen US-Dollar an die USA und 75 Millionen kanadischen Dollar an Kanada verurteilt. Beide Länder bekamen alternativ das Recht, Zollsätze für EU-Produkte anzuheben, die diesem Wert entsprachen.

Wenn das Prinzip des «scientific based evidence» in einem Staat angewendet wird, bedeutet das, grob formuliert, dass keine Behörde ein Produkt verbieten darf, solange nicht dessen Gefährlichkeit erwiesen ist. Ein Verdacht reicht nicht. Erst wenn eindeutige wissenschaftliche Erkenntnisse gezeigt haben, dass etwas Mensch, Tier oder Umwelt wirklich gefährdet, darf sie es aus dem Verkehr ziehen. Die Beweislast liegt also beim Staat. In den USA hat das zur Folge, dass von der Umweltbehörde EPA nur verboten werden kann, was beweisbar schädlich ist. Sie muss immer eine Risikobewertung vornehmen. Eingeführt wurde das Prinzip unter Präsident Ronald Reagan, und so objektiv das Verfahren klingt, so sehr kann es trügen. Denn mit den eindeutigen Beweisen ist das eben so eine Sache. Selbst die amerikanische Zigarettenindustrie hat es jahrelang geschafft, Prozesse durchzustehen und immer wieder Gutachter zu finden, die bezweifelten, dass Rauchen und Lungenkrebs etwas miteinander zu tun haben. Jedes Jahr Verlängerung bedeutet dabei Gewinne in Millionen-, wenn nicht Milliardenhöhe.

Der Erfolgsautor John Grisham hat das in seinem Roman mit dem Titel «Das Urteil» beschrieben. Er zeigt darin allerdings ganz nebenbei auch: Das System sorgt trotzdem für eine gewisse Sicherheit. Dass die USA ein vergleichsweise sicheres Land und viele amerikanische Produkte ziemlich verlässlich sind, verdanken sie ihrem Justizapparat. Denn wenn Unternehmen in den USA etwas verkaufen wollen, müssen sie zwar weniger Tests absolvieren und Dinge werden weniger schnell verboten als in Europa. Gibt es allerdings ein Problem, muss der Hersteller mit Millionenklagen rechnen. Ein ganzes Heer von Anwälten lauert nur darauf, für ihre Klienten möglichst hohen Schadensersatz herauszuholen. Deswegen steht in Amerika auf den Kaffeebechern: Vorsichtig, heiße Flüssigkeit! Und auf den Fensterrahmen: Bitte nicht hinauslehnen! Immer geht es darum, möglichen Schadensersatz abzuwenden. Also wird sich ein Hersteller, der überleben will, auch gut überlegen, ob er seine Produkte nicht doch besser aus eigenem Antrieb testet. Kurz gefasst könnte man sagen, dass das amerikanische System über die «Nachsorge» funktioniert.

In Europa herrscht das Vorsorgeprinzip. Hier dürfen die Behörden etwas schon dann verbieten, wenn es *wahrscheinlich* gefährlich ist. Das ist ein fundamentaler Unterschied mit ungeheuren Folgen. Hormonfleisch dürfte hierzulande nur produziert werden, wenn zweifelsfrei feststünde, dass es *nicht* gesundheitsschädlich ist. Auch andere Nahrungsmittel oder Dinge müssen ziemlich sicher sein, bevor sie zugelassen werden. Sie werden getestet, geprüft und oft langwierig von Behörden inspiziert. Das dauert manchmal zu lange. Und manchmal, wie beispielsweise beim Umgang mit der Gentechnik, funken dann auch noch die Regierungen dazwischen. Die Amerikaner kritisieren immer wieder, dieser Prozess sei viel zu «politisch» und zu unwissenschaftlich. Er lasse zu viel Spielraum.

Für eines aber sorgt das europäische System, an dem die Deutschen maßgeblich mitgearbeitet haben: Kommen die Produkte endlich auf dem Markt, können die meisten die Garantie halten, die sie versprechen. Auch deswegen ist «Made in Germany» seit langem eine Marke, die Sicherheit garantiert. Auch deswegen kaufen Chinesen gern deutsche Autos für sich und deutsches Milchpulver für ihre Babys. Bei den Produkten des eigenen Landes gab es zu viele Pannen mit tödlichen Folgen.

«Zwei Weltordnungen» nennt Jeb Rubenfeld, Rechtsprofessor an der Yale University, die beiden Prinzipien. Von zwei unterschiedlichen «Kulturen und Risikowahrnehmungen beiderseits des Atlantiks» spricht Klaus Müller, Chef des Bundesverbandes der Verbraucherzentralen. Ein Blick in die Geschichte erklärt, warum sich die Alte und die Neue Welt im Umgang mit den Standards so fundamental unterscheiden: Die USA sind, auch wenn das klischeehaft klingt, eben doch das Land der Entdecker. Derjenigen, die wegzogen, die Neues wagen. In der Hoffnung, dass es funktioniert, und mit großem Gottvertrauen, dass sich schon wieder reparieren lässt, was dabei kaputt geht. Hierzulande wird dem Neuen erst einmal vorsichtig begegnet, Altes wird im Zweifel erst einmal bewahrt. Es könnte ja unwiederbringlich zerstört werden.

Je nach Weltsicht findet man die Europäer risikoscheu. Und die Amerikaner entdeckungsfreudig. Oder die Europäer verantwortungsbewusst. Und die Amerikaner leichtsinnig. Sicher aber ist: Traditionell geht man in Europa einfach anders um mit Risiken, mit den Dingen und der Umwelt als in den USA. Beides hat sehr konkrete Folgen.

Wo sich Standards in Europa und den USA konkret unterscheiden

Werner Kloas arbeitet dort, wo andere Ferien machen. Von seinem Schreibtisch am Leibniz-Institut im Berliner Stadtteil Friedrichshagen sieht der Biologe in einen Park voller alter Bäume. Der Park endet direkt am Ufer des Müggelsees. Doch Kloas denkt bei Seen, Bächen oder Flüssen nicht an seine Freizeit. Zu oft hat er deren Wasser schon untersucht und dort Stoffe gefunden, die man zwar nicht sehen und nicht riechen kann, die Menschen aber krank und fett machen können, Männer unfruchtbar und Mädchen sehr früh geschlechtsreif. «Endokrine Disruptoren» nennen Wissenschaftler diese Stoffe oder auch «Umwelthormone». Sie stecken im Plastik, in Verpackungen und Kosmetika, in Bällen und Badelatschen. Werden die benutzt, lösen sich die Stoffe und gelangen irgendwann in die Körper von Menschen und Tieren. Bei Babys, die an allem lutschen, geht das besonders schnell.

Einer dieser Stoffe ist Bisphenol A, auch BPA genannt. «Über BPA habe ich schon als Student geforscht», erzählt Kloas, während er die Tür zu einem der Labore des Institutes aufschließt. Kloas ist einer der weltweit führenden Experten für «endokrine Disruptoren», kaum jemand kennt ihre Wirkung besser. Man könnte den Biologen für einen Studenten halten, würden seine Haare nicht allmählich grau. Er trägt schwarze Jeans, Turnschuhe und ein kurzärmeliges, verwaschenes Hemd. BPA macht ihm besondere Sorgen, von Jahr zu Jahr findet Kloas mehr davon in der Umwelt. Auch, weil der Stoff schon so lange und so häufig verwendet wird. «BPA wirkt wie ein weibliches Hormon», sagt Kloas und zeigt auf eine Reihe von Aquarien. In jedem schwimmt ein handgroßer, grauer Frosch: «Das sind südafrikanische Krallenfrösche. An denen kann man die Wirkung besonders leicht demonstrieren.» Ein kleines Mikrophon hängt über jedem Tier, es nimmt dessen nächtliche Lockrufe auf. «Je mehr BPA im Wasser ist, desto weicher wird der Ruf des Frosches», erklärt der Wissenschaftler. Spielt man diese Rufe dann Froschweibchen vor, zeigt sich: Die Weibchen ignorieren die verweiblichten Männchen. Damit wird die Fortpflanzung schwierig.

Manche Tiere hat Kloas auch unter dem Mikroskop seziert und herausgefunden, dass das BPA auf die Hoden wirkt. Dort bilden sich Eier und es werden immer weniger Samen produziert. Der Stoff macht die männlichen Tiere also unfruchtbar. Doch kann man von Fröschen auf Menschen schließen? Kloas zitiert minutenlang Studie um Studie. Immer wieder wurde die Wirkung von Umwelthormonen auch auf Menschen belegt. Jungen aus der amerikanischen Unterschicht, deren Mütter während der Schwangerschaft besonders viel Nahrung aus Plastikdosen und -tüten aßen, hatten einen kleineren Penis. Reihenuntersuchungen bei Rekruten aus der Bundeswehr zeigten, dass die Qualität der Spermien und damit die Fruchtbarkeit junger deutscher Männer abnimmt, und die Wahrscheinlichkeit ist groß, dass das an Umwelthormonen liegt. Fast vierzig Prozent haben eine verminderte Zeugungsfähigkeit.

Kloas ist keiner, der gern Panik schürt. In den USA wurde er zuletzt scharf angegriffen, weil er einem Pflanzenschutzmittel nach aufwendigen Versuchen an den Fröschen die Unbedenklichkeit bescheinigt hat. Bei BPA sieht er die Sache anders. Und nicht nur er. Die Gesellschaft für Endokrinologie empfiehlt, Lebensmittel frisch und unverpackt einzukaufen und Getränke aus

Glasflaschen zu trinken. Nach jahrelangen Debatten wurde der Stoff in der EU aus den Nuckeln von Babyfläschchen verbannt. Doch in den meisten anderen Plastikprodukten darf er weiter verwendet werden. «Ich verstehe nicht, dass man das Zeug einfach in die Umwelt suppen lässt», sagt Kloas. Er findet, dass die EU-Kommission längst mehr hätte tun müssen.

Eigentlich wäre Brüssel sogar verpflichtet, etwas zu tun. Das EU-Parlament hatte schon 2009 gefordert, hormonell wirksame Stoffe besser zu regulieren und notfalls zu verbieten. Die Kommission sollte bis Ende 2013 liefern, bis dahin sollte die Generaldirektion Umwelt der Europäischen Kommission die nötigen wissenschaftlichen Kriterien zur Identifizierung der Stoffe aufstellen und dann Vorschläge machen, wie man mit ihnen künftig verfahren soll. Tatsächlich gaben die Kommissionsbeamten, um die potenzielle Gefahr besser einschätzen zu können, bei einem renommierten Institut eine Studie in Auftrag. Sie kam zu ziemlich alarmierenden Ergebnissen. Deswegen wollten die Beamten bereits im Sommer 2013 ihren Vorschlag präsentieren, wie man die Verwendung der Stoffe einschränken kann. Doch dazu kam es nicht.

Hinter den Kulissen war ein heißer Kampf entbrannt. Die Umweltdirektion durfte ihre Vorschläge nicht präsentieren. Stattdessen veröffentlichte die Chemieindustrie ein Gegengutachten, das den Stoffen weitgehende Ungefährlichkeit attestierte. Ein anderer Teil der Kommission organisierte ein weiteres. Die amerikanische Pestizid-Industrie warnte, dass von einer strengeren Regulierung hormonell wirksamer Chemikalien in der EU mehr als 40 Prozent der amerikanischen Landwirtschaftsexporte betroffen wären. Und 18 Toxikologen unterschrieben, dass Regeln, die den Verbrauch der Hormone einschränken, wahrscheinlich überzogen wären. Zwar wies *Environmental Health News* später nach, dass von den 18 Wissenschaftlern 17 gute Verbindungen zur Industrie hatten. Doch da war es schon zu spät.

Die Taktik des Verzögerns hatte gewirkt, Brüssel hat das Thema bis heute vertagt.

«Erstens hat natürlich die Chemieindustrie massiv gedrängt. Doch zweitens drohte schon TTIP», sagt Manuel Fernandez, der Chemieexperte des BUND. Das klingt wie die Verschwörungstheorie eines Umweltaktivisten. Doch wie soll man es verstehen, wenn der US-Handelsbeauftragte in einer 19-seitigen Stellungnahme zu BPA fordert, die EU solle «sicherstellen, dass der weltweite Handel nicht unnötig beeinträchtigt wird»? Dass eine von den US-Normen abweichende Entscheidung dem «vorrangigen Ziel» von TTIP widersprechen würde?

Man muss wissen: Der Stoff ist laut US-Norm erlaubt. Die amerikanischen Handelspolitiker sagten also im Klartext: Hände weg von strengeren Gesetzen.

Das ist so auch der Wunsch der Chemieindustrie. Doch sie wünscht sich noch mehr. «Die Pestizid-Hersteller versuchen, die Handelsgespräche so zu manipulieren, dass die EU fortschrittliche Umweltschutzgesetze aufweicht», schreibt das renommierte Washingtoner Center for International Environmental Law (CIEL). Auch in vielen Pestiziden sind die Umwelthormone enthalten. Die Umweltjuristen haben in einer 30-seitigen Studie ausführlich dokumentiert, wie die beiden Lobbygruppen CropLife America und die European Crop Protection Association (ECPA) zusammenarbeiten. Und wie sie die Unterhändler auf beiden Seiten geschickt für ihre Interessen einspannen. Denn in Wahrheit geht es, wie so oft bei Umweltfragen, nur auf den ersten Blick darum, dass amerikanische Interessen gegen die der Europäer stehen. In Wirklichkeit sind es die großen Multis, in diesem Fall die der Chemieindustrie, die sich geschickt die Bälle zuspielen.

Es stehen also auf der einen Seite die Gewinninteressen von BASF, Bayer, Dow, DuPont, Monsanto – und auf der anderen der Umweltschutz und damit die Gesundheit von Pflanzen, Tieren und Menschen. Europa ist dabei für die Produzenten bislang der härtere Brocken, weil hier aufgrund des Vorsorgeprinzips vieles verboten werden konnte, was in den USA noch erlaubt ist. Das geschah mit Insektiziden, die als besonders gefährlich für Bienen gelten; die EU verhängte kürzlich ein Teilmoratorium. Bei Nanopartikeln, die in vielen Kosmetika eingesetzt werden, muss seit Dezember 2014 in der EU zumindest auf der Verpackung stehen, ob Nano im Produkt drin ist. In den USA gibt es keine Kennzeichnung. Der BUND hat in einer Studie viele Fälle verglichen und kommt zu dem Schluss: In den USA bleiben viele Stoffe erlaubt, weil die Gefährlichkeit nie hundertprozentig nachgewiesen werden konnte. In Europa werden sie schneller verboten: Asbest zum Beispiel. Oder DDT. Oder Blei im Benzin. Fast immer protestierte die betroffene Industrie zunächst und bejammerte die mangelnde Risikobereitschaft und die bizarre Ängstlichkeit der Europäer. Fast immer stellte sich hinterher eindeutig heraus: Das Verbot geschah zu Recht.

Die EU hat 2006 nach einem erbitterten Kampf zwischen den Chemiefirmen, den Politikern und den Umweltverbänden das Thema sogar grundsätzlich angepackt – und die REACH-Verordnung verabschiedet. Die soll langfristig dafür sorgen, dass keinerlei chemische Produkte der Umwelt schaden. Das Werk trat gegen den erklärten Willen der Industrie in Kraft, die wieder mal mit dem Niedergang des Wirtschaftsstandortes argumentierte. Seither muss bei jeder neuen Chemikalie und irgendwann auch bei den alten die Unbedenklichkeit bewiesen werden. In den USA fehlt etwas Vergleichbares. Zwar kann die EPA, die amerikanische Umweltschutzbehörde, theoretisch neue gefährliche Stoffe verbieten. Das geschieht aber nur sehr selten. Denn erstens dürfen Chemikalien, die vor 1976 auf den Markt kamen, einfach weiter verkauft werden. Und zweitens ist es eben manchmal extrem kompliziert, die Gefährlichkeit von Stoffen hundertprozentig zu beweisen. Verbietet die EPA eine Chemikalie, wird sie mit Studien über die vermeintliche Unbedenklichkeit überflutet und, wenn das nicht reicht, auch verklagt. Da überlegt sich ein EPA-Angestellter schon zweimal, ob er das riskieren will.

Die Folgen lassen sich leicht an Zahlen festmachen, beispielsweise bei Kosmetika. In der EU steht auf detaillierten Stofflisten, was verboten oder nur eingeschränkt zulässig ist: Über 1300 Substanzen dürfen hier nicht verwendet werden, weitere 260 nur eingeschränkt. Bestimmte Stoffe, beispielsweise alle Konservierungs- und Farbstoffe, müssen ein Zulassungsverfahren bestehen, in dem ihre Sicherheit bewertet wird. Danach werden sie zentral registriert. In den USA gibt es keine Registrierung, keine generellen Sicherheitstests, und deshalb sind dort nur elf Substanzen per Gesetz verboten. In Europa sind 82 Pestizide verboten, die in den USA verkauft werden dürfen. Insgesamt konnte die EPA von den etwa 80 000 Chemikalien nur 200 auf ihre Sicherheit überprüfen. Das spart der Industrie Milliarden.

Es geht in Wahrheit um einen weltweiten Kampf um Standards – und um Milliardengewinne

Schon lange kämpfen die Amerikaner dafür, dass sich ihr Umgang mit dem Risiko weltweit durchsetzt. Genauer gesagt: die Handelsexperten in Washington und die Industrielobbyisten tun das. Sie haben den wissenschaftsbasierten Ansatz in internationalen Verträgen durchgesetzt, bei denen der Weltgesundheitsorganisation (WHO) und denen der Weltlandwirtschafts- und Ernährungsorganisation FAO sowie in zahlreichen Handelsverträgen mit anderen Ländern. Und regelmäßig listet der Report aus dem Büro des Handelsbeauftragten detailliert auf, was weltweit aus amerikanischer Sicht den Handel stört. Seitenlang tauchen im Report 2014 europäische Umweltgesetze und Standards auf. Über die Chemikalienverordnung REACH wird ausführlich geklagt. Über die Erneuerbare-Energien-Richtlinie. Die Auszeichnungspflicht für Lebensmittel. Über vermeintlich kleine Ärgernisse wie das europäische Verbot bestimmter klimafeindlicher Kältemittel in Kühlschränken.

Auf diesen Bericht können die Diplomaten immer mal wieder zurückgreifen und mahnend ihre Stimme heben. Überhaupt scheinen die amerikanischen Handelspolitiker aktiver und wachsamer zu sein als die europäischen. Auch bei TTIP. Im Bericht der High Level Working Group, in der europäische und amerikanische Experten die ersten Vorschläge für das Abkommen erarbeitet haben, setzten die amerikanischen Verhandlungsführer jedenfalls ihre Sprachregelung durch: «Aufbauend auf dem SPS-Abkommen der WTO» sollten sich Maßnahmen nur nach dem «wissenschaftlichen oder internationalen Standard» richten. Im Klartext bedeutet das: Entweder wird über das Risiko von Produkten nach dem amerikanischen Modell entschieden – oder nach internationalen Standards, die noch deutlich niedriger sind. Und auch in den bisher bekannten Verhandlungsdokumenten kämpft die EU nicht aktiv für ihr Prinzip. Man kann das Kapitulation nennen. Oder einen Hinweis darauf, dass Brüssel das europäische Modell nicht so richtig wichtig findet.

Dabei geht es auch anders. Es lassen sich auch internationale Rechtsvorschriften durchaus in europäischem Sinne schreiben. Als die Regierungen in Sorge um den Niedergang der Natur und das Aussterben der Arten im Jahr 2000 das Cartagena-Protokoll verhandelten, haben die Europäer gekämpft – und gewonnen. In dem Dokument wird seither das Vorsichtsprinzip hochgehalten. «Die EU kann etwas durchsetzen, wenn sie nur will», sagt Peter-Tobias Stoll von der Universität Göttingen. Der Juraprofessor kennt sich im internationalen Umweltrecht aus. Das Cartagena-Protokoll, so sagt er, könne seither als Grundlage genutzt werden, wenn ein Land den Import von gentechnisch veränderten Pflanzen einschränken will. Allerdings ist internationales Recht kompliziert und dieser Vertrag nicht mit dem WTO-Recht verbunden. Mit der Folge, dass es immer wieder zum Streit darüber kommt, was mehr zählt.

Die einen träumen vom transatlantischen Marktplatz, die anderen bekommen Albträume

Natürlich wäre es den Amerikanern am liebsten, ihr System ließe sich auch in Europa durchsetzen. Doch sie wissen auch, dass das Vorsorgeprinzip stark im europäischen Recht verankert ist. Die US-Verhandler haben deswegen längst eine zweitbeste Lösung im Blick. Sie wollen, dass beide Systeme wenigstens gleichwertig nebeneinander existieren. Der Handelsbeauftragte Michael Froman spielt daher die Unterschiede zwischen den Systemen öffentlich eher herunter, sie bedeuteten «immer weniger». Es sei kein Problem, manche Produkte einfach als gleichwertig anzunehmen und vieles, was in den USA auf dem Markt ist und dort als sicher befunden wurde, einfach nach Europa zu lassen. Und umgekehrt.

Ähnlich argumentieren auch die Industrieverbände hierzulande, das Wirtschaftsministerium, die EU-Kommission – und die CDU. Gern präsentiert die dann Mittelständler, die von einer solchen Regel profitieren könnten. Wolfgang Uchatius von der ZEIT hat einen von ihnen besucht und ihn wie folgt beschrieben:

Arndt Kirchhoff. Wenn der Unternehmer in seinem Mercedes durch das südliche Westfalen rollt, denkt er manchmal an Amerika. Er ist dann auf dem Weg nach Attendorn oder Iserlohn, Städte, in denen jeder die weißen Fabrikhallen des mittelständischen Automobilzulieferers Kirchhoff Automotive kennt, der allein hier 1450 Menschen beschäftigt. Die Kirchhoffs produzieren seit 120 Jahren Autoteile. In ihren Hallen surren Blechrollen, stampfen Metallpressen, verschweißen Arbeiter silbern glänzende Stahlstücke zu Rohren und Rahmenelementen, die sich später zum Skelett eines Fahrzeugs zusammenfügen lassen. Kein Autohersteller der Welt baut dasselbe Auto wie sein Konkurrent. Aber jedes Auto hat ein Armaturenbrett, und jedes Armaturenbrett ist an einer gebogenen Stahlstrebe festgeschraubt. Das ist der Instrumententafelträger, Ingenieure konstruieren ihn millimetergenau nach den Vorgaben des jeweiligen Herstellers.

Kirchhoff Automotive beliefert große Automobilunternehmen wie VW, Mercedes, BMW, Audi, Opel, Peugeot. Und dennoch: In Europa stagniert der Autoabsatz, die Europäer haben genug Autos. In Amerika aber wächst der Markt noch. Dort leben 300 Millionen Menschen, also viele potenzielle Käufer von Autos mit Instrumententafelträgern. Doch Kirchhoffs für den europäischen Markt konstruierte Fahrzeugteile dürfen die Grenzen nach Amerika nicht überqueren. Sein Instrumententafelträger muss nicht nur den Wünschen des Autoherstellers entsprechen, sondern auch den Vorgaben des Gesetzgebers. In Europa sind diese zum Beispiel in der ECE-R21-Richtlinie beschrieben, in Amerika aber in der Richtlinie FMVSS 201. Beide definieren Mindestanforderungen an die Fahrzeugsicherheit. Es geht um die mögliche Verformung des Metalls bei seitlichen und frontalen Zusammenstößen bei verschiedenen Aufprallgeschwindigkeiten. Dummerweise unterscheiden sich die beiden Richtlinien, ohne dass man sagen könnte, die eine sei strenger als die andere. Sie sind nur anders.

Das aber bedeutet: Kirchhoffs Ingenieure müssen jeden Instrumententafelträger zweimal konstruieren – einmal für die europäische Version eines Autos, einmal für die amerikanische. Das kommt teuer. Allein die Entwicklung einer einzelnen Gussform für ein bestimmtes Stahlteil kann mehrere hunderttausend Euro kosten. Müsste Kirchhoff die ganze Arbeit nicht zweimal machen, könnte er viel Geld sparen. Er könnte die Instrumententafelträger billiger anbieten, er könnte mehr verkaufen, es

entstünden neue Arbeitsplätze. Die Amerikaner müssten nur –
wie im Übrigen die Chinesen – bereit sein, nach Richtlinie ECE
R21 konstruierte Instrumententafelträger ins Land zu lassen.

Deutschland ist voll von Unternehmen wie Kirchhoff Automotive – Autozulieferern und Maschinenbauern, denen die unterschiedlichen Regularien auf den beiden Seiten des Atlantiks
hohe Kosten aufbürden. Sie alle erhoffen sich von TTIP größere
Umsätze in den USA.

Angleichung internationaler technischer Normen: Das hört
sich nach einem vernünftigen Vorschlag an. Doch «gleich» sind
die amerikanischen Instrumententafelträger und die europäischen eben nicht. Das mag in diesem Fall egal sein, eine Angleichung würde wahrscheinlich auch niemanden gefährden. Ähnlich ist die Lage bei Ventilen, Scheinwerfern und Blinkern.
Deswegen hat ja auch unter den TTIP-Kritikern kaum jemand etwas gegen Erleichterungen für Kirchhoff. «Gemeinsame Standards sind gar kein Problem: etwa gemeinsame Vorgaben bei der
Automobilsicherheit», sagt etwa Thilo Bode von FoodWatch.
«Aber dafür braucht man kein TTIP. Standards kann die Industrie doch selbst setzen.»

Nur, wenn das so einfach wäre, wäre es nicht schon längst passiert? Über diesen Teil der Geschichte reden die Verhandler
nicht gern. Die so leicht klingende «Angleichung» von Standards
ist in Wahrheit ein höchst komplexer Vorgang. Er beschäftigt seit
Jahren Beamte beider Seiten in allen möglichen Arbeitsgruppen,
Jeffrey Schott vom amerikanischen Peterson Institute schreibt
sogar von «zwei Jahrzehnten ohne Erfolg». Der wird jedoch auch
in Zukunft nicht einfach zu erreichen sein. Denn es wollen zwar
viele Unternehmer den Markt auf der anderen Seite des Atlantiks
geöffnet haben und wie Kirchhoff zum Beispiel leichter nach
Amerika verkaufen. Aber ebenso viele wollen eben den eigenen
Markt möglichst verschlossen halten. Wer holt sich schon freiwillig die Konkurrenz ins Haus? Also machen die jeweiligen Ver-

bände entsprechende Lobbyarbeit bei ihren Regierungen und diese kämpfen dann für die eigenen Standards – selbst wenn sie das nicht öffentlich sagen würden. Öffentlich sind sie für Freihandel. Im Stillen wissen sie aber genau, dass komplizierte Regeln eben auch unangenehme Konkurrenten abschrecken.

Deswegen sind die TTIP-Gespräche auch bisher bei vielen Details nicht vorangekommen – und nicht etwa wegen der Demonstranten. «Die ambitionierteste Angleichung ist die Harmonisierung von Produktstandards. Die ist so ambitioniert, dass wir sie in den meisten Sektoren überhaupt nicht erreichen können», gibt selbst Stormy-Annika Mildner zu, die zuständige Abteilungsleiterin für Außenwirtschaftspolitik beim Bundesverband der Deutschen Industrie (BDI). Genau deswegen würden auch manche Verhandler gern zur Brechstange greifen: einer weitgehenden Gleichsetzung der jeweiligen Systeme: endlich Schluss machen mit dem Hickhack – auch wenn es dabei ein paar Kollateralschäden gibt.

Doch das könnte auch für mittelständische Unternehmen, die weiter in Deutschland produzieren wollen, unangenehme Folgen haben. Mario Ohoven warnt davor schon seit Monaten. Der Kölner Unternehmer vertritt als Präsident des Bundesverbandes der mittelständischen Industrie mehr als 270 000 Unternehmen mit rund neun Millionen Beschäftigten. Er hat, wie auch viele seiner Mitglieder, nicht grundsätzlich etwas gegen Handelsabkommen, auch nicht gegen TTIP. Doch die Sache mit den Standards macht ihm immer größere Sorgen. Denn Ohoven ist sicher: «Diese beiden unterschiedlichen Systeme kann man nicht so einfach verschmelzen.» Er schildert die Folgen so: «Wenn bei uns ein neues Produkt entwickelt wird, beispielsweise ein neues Getriebe, dann muss das erst getestet und zugelassen werden. Das dauert. Im Schnitt bekommen Sie nach zweieinhalb Jahren grünes Licht. Als Amerikaner kann ich mein Produkt sofort verkaufen, ich bin also viel früher auf dem Markt als der deutsche

Konkurrent. Das ist ein riesiger Wettbewerbsvorteil, den ich hemmungslos ausnutzen könnte, wenn wir uns einfach auf eine gegenseitige Anerkennung der Systeme einigen. Selbst wenn ich dann nach zweieinhalb Jahren wegen eines Fehlers eine Schadensersatzklage an den Hals bekomme, was in den USA ja durchaus passieren kann, dann ist zumindest die Konkurrenz lange vom Markt verschwunden.» Bei einer Gleichsetzung der Standards gewinnt also immer der niedrigere.

Können wir uns, die Tiere und die Umwelt künftig überhaupt noch schützen?

Eine Frage ist bisher komplett unbeantwortet: Wie sollen Politiker in einem durch TTIP veränderten System künftig überhaupt *mehr* Schutz durchsetzen können? Denn darum geht es schließlich bei Standards: um Schutz. Seit langem fordern Umweltgruppen beispielsweise im Bereich der Pestizide oder auch der Umwelthormone strengere Regeln. Sollte die EU sie dann durchsetzen, würden die Produzenten einfach rufen: Achtung, Amerika! Und dort produzieren. Für den transatlantischen Marktplatz. «Da geraten die Standards wahrscheinlich unter Druck», warnt Verbraucherschützer Klaus Müller.

Besonders spüren würde das die Landwirtschaft. Es würde die Chance endgültig ruinieren, sie doch noch einmal anders, umweltfreundlicher zu gestalten. Bisher existiert in Europa der «Farm-to-Fork»-Ansatz. Diese Idee ist ein fester Bestandteil der EU-Gesetzgebung, nach ihr arbeiten Behörden. Sie bedeutet, dass vom Bauernhof bis hin zur Gabel des Verbrauchers die gesamte Lieferkette hygienisch und ungefährlich sein muss. Nirgendwo sollte ein großes Risiko lauern. Eine Gefahr, wenn sie doch eintritt, soll so früh wie möglich erkannt und bekämpft werden können. Lebensmittel, so die Idee, sind in jedem Zustand sicher. Auch deswegen reicht es in Europa beispielsweise nicht, die Hühner nur kurz vor dem Verkauf durch ein Chlorbad von Salmonellen zu befreien, die sie sich in dreckigen, überfüllten Massenställen geholt haben.

Man kann sicher darüber streiten, ob das europäische Verfahren der Hühnerzucht so viel besser ist als das amerikanische. Wirtschaftsminister Sigmar Gabriel spottet gern über die Sorgen, die die Deutschen wegen des Chlorhühnchens haben. Er sagt dann, dass es auch nicht viel gesünder sei, europäische Hühner zu essen, die mit Antibiotika gefüttert wurden. Da hat er wahrscheinlich recht. Auch hätte er damit recht, wenn er sagte, dass auch hierzulande Tiere in riesigen, unhygienischen Ställen großgezogen werden. Damit die einigermaßen gesund bleiben, bekommen sie nämlich die Antibiotika ins Futter, die später im Fleisch nachweisbar sind. Dennoch unterscheidet sich die europäische Idee grundsätzlich von der amerikanischen: Hier muss nicht nur das Endprodukt gesund sein. «Wenn Hühner wie in den USA zur Desinfizierung beim Schlachten durch ein Chlorbad gezogen würden, ist der Anreiz für hohe Hygienestandards in Ställen gering», warnt Verbraucherschützer Müller. Den Konsumenten und damit die Politiker und die Behörden betrifft es aber, *wie* gesunde Lebensmittel produziert werden. Anders gesagt: Wir dürfen fordern, dass es dem Huhn halbwegs gutgeht. Denn genau solche Ideen sorgen dafür, dass die Regeln für die Produktion strenger werden, die Ställe größer und der Einsatz von Antibiotika vielleicht irgendwann sinkt. Nur deshalb wurde die Käfighaltung verboten.

Solche Wünsche kosten aber Geld. Sie machen die Hühnerzucht tendenziell teurer und die Hühnerschenkel in den Supermarktregalen auch. Sollten künftig, dank der Handelsabkommen, doch amerikanische Hühnchen hier verkauft werden, wächst die Konkurrenz. Das schafft Druck auf die hiesigen Bauern, noch billiger zu produzieren oder die Landwirtschaft aufzugeben, weil sie den Preiskrieg nicht führen können.

Beim europäisch-amerikanischen Streit um das Rindfleisch herrscht übrigens immer noch Waffenstillstand. 2009 waren beide Seiten die Sache erst einmal leid, die Anwälte hatten sich müde gekämpft und es war allen Beteiligten klar: nachgeben würde niemand. Also einigte man sich darauf, dass die EU eine Einfuhr von einer bestimmten Menge garantiert hormonfreiem Rindfleisch erlauben würde. 2014 lag die Quote dafür bei 48 200 Tonnen. Die USA reduzierten im Gegenzug die Strafzölle. Beim Grillfest in der Botschaft gab es also Fleisch von Rindern, die ohne künstliche Hormone aufgewachsen sind. Es stammte von der Farm von Terry Vinton. Der Rancher aus Nebraska durfte seinen Minister auf der PR-Reise begleiten. Schließlich wäre sie ohne echten Rancher nur halb so fotogen gewesen.

Terry stand also mitten in Berlin, sichtlich stolz, mit weißem Cowboyhut, einem weißen Hemd und Khakihosen, um den Bauch einen breiten Ledergürtel mit dicker Schnalle. Auf der stand: «Mullen Ranch Rodeo». Terry erzählte dann, dass er seine 2400 Rinder für ein paar Tage den beiden Söhnen überlassen habe, um in Europa für sein Produkt zu werben. «Bei Deutschland denke ich an gute Autos, bei Amerika an gutes Fleisch.» Kurz darauf gab der amerikanische Landwirtschaftsminister Tom Vilsack ein Interview und sagte, «ohne wirklich überzeugende Zugeständnisse der Europäer im Bereich Landwirtschaft» werde es «sehr schwierig», sich bei TTIP zu einigen.

Wenn das Geschäft das Recht diktiert
Warum private Schiedsgerichte so gefährlich sind

Als in Argentinien das Finanzsystem zusammenbrach, war das ein guter Tag für Selvyn Seidel. Als in der japanischen Stadt Fukushima das Kernkraftwerk explodierte, war das auch nicht schlecht. Und als in der kanadischen Provinz Quebec aus einer Vielzahl von Fracking-Anlagen giftiges Gas entwich, war dies ebenfalls ein Ereignis, das Selvyn Seidels Geschäften nutzte. Für Seidel ist es eine gute Nachricht, wenn auf der Welt etwas passiert, das den Menschen Angst einjagt. Meist erlassen die Regierungen dann neue Gesetze und Verordnungen.

Argentinien weigerte sich, seine Schulden zu begleichen – eine empfindliche Einbuße für ausländische Banken, die dem Land viel Geld geliehen hatten. Die deutsche Bundeskanzlerin Angela Merkel entschied nach der Katastrophe von Fukushima, schnell aus der Atomenergie auszusteigen – ein harter Rückschlag für die Betreiber der deutschen Kernkraftwerke. Die Provinz Quebec erließ ein vorläufiges Fracking-Verbot – ein schmerzhafter Verlust für internationale Bergbauunternehmen. Was diese Ereignisse gemeinsam haben: Bei allen ging viel Geld für Investoren verloren.

Selvyn Seidel lebt davon, sich einen Teil des verlorenen Geldes zu holen. Die ZEIT-Korrespondentin Kerstin Kohlenberg hat ihn besucht, im 27. Stock eines Wolkenkratzers in der Nähe des

Times Square in New York. Seidel kann von hier oben über den Hudson River bis nach New Jersey schauen. Er hat einen weißen Haarkranz, zum blauen Anzug trägt er eine rote Fliege. Vor ihm steht ein Pappbecher mit Kaffee. Seidel ist längst im Rentenalter und hat in seinem Leben genug gearbeitet, aber er will noch nicht aufhören. Das Geschäft läuft bestens. Nie zuvor haben die Konzerne der Welt so viele Konflikte mit Regierungen ausgetragen, es sind Seidels Jahre. An der Wand hinter ihm türmen sich Pappkartons mit Unterlagen seiner Kunden.

Selvyn Seidel übernimmt die Anwalts- und Prozesskosten für Firmen, die Regierungen in Gerichtsverfahren auf Schadensersatz verklagen. Haben die Unternehmen Erfolg, kassiert Seidel als Prämie einen Gutteil der eingeklagten Summe, oft mehrere hundert Millionen Dollar. Das ist sein Geschäftsmodell. Auf Seidels Schreibtisch steht eine Trophäe, die er in diesem profitablen Kampf der Konzerne gegen die Staaten errungen hat: der Lawyers Award 2013, ein gläserner Kristall für den erfolgreichsten Klage-Finanzierer der USA – Seidels Firma Fulbrook Capital Management. Seidel sagt, er investiere meist in sechs bis acht Klagen gleichzeitig, zwanzig bis dreißig weitere lägen ihm zur Prüfung vor, es gehe um Gerichtsverfahren gegen Länder in Lateinamerika, Europa, Zentralasien, es gehe um die ganze Welt.

Man könnte diesen Mann für ein Genie halten, einen Experten, der die Gesetze und Rechtssysteme Dutzender Staaten im Kopf hat. In Wahrheit ist die Sache einfacher. Die meisten der Klagen gegen Staaten rund um die Welt, die Selvyn Seidel finanziert, finden nach demselben Prinzip an nur einem Ort statt, in einem Granit- und Marmorgebäude im Zentrum von Washington, nicht weit entfernt vom Weißen Haus. Es ist ein Gebäude der Weltbank, einer Institution, deren eigentliche Aufgabe es ist, verarmten Ländern Geld zu leihen und ihnen mit Rat und Projekten bei der Entwicklung zu helfen. Doch hier hat auch ein merkwürdiges Gericht seinen Sitz: das Internationale Zentrum zur Beilegung von Investitionsstreitigkeiten, kurz ICSID.

Das ICSID ist das weltweit wichtigste Gericht für Investitionsstreitigkeiten zwischen Ländern und Kapitaleignern. Es gibt neben ihm aber auch noch einige andere: beispielsweise die Handelskammer in Kopenhagen, der Internationale Schiedsgerichtshof in London (LCIA) oder die Internationale Handelskammer (ICC) in Paris. Auch anderswo etablieren sich gerade neue Konkurrenten. Eine ganze Reihe von Anwälten hätte gern, dass mehr Prozesse in Frankfurt stattfinden, schließlich residieren hier wichtige Banken und damit potenzielle Kunden. Andere Städte mehr buhlen um die Branche. Denn es geht um viel Geld.

Für das ICSID und alle seine Konkurrenten gilt: Sie sind keine herkömmlichen Gerichte, wie man sie in Europa und Amerika kennt, sondern sogenannte Schiedsgerichte. Vor ihnen können nur ausländische Investoren, also Unternehmen oder Privatleute, gegen Staaten klagen. Und sie können das nur, wenn sie der Meinung sind, Letztere hätten auf unfaire Weise den Wert ihrer Investitionen geschmälert, ohne sie dafür zu entschädigen.

Unbemerkt von der Öffentlichkeit ist rund um diese Schiedsgerichte eine ebenso kraftvolle wie profitable Justizmaschinerie entstanden, bedient von Wirtschaftsanwälten international operierender Großkanzleien. Diese Maschine hat längst eine eigene Auslegung ihres speziellen Rechts hervorgebracht, die sich ziemlich unabhängig von den nationalen Gesetzesinterpretationen immer weiter entwickelt. Als Grundlage für ihre Arbeit dienen die sogenannten Investitionsschutzabkommen. Davon gibt es weltweit inzwischen etwa 3000, und es werden von Jahr zu Jahr mehr. Allein die Mitgliedsstaaten der EU haben 1400 solcher Abkommen abgeschlossen. Sie umspannen die Welt wie ein unsichtbares Netz, das immer dichter geknüpft wird. Auch in den Abkommen CETA und TTIP sind Investitionsschutzmaßnahmen vorgesehen – und Schiedsgerichte. Der englische Begriff dafür lautet: Investor-State Dispute Settlement (ISDS).

Wenn man sich anschaut, wer das Netz nutzt und wie es funktioniert, findet man neue Antworten auf die alte Frage, wie viel Macht auf dieser Welt die Staaten haben und wie viel die Konzerne.

Wie Schiedsgerichte funktionieren und warum sie entstanden

Auf den ersten Blick wirken die Schiedsgerichtsverfahren eigentlich noch ganz normal. Es gibt Kläger und Beklagte und ihre Anwälte. Es treten Zeugen auf und Sachverständige. Natürlich gibt es auch Richter, es sind immer drei. Aber da beginnen bereits die Unterschiede.

Vor dem Schiedsgericht ist ein Staat immer der Beklagte, niemals der Kläger. Er (und damit seine Steuerzahler) kann also nur Geld verlieren, nicht gewinnen. Die beiden Streitparteien dürfen sich ihre Richter selbst aussuchen, beide Seiten einigen sich auf drei Leute. Die arbeiten nicht fest am Schiedsgericht, sie sind keine Beamten, nicht einmal Angestellte. Es sind juristische Fachleute aus vielen verschiedenen Ländern, meist stammen sie aus einer kleinen Gruppe sehr spezialisierter Anwälte. Deutschland hat derzeit acht ernannt. Diese Anwaltsrichter werden von den Streitparteien für das jeweilige Verfahren berufen. Und sie werden pro Stunde bezahlt, ihr Stundensatz liegt bei mehreren hundert Euro.

Der zweite Unterschied: Schiedsrichter und Verteidiger der beiden Streitparteien kommen zur Verhandlung in Räumen zusammen, auf die sie sich geeinigt haben. Sie können sich den Gerichtsort also selbst aussuchen. Dort gibt es meist keine Zuschauerbänke, denn viele Verhandlungen finden unter Ausschluss der Öffentlichkeit statt. Zwar soll sich das künftig ändern. 2013 haben sich viele Regierungen auf eine Reform der Verfahrensordnung geeinigt. Es soll mehr Transparenz herrschen und Öffentlichkeit möglich sein. Doch noch ist das bei vielen Verfahren nicht der Fall. Manchmal wird nicht einmal das Urteil bekannt. Der dritte und wohl größte Unterschied zu herkömmlichen Verfahren aber ist: Es gibt keine höhere Instanz. Ist das Urteil erst einmal gesprochen, dann gilt es. Gegen ein Urteil des ICSID gibt es keine Berufung. Ordentliche Gerichte dürfen höchstens noch Verfahrensfragen überprüfen, den Inhalt der Urteile jedoch nicht. Jeder Kanzler, jeder Premierminister, jeder Präsident muss sich dem Urteil des ICSID beugen.

So steht es in den Verträgen, die fast alle Staaten der Welt unterschrieben haben. Auch die Bundesrepublik. Fast alle haben die sogenannte New York Convention on the Recognition and Enforcement of Foreign Arbitral Awards unterzeichnet. Damit versprechen sie, die Urteile der privaten Schiedsrichter anzuerkennen – und umzusetzen. Also beim Geldeintreiben zu helfen. Beispielsweise der 1,6 Milliarden Dollar, die Venezuela 2014 wegen der Verstaatlichung von Ölfeldern an das US-Unternehmen Exxon zahlen muss. Oder der 1,7 Milliarden Dollar Schadensersatz, zu denen Ecuador 2012 verurteilt wurde. Das Land muss diese Summe an die amerikanische Ölfirma Occidental zahlen, weil es eine Bohrgenehmigung zurückzog. Das ist mehr, als das Land in einem ganzen Jahr für die Schulen und Universitäten ausgibt.

Gus Van Harten ist Professor an der Osgoode Hall Law School Toronto. Die juristische Fakultät gehört zu einer der größten und renommiertesten Universitäten Kanadas. Van Harten lehrt dort internationales Investitionsrecht und beschäftigt sich seit langem intensiv mit der Schiedsgerichtsbarkeit. Der Professor urteilt also nicht leichtfertig, wenn er behauptet, Investor-Staat-Schiedsverfahren seien «ein wichtiger rechtlicher und institutioneller Teil des neoliberalen Puzzles». Professor Van Harten be-

gründet diesen Vorwurf damit, dass die Schiedsverfahren den
«Regierungen – und im weiteren Sinne der Demokratie – außergewöhnlich starke rechtliche und wirtschaftliche Zwänge auferlegen können, mit dem Ziel, die Vermögenswerte multinationaler Firmen vor Regulierungen zu schützen».

Zwänge für Demokratien? Um Vermögenswerte der Multis zu
schützen?

Es stimmt jedenfalls, dass die Reichen durch die Schiedsgerichte etwas geschafft haben, was zuvor keine andere Gruppe
vollbracht hat, weder die Menschenrechtler noch die Umweltschützer, weder die Kirchen noch die meisten Unternehmer. Sie
haben erreicht, dass sie ihr Geld in anderen Ländern anlegen
können und es zu dessen Schutz eine eigene, global wirksame
Gerichtsbarkeit gibt.

Was für ein Privileg das ist, wird einem erst klar, wenn man
nach Vergleichen sucht. Erinnern Sie sich noch an die mutigen
Leute der *Arctic Sunrise*? Die 28 Umweltschützer waren einem
Aufruf von Greenpeace gefolgt, auf das Schiff gestiegen und hatten damit auf See vor einer russischen Plattform protestiert. Sie
wollten auf geplante Ölbohrungen in der Arktis aufmerksam machen und die Öffentlichkeit darauf stoßen, dass die Bohrungen
die Natur in der höchst sensiblen Gegend schlimm schädigen
könnten. Doch der Protest währte nicht lange, bewaffnete Sicherheitskräfte enterten das Schiff. Sie verschleppten die Demonstranten in ein Gefängnis im nordrussischen Murmansk.

Erst nach mehreren Wochen und intensiven diplomatischen
Bemühungen ließ der russische Präsident Wladimir Putin die
Menschen wieder ziehen. Stellen wir uns nun für einen kurzen
Moment vor, Umweltschutz und Menschenrechte hätten denselben Stellenwert wie Kapital. Dann hätte die Familie der Betroffenen einfach vor ein internationales Schiedsgericht ziehen
können. Dort hätten sie dann Russland auf Schadensersatz wegen der Verletzung von Menschenrechten verklagt. Sie hätten

die Richter mit ausgesucht, sich wahrscheinlich aus einem Pool von Leuten für die entschieden, die sich besonders intensiv mit Menschen- und Umweltrecht auskennen, Experten eben. Vielleicht hätten sie sogar einen Juristen gefunden, der sonst gern mal Amnesty International oder Greenpeace berät. Russland wäre sehr wahrscheinlich wegen unerlaubter Freiheitsberaubung, Missachtung der eigenen Gesetze und des Verstoßes gegen einen globalen Menschenrechtsstandard zu einer hohen Schadensersatzzahlung verurteilt worden. Revision unmöglich.

Das ist natürlich nur eine wilde Phantasie. In Wirklichkeit ist es sehr unwahrscheinlich, dass es zu einer solchen Globalisierung des Rechtes in absehbarer Zeit kommen wird. Natürlich gibt es die allgemeine Erklärung der Menschenrechte. Aber die Möglichkeiten, sie tatsächlich in Ländern durchzusetzen, die das nicht wollen, sind äußerst schwach. Deswegen half den Umweltschützern am Ende die ganz klassische Diplomatie, das Drängen von Botschaftern und den Regierungen der Betroffenen.

Bei Investoren ist das anders. Unlängst endete ein Schiedsverfahren gegen Russland wegen unrechtmäßiger Enteignung von Investoren mit einer Rekordsumme. Den Klägern wurden 50 Milliarden Dollar zugesprochen. Wegen unrechtmäßiger Enteignung.

Es stellt sich die Frage, warum die Bundesregierung und fast alle anderen Regierungen sich auf so etwas eingelassen haben. Warum haben sie die eigenen Gerichte so entmachtet?

Was wie ein raffinierter Schachzug von ein paar genialen Kapitalisten wirkt, entpuppt sich im historischen Rückblick als gar nicht ganz so verrückte Idee. Bevor es Schiedsgerichte gab, haben Enteignungen und Investitionsstreitigkeiten nicht selten zu internationalen Krisen geführt. Tatsächlich beschossen europäische Kriegsschiffe im 19. und 20. Jahrhundert mehrfach afrikanische und lateinamerikanische Häfen, um Geldforderungen von Kaufleuten durchzusetzen. Verglichen damit ist es tatsächlich ein Fortschritt, dass Streitigkeiten zwischen Unternehmen und Regierungen heute vor Schiedsgerichten ausgetragen werden. Auch ist es unstrittig, dass es nach wie vor in Dutzenden von Ländern keine wirklich unabhängige und faire Gerichtsbarkeit gibt und Ausländer dort leicht das Nachsehen haben können. Es gibt sie tatsächlich, die Fälle, in denen ein deutscher Mittelständler ins Ausland zog, um Geld zu verdienen, und dort von der heimischen Elite übers Ohr gehauen wurde.

Doch es stimmt eben auch, dass Recht oft die bestehenden Herrschaftsverhältnisse festschreibt, also eher den Mächtigen dient. Und die saßen in der Vergangenheit überwiegend in den Industrieländern. Die Schiedsgerichte sind ein Ausdruck dieser Machtverhältnisse, die ersten wurden just in jener Zeit geschaffen, in der die Welt in Kapitalexporteure im Norden und Empfänger im Süden aufgeteilt war. Der reiche Norden hatte Geld. Der arme Süden wollte es und war deswegen zu vielem bereit, auch dazu, den Eigentümern dieses Geldes besondere Privilegien einzuräumen. Eine ganze Reihe ehemaliger Kolonien kannte ja längst Ähnliches: Jahrzehnte zuvor noch hatte nicht nur ausländisches Kapital, sondern gleich der ganze Ausländer unter besonderem Schutz gestanden. Ermordete ein Engländer im kolonialen Indien einen Einheimischen und wurde von der lokalen Polizei erwischt, so wurde er der Botschaft überstellt – er musste nicht vor indische Gerichte. Der Investitionsschutz ist im Vergleich dazu ein Fortschritt. Es geht jetzt nicht mehr um Kapitalverbrechen, sondern um ein Geschäft auf Gegenseitigkeit. Oder etwas vorsichtiger formuliert: Es geht dem ärmeren Partner darum, vom Wohlstand des reicheren zu profitieren, das geliehene Kapital gut zu nutzen und irgendwann gleichzuziehen.

Das erste Abkommen dieser Art schlossen Deutschland und Pakistan, und zwar 1959. Die Idee hatte der damalige Vorstandssprecher der Deutschen Bank, Hermann Josef Abs, er entwarf zusammen mit dem Briten Hartley Shawcross einen Mustervertrag. Der ist bis heute Grundlage vieler Verträge. Sie folgen bei aller Unterschiedlichkeit einzelner Klauseln der einen, immer wiederkehrenden Grundidee: Ausländische Investoren müssen nicht vor nationale Gerichte, sondern sie können gegen Regierungen vor internationalen Schiedsgerichten vorgehen. Abs rannte mit dieser Idee im Bundeswirtschaftsministerium offene Türen ein. Der damalige Minister Ludwig Erhard fand es großartig, die Expansion der erstarkenden deutschen Industrie im Ausland zu fördern, indem er sie vor möglichen Enteignungen schützte. Das kostete den Staat nichts. Und es gab den Unternehmen mehr Sicherheit beim Erobern der Weltmärkte. Von nun an musste etwa ein schwäbischer Textilunternehmer, dessen Fabrik von einem korrupten pakistanischen Beamten beschlagnahmt wurde, nicht mehr auf die Unparteilichkeit der pakistanischen Justiz hoffen. Er musste sich keiner öffentlichen Verhandlung stellen, musste nicht fürchten, dass sein Gegner das Verfahren unendlich lange verschleppen würde. Auch aus der Sicht Pakistans schien das zunächst sinnvoll: Wenn Kapital jederzeit frei und ohne Abschlag wieder abfließen konnte, so die Hoffnung der Regierung, dann würde es auch freiwillig im Land angelegt.

Andere folgten dem Beispiel. Besonders intensiv hat diese Strategie lange Zeit das kleine Singapur verfolgt – auch nachdem die Kolonialzeit lange vorbei war. Dort wurde nicht nur ausländisches Kapital besonders geschützt. Singapur machte einen weiteren Schritt zurück in die Vergangenheit: Ausländer wurden dort, wenn sie Geld mitbrachten, bevorzugt. Der verstorbene Staatsgründer Lee Kuan Yew hat das seinen Landsleuten auch laut verkündet. Und er bekam viel Zustimmung, denn ganz offensichtlich betrieb er das Modell mit Erfolg. Ökonomisch galt Singapur jedenfalls jahrzehntelang als das Vorzeigeland in Südostasien.

Es gibt allerdings auch eine andere, dunklere Seite der Geschichte zu erzählen, sagt der Jurist Matthias Kumm vom Wissenschaftszentrum Berlin. Man könne die Abkommen auch als einen Pakt zwischen korrupten, autoritären Regimen und den Unternehmen betrachten. Es nütze Regierungen, die wenig Interesse an einem funktionierenden Rechtsstaat, aber viel Interesse an ausländischen Investitionen hätten. Schließlich würden die Unternehmen für Steuereinnahmen und andere Geldflüsse sorgen, von denen wieder ein gehöriger Teil in die Kassen der Regierung ströme, die damit ihre Anhänger befriedigen könne. Der Investitionsschutz sorge zudem dafür, dass die westlichen Geldgeber beispielsweise die Bodenschätze ohne großes Risiko ausbeuten können – und durch ihre Lizenzzahlungen wiederum die Regime stützen. Was die Sache aber besonders perfide mache: Durch dieses System sinke der Druck der internationalen Gemeinschaft, die nationalen Rechtssysteme zu reformieren. Denn das braucht die ausländische Wirtschaft dann ja nicht mehr, das interessiert nur noch ein paar Menschenrechtler.

Interessant ist dabei, dass diese wirtschaftliche Ausbeutung eines Landes durch autoritäre Regime unter Ökonomen sogar prominente Anhänger hat: Der berühmte Nobelpreisträger Milton Friedman beriet zeitweise das Regime des Generals Augusto Pinochet in Chile bei dessen Liberalisierungspolitik – obwohl bekannt war, wie gnadenlos Regimegegner verfolgt, gefoltert und ermordet wurden. Mit dem hehren Ziel der ökonomischen Entwicklung wird gerechtfertigt, dass andere Interessen zurücktreten müssen. Beispielsweise die Idee, dass vor dem Recht alle gleich sind. Oder, um es noch einmal am Beispiel Pakistans konkret zu machen: Die pakistanische Regierung gab ein Stück Souveränität und damit Rechte des eigenen Justizapparates an internationale Schiedsrichter ab. Dafür wurde ihr Land attraktiver für deutsche Unternehmen.

Übrigens gab damals auch Deutschland im Gegenzug Macht ab, zugunsten pakistanischer Investoren. Auch sie konnten die Bundesrepublik verklagen. Theoretisch. Es gab damals aber keine pakistanischen Investoren.

Der Boom: Konzerne und Anwälte entdecken ein neues Geschäftsfeld

Die Idee ging um die Welt. In den 60er Jahren griff die Weltbank sie auf, in der Annahme, das könne armen Ländern helfen: «Ich bin überzeugt», sagte der damalige Weltbankpräsident George Woods, «dass diejenigen, die durch ihre Politik ein freundliches Umfeld für internationale Investitionen schaffen – und das bedeutet, bitte legen Sie meine Worte nicht falsch aus, dass sie gute Profite machen können – ihre Entwicklungsziele schneller erreichen können als andere.» Ein Land nach dem anderen unterzeichnete in den letzten Jahrzehnten Investitionsschutzabkommen. Allein Deutschland schloss mehr als hundert Verträge meist mit Ländern des Südens ab. Dennoch erregte das lange Zeit kaum öffentliche Aufmerksamkeit. Ein deutscher Mittelständler klagte gegen Kamerun, ein amerikanischer Konzern ging gegen Jamaika vor. Aber es waren insgesamt nicht viele Fälle. Von 1959 bis 2002 sind gerade mal 100 bekannt geworden. Selbst wenn man noch eine gewisse Menge dazurechnet, die vollständig geheim blieb, wird man auf keine große Zahl kommen. Im Jahr 1989 zum Beispiel wurde vor dem ICSID ein einziges Verfahren eröffnet. Nur wenige Unternehmen investierten damals große Summen im Ausland, und nur selten kam es zu unrechtmäßigen Enteignungen.

Mitte der neunziger Jahre aber stieg die Zahl der Schiedsgerichtsverfahren sprunghaft an. Zuerst auf dreißig, fünfzig, achtzig, dann auf mehrere hundert. Die UNCTAD, die Behörde der Vereinten Nationen, die sich um die wirtschaftliche Entwicklung der Welt kümmern soll, verzeichnet derzeit 608 Fälle. Doch sie warnt zugleich davor, diese Zahl zu ernst zu nehmen. Es sind nur die, die bekannt geworden sind. Die meisten Abkommen aber würden immer noch «volle Vertraulichkeit garantieren», also komplette Geheimhaltung – obwohl die

UNCITRAL-Geschäftsordnung bereits seit 2013 mehr Transparenz fordert.

Doch die Geheimniskrämerei kommt ja beiden Seiten entgegen. Die Unternehmen mögen sie, weil ihre Geschäftspraktiken so unter der Decke bleiben. Und viele Regierungen, weil sie so vermeiden, dass ihre Öffentlichkeit von peinlichen Klagen erfährt. Und weil das so ist, kann niemand genau sagen, wie viele Klagen ganz still und leise irgendwo auf der Welt gerade vor einem Schiedsgericht erhoben und welche Summen am Ende gezahlt werden. Oder auf welche anderen Bedingungen sich die Politiker möglicherweise im Falle einer Schlichtung eingelassen haben.

Nur eines weiß man schon: Es geht immer um sehr viel Geld.

Nehmen wir nur die bekannten derzeit laufenden 185 Verfahren vor dem ICSID, dem Schiedsgericht, das bei der Weltbank in Washington angesiedelt ist. Jedes von ihnen kostet im Durchschnitt etwa acht Millionen Euro. Die Zahl hat die OECD ermittelt, sie deckt sich mit anderen Schätzungen. Das sind ausschließlich die Betriebskosten, die Strafen kommen noch oben drauf. Schon die Anwälte sind teuer, auch die Schiedsrichter müssen bezahlt werden, die Räume, das Beschaffen von Beweismaterial. Dabei übernimmt nicht automatisch der Verlierer die Kosten am Ende des Verfahrens. Häufig muss auch der Gewinner einen Teil davon tragen: Wird also ein Staat von einem Unternehmen verklagt, kann das dessen Steuerzahler sogar dann Geld kosten, wenn seine Regierung den Fall gewinnt.

Multipliziert man die Zahl der laufenden 185 Verfahren mit den durchschnittlichen Kosten, dann ergibt sich ein Summe von 1,480 Milliarden Dollar. Es ist eine umsatzstarke Branche, die Geld mit Schiedsverfahren verdient – ergo ein Interesse daran hat, dass deren Zahl möglichst schnell wächst.

Die Globalisierung als El Dorado für die eigene Branche, als Goldmine, die man nur richtig ausbeuten muss: Mitte der 90er

Jahre, ein paar Jahre nach dem Fall der Mauer, als die rasante Vernetzung der Wirtschaft nicht nur Investitionen über Landesgrenzen hinweg explodieren ließ, erkannten die ersten Juristen ihre Chance. Es war die Zeit, in der Osteuropa kapitalistisch wurde und europäische und amerikanische Konzerne immer öfter den Sprung nach Asien, Afrika und Lateinamerika wagten. In jener Zeit erschien ein Artikel in dem vom ICSID herausgegebenen *Foreign Investment Law Journal*. Und der half mit, unter Wirtschaftsanwälten die lukrative Idee zu verbreiten: Investitionsschutzabkommen und Schiedsgerichte könnten Unternehmen womöglich nicht nur in Fällen von offensichtlicher Enteignung zu Schadensersatzzahlungen verhelfen. Man musste den Begriff der Enteignung nur weit genug auslegen. Dann könnte man öfter klagen. In dem Artikel stand: «Entdecker sind aufgebrochen, unbekanntes Land für die internationale Schiedsgerichtsbarkeit zu erschließen.» Der Autor war ein Anwalt der weltweit tätigen britischen Kanzlei Freshfields. Das Neuland war ein riesiger Markt, der in jenen Jahren für tausende Anwälte rund um die Welt entstand.

Bei der Eroberung half auch der Wandel im Süden. Eine ganze Reihe von einstigen Entwicklungsländern hat inzwischen ökonomisch aufgeholt, zumindest ist dort die Mittelschicht gewachsen und es sind große Konzerne entstanden, die heute immer öfter den Sprung in den Norden wagen. Überall wächst die Zahl der Millionäre und Milliardäre schier unaufhaltsam, eben auch in China oder Indien. Diese wiederum legen ihr Geld gern mal in Europa oder Amerika an oder kaufen dort Unternehmen. Betreut werden sie von Anwälten, die im Erstfall genau wissen, was zum Schutz des Kapitals zu tun ist. Die Folge: Es gibt heute nicht mehr nur Kläger aus dem Norden gegen Staaten aus dem Süden. Heute klagt auch der chinesische Lebensversicherer Ping An gegen das Königreich Belgien auf Zahlung von 1,8 Milliarden Euro. Die belgische Regierung hatte während der Finanzkrise eine

Bank mit Steuermilliarden vor der Pleite gerettet und verstaatlicht. Ping An war an der Bank beteiligt und forderte nun seine Investition zurück.

Nun spüre der Norden «die ungewollten Folgen seiner eigenen Scheinheiligkeit», schreibt Matthias Kumm, der Juraprofessor vom Wissenschaftszentrum Berlin. Man könnte auch sagen: Der Süden hält dem Norden den Spiegel seiner Geschichte vor und lässt ihn nun spüren, was ihm selbst widerfahren ist. Er schlägt ihn mit den eigenen Waffen. Noch stimmt das zwar nur für einen Teil der Schiedsverfahren: Von den bekannten Klagen des Jahres 2014 gingen immer noch 60 Prozent an Entwicklungsländer und 40 Prozent an Industrieländer. Am häufigsten verklagt wurde Argentinien, gefolgt von Venezuela. Doch dann kommt schon die tschechische Republik, die nach der Wende der 90er Jahre für Investoren besonders freundliche Abkommen unterzeichnet hat. An fünfter Stelle steht Kanada, an neunter Polen und an zehnter die USA. (Wobei die USA ein interessanter Sonderfall sind: Sie haben noch nie ein Verfahren verloren. Manche sagen, das sei kein Zufall. Wenn Washington plötzlich Schadensersatz an, sagen wir, einen chinesischen Investor bezahlen müsse, weil Ohio seine Umweltgesetze verschärft hat, würde das einen Aufschrei geben – und das System der Schiedsgerichtsbarkeit geriete ins Wanken. Das sei nur Verschwörungstheorie, sagen andere, wahr sei: Die amerikanischen Gesetze seien einfach zu gut und damit unangreifbar.)

Doch noch etwas hat sich in der jüngeren Vergangenheit getan: Die Anwälte entdeckten die Möglichkeit des «treaty shoppings», ein Begriff, der sich kaum adäquat übersetzen lässt. Er bedeutet, dass ein Unternehmen sich zwei Länder mit den passenden Investitionsschutzverträgen sucht. Der Bergbaukonzern Lone Pine hat das getan: Er klagt gegen Kanada wegen eines Fracking-Moratoriums. Das hatte die Provinz Quebec verhängt, nachdem immer klarer wurde, dass diese Art der Energieerzeugung die Umwelt stark schädigen kann. Lone Pine hatte in einem Flussdelta Schiefergas fördern wollen, also in einem besonders sensiblen Gebiet, in dem viel Trinkwasser hätte vergiftet werden können. Das passiert nun erst mal nicht. Aber das Unternehmen fordert jetzt Schadensersatz in Höhe von 250 Millionen Dollar. Zwar ist Lone Pine ein kanadisches Unternehmen, und Schiedsgerichte stehen nur ausländischen Investoren offen. Aber die Firma hat die Klage über die amerikanische Niederlassung eingereicht.

«Da gibt es Leute, die machen viel Geld damit, dass sie Länder verklagen, die die Umwelt oder ihre Bürger schützen wollen», sagt der Schweizer Schiedsgerichtsanwalt Nicolas Ulmer selbstkritisch über die eigene Branche. Ulmer ist einer der wenigen, die das Geschäft selbst betreiben, aber öffentlich wagen, dessen Auswüchse zu kritisieren. Das ist mutig, denn die Branche gilt als klein und höchst verschworen. Und es ist immer dasselbe Dutzend Kanzleien, das die großen Fälle an Land zieht. Viele von ihnen sitzen in den USA oder gehören zu großen amerikanischen Kanzleien.

Wie Millionäre das Handelsrecht für ihre Interessen nutzen

Ein Jahr lang hat Pia Eberhardt recherchiert. Die junge Frau arbeitet bei Corporate Europe Observatory, einer Organisation, die ihr Büro in Brüssel hat und von dort beobachtet und offenlegt, wie große Konzerne die Politik für ihre Zwecke einspannen. Eberhardt hat aufgeschrieben, wie die Kanzleien das Geschäft mit dem Investitionsschutz betreiben. Wie sie neue Märkte auftun und wer die Schlüsselfiguren in dem lukrativen Spiel sind. Sie hat 15 Anwälte identifiziert, die bis 2011 mehr als die Hälfte aller Verfahren unter sich aufgeteilt haben. Mal als Schiedsrichter, mal als Verteidiger. Nimmt man die Verfahren, bei denen es um richtig viel Geld ging, um mehr als vier Milliarden Dollar

Streitsumme, dann kam diese Elite sogar auf drei Viertel der Verfahren.

Diese massive Konzentration und das wechselnde Rollenspiel haben fatale Folgen: Die Juristen haben nicht nur ein starkes persönliches Interesse daran, dass die Prozesse möglichst lang dauern und möglichst hohen Schadensersatz bringen. Denn das erhöht ihren Anteil. Sie können es auch kaum wagen, gegen die Regeln des Clubs zu verstoßen. Denn dann droht ihnen der Ausschluss aus einem lukrativen Geschäftsfeld. Besser machen sie Karriere, wenn sie es wie Dan Price halten. Pia Eberhardt hat die Karriere des Amerikaners in ihrer Studie «Profit durch Unrecht» dokumentiert.

Price arbeitete im Büro des US-Handelsbeauftragten, als die USA das NAFTA-Abkommen mit Kanada und Mexiko verhandelten. Dessen Klauseln für den Investitionsschutz sind heute das Modell für viele neuere Abkommen. Price verließ dann die Regierung, wurde wieder Anwalt in Austin, Texas und machte sich daran, das neue Geschäftsfeld zu nutzen. Er warb bei Unternehmen dafür, doch die neuen Möglichkeiten zu nutzen, die sich durch den Investorenschutz ergeben. Und klagte schließlich im Auftrag der Fireman's Fund Insurance gegen Mexiko. 2007 ging er dann wieder in die Politik und wurde wirtschaftspolitischer Berater von George W. Bush.

Dass die US-Kanzleien das Geschäft mit dem Investorenschutz sehr früh entdeckt und sehr aktiv dafür geworben haben, hat auch mit der amerikanischen Politik zu tun. Und umgekehrt. Jedenfalls ist die Idee, eigenes Recht und Gesetz auf den Rest der Welt auszudehnen, in Washington nicht nur populärer als anderswo, sie wird von den USA auch häufiger durchgesetzt als von anderen Regierungen – auch, weil sie die Macht dazu haben. Die französische BNP Paribas Bank wurde erst 2014 zu einer Rekordstrafe von 8,9 Milliarden Euro verurteilt, weil sie das amerikanische Embargo gegen den Iran, den Sudan und Kuba unterlaufen hatte. Dabei ging es um ein französisches (!) Unternehmen, das bei den Geschäften mit diesen Staaten nicht gegen nationales oder europäisches Recht verstoßen hatte. Auch gegen die italienische UniCredito, die französische Sociéte Générale, die Deutsche Bank und die Commerzbank wurde ermittelt.

Man kann die Sanktionen gegen den Sudan richtig finden, denn dort werden Menschenrechte massiv verletzt. Man kann auch die Geschäfte von Paribas unethisch und falsch finden. Aber rechtfertigt das das Urteil eines amerikanischen Gerichtes gegen eine französische Bank – für Geschäfte, die sie in einem dritten Land gemacht hat? Die Franzosen empfanden diesen Akt jedenfalls als massiven Eingriff in ihre Souveränität. Ende 2014 drängten sie, unterstützt von der Bundesregierung, darauf, dass über das Thema während eines G 20-Gipfels diskutiert wurde. Doch das hatte keine Folgen. Zugleich gibt es eine ganze Reihe internationaler Konventionen und Institutionen, die die USA stärker in ein internationales Rechtssystem einbinden würden – die Washington aber nicht unterschrieben hat. Der bekannteste Fall ist der Internationale Gerichtshof in Den Haag.

Lieber treiben die USA das private Schiedsrecht weiter voran. Denn auch wenn die ersten bilateralen Investitionsschutzabkommen eine deutsche Erfindung waren, drängen seit Mitte der 90er Jahre neben amerikanischen Kanzleien auch die Politiker aus Washington besonders massiv auf deren globale Verbreitung. 1994 wurde mit der Einrichtung der nordamerikanischen Freihandelszone NAFTA (USA, Kanada und Mexiko) das Netz der Schiedsverträge auch auf den Norden, also auf die Industrieländer ausgeweitet. Mit Kanada und den USA wurden nun zum ersten Mal zwei eng verflochtene und hochentwickelte Volkswirtschaften einem Streitschlichtungsmechanismus unterworfen. Die Unternehmen nutzen das seither kräftig. Zu Lasten der kanadischen Steuerzahler oder auf Kosten der Umwelt. Wie die Geschichte der Bay of Fundy zeigt.

Wale oder Steine: Wie Schiedsgerichte den Umweltschutz aushebeln

Nirgendwo auf der Welt variieren Ebbe und Flut so stark wie in dieser Bucht, die zur kanadischen Provinz Neuschottland gehört. An manchen Tagen steigt der Pegel des Wassers so hoch wie ein fünfstöckiges Haus und schwappt über die zerklüfteten Felsen. Das sorgt für einen einzigartigen Reichtum an Fischen und Vögeln. Die dünn besiedelte Gegend ist beliebt bei Touristen, die unberührte Natur suchen. Sie paddeln, radeln und beobachten Wale. Hier kann man an guten Tagen noch eine besondere Art beobachten, den Atlantischen Nordkaper. Der wird bis zu 18 Meter lang und ist inzwischen extrem selten geworden. Noch etwa 350 Exemplare schwimmen durch den Ozean. Und manchmal durch die Bucht von Fundy. Noch.

An der Bucht hatte auch die amerikanische Firma Bilcon großes Interesse. Sie wollte dort seit 2002 einen Steinbruch eröffnen, Basalt sprengen und das Gestein auf dem Wasserweg in die USA schaffen. Um das zu tun, brauchte sie allerdings ein Umweltgutachten. Sie gab also eines in Auftrag, und als es schließlich fertig war, entschied die Provinzregierung schnell: Sie verbot den Steinbruch. Die Sprengungen, so das Gutachten, würden nicht nur den Walen schaden, sondern auch dem Lachs und anderen Fischen. Sie würden die Küstenlinie ruinieren und die Jagdgründe der einheimischen Bevölkerung. Kurz: Die Folgen wären ein Desaster für die Gegend. Denn sie würden Schlüsselwerte der Gemeinschaft («core values of the community») zerstören.

Bilcon setzte seine Anwälte in Marsch, und die nutzten die Möglichkeiten, die der NAFTA-Vertrag bietet. Sie verklagten Kanada vor einem Schiedsgericht. Der Prozess zog sich ein paar Jahre hin. Doch dann, im März 2015, gewann die Firma – mit einem überwältigenden Urteil. Ihr wurde ein Schadensersatz von 300 Millionen Dollar zugesprochen, weil sie die erwarteten

Gewinne nicht realisieren konnte. Die kanadischen Steuerzahler müssen einer amerikanischen Firma 300 Millionen Dollar dafür zahlen, dass sie ihre Natur schützen wollen. Dafür, dass das Unternehmen ihre Küste nicht sprengen darf.

Die wichtigste Begründung der Schiedsrichter lautete: Die Verwaltung habe den Begriff der «Schlüsselwerte» zu weit ausgelegt. Den gebe es so in der kanadischen Verfassung nicht. Das würde Tür und Tor für Willkür öffnen. Im Klartext sagten sie, dass die kanadische Regierung ihr eigenes kanadisches Recht falsch ausgelegt habe. Nur einer der drei Richter hatte Bedenken bei diesem Urteil. Donald McRae beklagt in seinem Minderheitenvotum, dass das Urteil ein «bemerkenswerter Rückschritt für das Umweltrecht» sei und eine merkwürdige Rechtsauffassung offenbare. Schließlich bescheinigten seine zwei Kollegen der kanadischen Verwaltung nicht nur, dass sie ihre eigenen Umweltgesetze falsch anwende. Sie zogen aus ihrer eigenen Interpretation auch andere, teurere Schlussfolgerungen, als es nationale Gerichte üblicherweise tun würden: So kennt die Verfassung des Landes selbst bei Enteignungen keine spezielles Recht auf Entschädigung. In diesem Fall war die Firma nicht einmal enteignet worden. Sie hatte nur fälschlicherweise gehofft, künftig viel Geld mit Steinen verdienen zu können.

Donald McRae sorgt sich wegen der Folgen: Künftig würden die Angestellten in den Verwaltungen zwei Mal nachdenken, ob sie ausländischen Unternehmen aus Gründen des Umweltschutzes teure Auflagen machen oder das Geschäft verbieten. Wenn schon strengere Umweltregeln ein Grund für eine Klage und möglicherweise auch Schadensersatz sein können, würden künftig sicher viele tausend Unternehmen, die sich vom Umweltrecht eingeschränkt fühlten, NAFTA nutzen und vor Schiedsgerichte ziehen.

Die kanadischen Fälle demonstrieren nicht nur, wie ein System immer tiefer in die Rechte von Demokratien eingreift, den Freiraum der Bürger und der gewählten Politiker beschneidet. Sie zeigen auch, mit welch perfiden Mitteln das passiert. Eine Methode ist: Schiedsrichter nutzen Begriffe der Investitionsschutzverträge, definieren sie selbst und entwickeln die Definition von Prozess zu Prozess weiter – ganz unabhängig davon, was nationale Gerichte entschieden haben. Ganz besonders augenscheinlich ist das bei der Formel des «fair and equitable treatment (gerechte und gleiche Behandlung)». Die klingt harmlos, hat aber fatale Folgen: In vielen Urteilen wird diese Formel so interpretiert, dass Investoren ein «stabiles Investitionsklima» erwarten dürfen. Wenn Regierungen neue Gesetze machen, interessiert die Schiedsgerichte also nicht, ob das gut für das Land ist und ob sie durch nationales Recht gedeckt sind. Oder von einer demokratischen Mehrheit so gewollt. Sie wollen nur wissen, ob es die Investition unrentabel macht. Dann nämlich kann der Vorgang einer unrechtmäßigen Enteignung gleichen. Als es um die Bucht von Fundy ging, sahen die Schiedsrichter den «Minimumstandard» für Investorenschutz nicht beachtet. Die Auslegung von Werten und Wünschen der Anwohner durch die nationale Verwaltung sei zu weit gegangen, die Interessen des Investors nicht genug berücksichtigt worden.

Inzwischen wird sogar das Streichen von Steuervergünstigungen von manchen Schiedsrichtern als Enteignung interpretiert.

Die deutsche Verfassungsformel, wonach «Eigentum verpflichtet», fehlt hingegen im internationalen Schiedsrecht. Das rechnet sich für die Kläger: Während die Erfolgsquote von privaten Klägern gegen die Bundesrepublik Deutschland vor deutschen Gerichten bei etwa 25 Prozent liegt, liegt sie bei den Schiedsgerichten zwischen 40 und 50 Prozent. Also fast doppelt so hoch.

Nun ist die Interpretation und Weiterentwicklung von Begriffen zwar auch bei normalen Gerichten üblich. Doch dort kann das Ergebnis immer von höheren Instanzen überprüft werden. Und die sorgen dafür, dass die Auslegung den Rahmen der nationalen Verfassung nicht sprengt. Außerdem gibt es in einem Staat immer auch die Möglichkeit, dass die Parlamente die Gesetze und damit die rechtliche Grundlage ändern – wenn sich die Realität verändert oder wenn sich ein Gesetz als fehlerhaft erweist. Das können sie bei Handelsverträgen und beim WTO-Recht allein gar nicht, sie brauchen die Zustimmung der anderen. Bei den Schiedsgerichten gibt es keine übergeordnete Instanz.

Der kanadische Jurist Gus Van Harten hat 163 Fälle untersucht: «In 60 von ihnen haben ausländische Investoren gegen Gesetze geklagt.» Es geht also um immer mehr Bereiche des öffentlichen Lebens, immer tiefer hinein ins Neuland. Da gibt es die Klage gegen die Bankenregulierung wie im Fall Genin gegen Estland. Um das Recht, Giftmüll über die Grenzen zu schaffen, wie bei SD Myers gegen Kanada. Darum, wie stark eine Regierung gegen Monopole vorgehen darf, UPS hatte gegen die kanadische Regierung geklagt. Nicht jede Schlacht gewinnen die Investoren. Trotzdem haben die Prozesse Folgen: Je kreativer Investoren bei ihren Klagen sind, desto weiter kann der Begriff der Investition durch die Schiedsrichter gefasst werden. War es zu Beginn nur der wirkliche Besitz von Boden, Gebäuden oder Maschinen, so geht es heute um «Rechte». Was aber ist ein schützenswertes Recht? Die vage Hoffnung, irgendwann in einer entlegenen kanadischen Bucht Felsen sprengen zu dürfen? Ein Patent, das eine Regierung nicht anerkennen will? Gewinn in einer bestimmten Größenordnung?

Bei CETA, dem geplanten Abkommen zwischen Kanada und

der EU, geht die Definition der Rechte sogar dem Finanzministerium zu weit: Es hat Sorgen, dass Deutschland im Falle eines Staatsbankrotts eines Eurolandes von kanadischen Investoren zum Schadensersatz gezwungen werden könnte.

Matthew Porterfield arbeitet als Juraprofessor an der Georgetown University in Washington, nur ein paar Minuten vom Kapitol entfernt. Er hat sich auf das Schiedsgerichtswesen spezialisiert, ist aber anders als die meisten seiner Kollegen kritisch geblieben. Vielleicht auch, weil er kein Geld als Richter oder Anwalt verdient? Porterfield lacht bei der Frage. Dann aber wird er schnell wieder ernst: «Es ist ein Problem, dass hier eine Branche quasi selbst ihr Recht schreibt. Dass die, die vom Schiedsgerichtswesen leben, auch dessen Rechtsprechung weiterentwickeln. Und dann wieder die Regierungen beraten, wenn es darum geht, neue Verträge zu schreiben.» Porterfield sagt, dass sich natürlich sowohl Schiedssprüche als auch ihre Grundlagen, die Investitionsschutzabkommen, stark unterscheiden würden. Manche ermöglichen eine weite Auslegung von Rechten, andere eine engere. Aber eines sei ähnlich: Oft genug haben Regierung nicht gewollt, nicht einmal geahnt, was sie durch die Unterzeichnung solcher Verträge ermöglichen. «Selbst das amerikanische Recht geht bei Fragen der Entschädigung nicht so weit wie die Schiedsgerichte», sagt der Jurist. Unterstützung bekommt er jetzt sogar aus ganz konservativen Kreisen. Im Cato Institute, einem neoliberalen amerikanischen Think-Tank, wachsen die Bedenken, dass das TTIP-Abkommen den Anwälten zu viel Macht über Amerikas Recht geben könnte. Handelsexperte Simon Lister warnt: «Denken Sie an die jüngsten Entscheidungen des Obersten Gerichtshofes der USA, in denen er die menschlichen Gene für nicht patentierbar hält. Ausländische Eigentümer solcher Patente könnten versuchen, sie vor Schiedsgerichten einzuklagen.»

Wo das alles endet? Heute wird ein Prozent der amerikanischen Investitionen in der EU durch speziellen Investorenschutz abgedeckt. Bekannt sind neun Fälle. Wenn künftig hundert Prozent gedeckt werden, kann man sich die Folgen leicht ausrechnen.

Absurd, absurder, Europa
Auch in der EU lassen die Politiker zu,
dass Konzerne Recht setzen

In Hamburg-Moorburg, am Ufer der Elbe, steht ein ziemlich neues Kohlekraftwerk. Es wurde um die Jahrtausendwende geplant und ging 2015 vollständig ans Netz. Läuft das Werk auf Hochtouren, deckt es den Strombedarf der ganzen Stadt weitgehend ab, indem es Steinkohle verbrennt. Und zwar vergleichsweise umweltfreundlich, jedenfalls im Vergleich zu älteren Meilern. Aber: Moorburg kann bis zu 12 000 Tonnen Steinkohle im Jahr verbrennen, und dann werden immer noch bis acht Millionen Tonnen klimaschädliches CO_2 in die Luft geblasen. Außerdem muss die Anlage gekühlt werden, mit Wasser aus der Elbe. Schon bei der Planung war klar, dass dies für das Ökosystem des Flusses und dessen Fischbestand gefährlich ist.

Moorburg, so kann man ohne Übertreibung sagen, ist eine Trutzburg, die an Zeiten erinnert, in denen die Zweifel an Kohlekraftwerken noch nicht überall angekommen waren. Heute würde niemand mehr so etwas bauen. Das Werk ist viel zu groß und zu dreckig. Es passt einfach nicht in eine moderne Zeit. Heute wollen die Hamburger auch keine Energie mehr, die auf diese Weise erzeugt wird. Erst kürzlich haben sie deswegen, nach einem Volksbegehren, ihren Senat gezwungen, das Stromnetz der Stadt zurückzukaufen. Auch, damit aus den Steckdosen Strom kommt, der nicht auf Kosten der Umwelt produziert wurde.

Man hätte das ahnen können. Die ersten Bedenken kamen schon auf, als die Grundsteine für das Werk noch nicht gelegt waren, allerdings nur in der Opposition. Gebaut wurde trotzdem, die CDU, die um die Jahrtausendwende in Hamburg regierte, wollte es so. Sie motivierte Vattenfall, den Betreiber, sogar explizit, das Kraftwerk größer zu denken, als die Firma ursprünglich wollte. Also wurde groß geplant, genehmigt und gebaut. Doch 2008 platzierten die Grünen ihre Bedenken gegen das Kraftwerk als Thema im Wahlkampf. Und als die Partei dann nach einer gewonnenen Bürgerschaftswahl eine Koalition mit der CDU einging, machte sie sich tatsächlich daran, ihre Versprechen umzusetzen.

Christian Maaß war Politiker der Grünen in Hamburg, er stieg damals zum Umweltstaatsrat auf. Plötzlich war er zuständig für das riesige neue Bauwerk, das da am Südufer der Elbe emporwuchs. Stoppen konnte er es nicht mehr. Was die Grünen aber durchsetzen konnten, war ein wenig mehr Umweltschutz: Die Stadt Hamburg genehmigte den Betrieb des Kraftwerks nur unter harten Auflagen.

Das trieb allerdings die Kosten in die Höhe. Vattenfall hätte die Kühlung durch den Fluss einschränken und auf den kraftwerkseigenen Kühlturm zurückgreifen müssen. Der muss wiederum durch Ventilatoren unterstützt werden, und das kostet Energie und damit Geld. Der Energiekonzern protestierte erst gegen die Auflagen – und setzte schließlich seine Anwälte in Gang. Und die entdeckten einen bis dato wenig genutzten Vertrag: die Europäische Energiecharta. Das ist eine Art Handelsvertrag speziell für Energie.

Die Charta regelt offiziell Handel, Transit und Investitionen im Energiesektor in 51 Ländern und ist seit 1998 in Kraft. Entwickelt wurde sie nach dem Fall der Mauer, als die Europäer zum ersten Mal über einen großen Energiebinnenmarkt nachdachten und darüber, wie sie ihre Versorgung dauerhaft und gemeinsam sichern könnten. Die Grundidee war, dass der gemeinsame Energiemarkt weit über die Grenzen der EU hinaus reichen sollte, zumal wichtige Zulieferer ja nicht Mitglied der EU waren und in absehbarer Zeit auch nicht werden würden. Deswegen holte man beispielsweise Russland mit in den Club, in dem, ganz der damaligen Markteuphorie folgend, von Staatseinflüssen freie private Unternehmen mit Öl, Gas und Kohle handeln sollten. Faktisch steht die Charta damit in der Tradition klassischer Handelsverträge. Genau wie diese soll sie Geschäfte über Grenzen hinweg und den damit verbundenen Fluss von Geld erleichtern – und das im Zweifelsfall auch auf Kosten anderer Ziele. Genau deswegen stehen in dem Vertrag eben auch Klauseln über den Schutz von Investitionen in Unternehmen, die Energie herstellen oder transportieren. Auf die beriefen sich nun die Vattenfall-Anwälte vor dem ICSID-Schiedsgericht in Washington, als sie dort 2009 eine Klage einreichten. Allerdings nicht gegen die Hamburger Umweltbehörde. Sie verklagten die Bundesrepublik Deutschland.

Es ist natürlich das Recht jedes Unternehmens, gegen eine unfaire Behandlung durch die Behörden zu klagen. Nur, reichen dafür nicht deutsche Gerichte?

Das Verfahren mit der Fallnummer ARB/09/6 war streng geheim. Den genauen Wortlaut der Klageschrift, die Vattenfall damals beim ICSID einreichte, kennt man bis heute nicht. Doch das Argument der Vattenfall-Vertreter wird in etwa so gelautet haben: Die strengen, nachträglich verhängten Umweltauflagen der Hamburger Umweltbehörde senken die Rentabilität des Kraftwerkes, so wird das ursprünglich geplante Gewinnziel verfehlt, ergo werden Investitionen geschädigt. Angeblich forderte Vattenfall 1,4 Milliarden Euro Schadensersatz von der Bundesrepublik Deutschland.

Als Maaß das damals hörte, konnte er nur ungläubig den Kopf schütteln. Er ist selbst Jurist, Fachmann für Umweltrecht, aber von diesem seltsamen Schiedsgericht in Washington hatte er noch nie gehört. Damals kommentiert der Sprecher seiner Behörde die Klage gegenüber ZEIT-Online mit dem Satz: «Ein wirklich exotischer Vorgang». Doch er hatte ziemlich reale Folgen. Zwei Jahre dauerte es; dann, am 11 Mai 2011, einigten sich die Parteien auf einen Vergleich. Der sorgte für veränderte Umweltauflagen. Vattenfall wurde eine neue «wasserrechtliche Erlaubnis unter Anordnung des Sofortvollzugs» zugebilligt. Im Kern musste die Umweltbehörde die Auflagen lockern. Dafür verzichtete der Konzern auf Schadensersatz.

Es ist schon pikant, dass ausgerechnet Vattenfall dieses Urteil gegen Deutschland durchgesetzt hat. Schließlich ist der Energiekonzern im Besitz eines Staates, der umweltpolitisch zur Avantgarde gehört, und das lange schon. Schweden will heute schneller als Deutschland seine CO_2-Emissionen senken. Und nun sorgt ausgerechnet sein Unternehmen auf dem Klageweg dafür, dass sein Kohlekraftwerk in Deutschland der Umwelt mehr schaden darf? Noch absurder ist, dass es sich bei Kläger und Beklagtem um Europäer handelt. Also um Investoren aus einem europäischen Land, die ihr Geld in einem anderen Land der EU anlegen. Bei Vattenfall ging es um schwedisches Geld, das in Hamburg angelegt wurde. Genau genommen sogar um Geld, das allen Schweden gehört, denn sie sind ja die Eigentümer des Unternehmens. Das Geld stammt also aus einem Land, mit dem wir angeblich nicht nur einen Binnenmarkt teilen, sondern mit dem wir in der Europäischen Union auch Rechte und Gesetze teilen. Deswegen wacht über die gesamte EU ja der Europäische Gerichtshof, dessen Zuständigkeit in den vergangenen Jahren zunehmend gewachsen ist. Übrigens auch bei Streitigkeiten über Eigentumsrechte.

Der Umweg über das Washingtoner ICSID-Gericht war für die Schweden trotzdem nur logisch: Sie konnten sich dort bessere Chancen ausrechnen, den Fall zu gewinnen – oder zumindest einen Vergleich zu ihren Gunsten auszuhandeln. Und so kam es ja auch. Der Vorgang illustriert, wie die Schiedsgerichtsbarkeit nicht nur absurde Urteile, sondern juristischen Irrsinn produziert. Weil sie schlicht nicht zu nationalem oder europäischem Recht passt.

Doch die Geschichte ist damit noch nicht zu Ende. Im März 2015 wurde die EU-Kommission aktiv. Die Behörde, die über das europäische Umweltrecht wacht, hatte Hamburg bereits mehrmals wegen der Genehmigungen für Moorburg gemahnt. Sie sorgte sich, dass genau das passieren würde, wovor die Umweltschützer immer gewarnt hatten: dass die Kühlmethoden des Kraftwerkes die Fischbestände in der Elbe schädigen. Und sie warf dem Senat vor, bei der schnellen Genehmigung von Moorburg das Umweltrecht nicht richtig geprüft und damit gegen europäisches Recht verstoßen zu haben. «Es besteht die Gefahr, dass das Projekt sich negativ auf geschützte Arten wie Lachs, Flussneunauge oder Meerneunauge auswirken könnte», so der Befund der Kommission. Eine in der Flora-Fauna-Habitat-Richtlinie vorgesehene Prüfung sei versäumt und es seien keine alternativen Kühlverfahren gesucht worden, durch die das Sterben der geschützten Tiere vermieden werden kann.

Weil der Senat jedoch nicht reagierte, wahrscheinlich wegen des Schiedsurteils gar nicht reagieren konnte, reichte die Kommission am 26. März 2015 eine Klage ein. Gegen Deutschland. Vor dem Europäischen Gerichtshof.

Man sollte den Vorgang noch einmal, auf das Wesentliche reduziert, genießen:

Eine Hamburger Behörde verlangt von einem schwedischen Energiekonzern, dass er bei der Inbetriebnahme seines Kohlekraftwerkes die Fische in der Elbe schützt. Der Konzern klagt vor einem privaten Schiedsgericht, dessen Zentrale in Washington liegt, gegen diese Auflage. Er verlangt Schadensersatz von der Bundesrepublik Deutschland. Daraufhin macht die Bundesregierung Druck auf Hamburg, und die Behörden der Stadt verwässern die Umweltauflagen für die Firma. Und das wiederum führt dazu, dass Deutschland von der EU-Kommission verklagt wird.

Im schlimmsten Falle wird die Geschichte damit enden, dass Hamburg seine laxen Umweltauflagen für Moorburg nicht verschärft, weil es Angst vor einem erneuten Verfahren in Washington hat. Dann wird Deutschland vom Europäischen Gerichtshof verurteilt, Strafe an die EU zu zahlen, wegen der Verletzung europäischen Umweltrechtes. Also zahlen die Hamburger gleich zwei Mal: Einmal, weil ihr Fluss auf Dauer geschädigt wird oder sie in teure Maßnahmen investieren müssen, um das zu verhindern. Und zum zweiten Mal, weil ihre Steuern in Strafzahlungen an die EU fließen werden. Dabei haben die Hamburger niemals darüber diskutieren oder gar abstimmen können, ob sie diese Art modernes Recht haben wollen.

Als Fußnote bleibt über diesen Fall noch zu berichten: Vattenfall ist nicht der blendende Gewinner dieser Geschichte. Längst gilt die Investition in Moorburg als Fehlentscheidung. Kohlekraftwerke in dieser Größe passen auch rein ökonomisch gesehen einfach nicht mehr in den modernen deutschen Strommarkt. Die Schweden haben bisher Geld verloren und nicht verdient. Die einzigen wahren und uneingeschränkten Sieger sind die Anwälte. Auf allen Seiten. Sie konnten Honorare für viele Stunden Arbeit in Rechnung stellen. Und werden das wohl noch eine Weile weiter tun können.

Moorburg ist kein Einzelfall: Die bizarre Rolle der EU

Immer häufiger spielen sich Schiedsgerichtsfälle inzwischen innerhalb der EU ab. Ein Viertel der bekannten neuen Klagen des Jahres 2014 wurde von Investoren aus der EU gegen europäische Regierungen angestrengt, so die Statistik der UNCTAD. Diese Entwicklung ist bizarr: Europa ist eine Rechtsgemeinschaft, die einen Gerichtshof teilt und das Gemeinschaftsrecht immer weiter ausbaut. Die EU ist durchaus in der Lage, auch das Eigentum von Bürgern zu schützen. Der EuGH hat das wiederholt auch getan. Trotzdem haben die Mitgliedsstaaten bilaterale Investitionsschutzabkommen auch untereinander abgeschlossen, die meisten direkt nach der Osterweiterung; Deutschland beispielsweise mit Kroatien, Slowenien und der Slowakei. Ganz offensichtlich traute auch die Bundesregierung dem EU-Recht damals nicht zu, die deutschen Investoren bei der ökonomischen Eroberung des Ostens ausreichend zu schützen. Doch statt das Naheliegende zu tun und europäisches Recht weiterzuentwickeln, schloss sie lieber Sonderverträge ab. Heute hat das zur Folge, dass Treaty-Shopping auch in der EU zunimmt.

Eigentlich hätte Brüssel die Mitgliedsstaaten lange schon dazu drängen müssen, diese Verträge auslaufen zu lassen. Denn seit 2009, seit der Lissabon-Vertrag gilt, ist die EU auch für den Investitionsschutz zuständig. Die Mitgliedsstaaten haben dieses Recht damit abgegeben. Doch lange wurde sie von der Bundesregierung und ein paar anderen Regierungen der sogenannten «Friends of Investment» blockiert. Erst im Frühjahr 2015, auch weil die Zahl der bizarren Falle zu explodieren drohte, schritt die EU endlich ein und forderte eine Reihe von Mitgliedsstaaten ultimativ auf, die Verträge, die sie untereinander abgeschlossen haben, zu kündigen. Doch selbst wenn die reagieren, wird dies erst in ferner Zukunft wirksam. Denn viele Verträge haben sehr, sehr lange Laufzeiten.

In der Zwischenzeit werden auch deutsche Steuerzahler weiter kräftig dabei helfen, dass die Branche boomt. Denn es gibt ja noch einen Vattenfall-Fall.

Vattenfall II oder: Wie geheime Gerichte
die deutsche Demokratie untergraben

Frankfurt am Main, Feldbergstraße 35. Zwischen den Türmen der Banken und dem Palmengarten residiert McDermott Will & Emery. Für die Großkanzlei sind 1100 Anwälte im Einsatz, und zwar rund um den Globus. Durch sie kann sie wie ein internationaler Konzern agieren. «Bei internationalen Sachverhalten arbeiten unsere deutschen Anwälte interdisziplinär und standortübergreifend eng mit den Büros in London, Brüssel, Mailand und Rom sowie unseren US-Büros zusammen und bieten in Europa und den USA eine serviceorientierte Beratung», preist die Kanzlei die eigenen Dienste im Internet an. Man sei «rund um die Uhr» für die Klienten ansprechbar.

Das Büro in Frankfurt wurde 2012 eröffnet. Sabine Konrad war von Anfang an dabei. Denn Konrad hat viel vor. Sie will die Schiedsgerichtsbarkeit in Deutschland ausbauen, einen Teil des für Anwälte so lukrativen Erwerbszweiges nach Frankfurt holen. Im Oktober 2011 zum Beispiel schrieb sie in einem Kundenbrief ihrer damaligen Kanzlei: «Schiedsverfahren sind eine einzigartige und effektive Alternative, um Schadensersatz zu bekommen.» Konrad hat das Frankfurt International Arbitration Center mit aufgebaut, das kooperiert mit dem Washingtoner ICSID bei Investor-Staat-Schiedsverfahren. Sie kümmert sich um den Nachwuchs, hat den Frankfurt Investment Arbitration Moot Court gegründet. Das ist ein Wettbewerb, bei dem Studenten gegeneinander antreten und wie vor einem echten Schiedsgericht streiten: Sie sollen dort zeigen, wie gut sie sich im Investitionsschutzrecht auskennen. Deutschland holt auf diesem Gebiet langsam auf. «Da sich mittlerweile mehr Groß- und Spezialkanzleien mit Investitions- und völkerrechtlichen Streitigkeiten beschäftigen», gebe es «mehr qualifizierte Anwälte in Deutschland», schreibt der Spezialdienst Juve.

Sabine Konrad ist eine der wenigen Frauen, die es in die von Männern dominierte Szene geschafft hat. Sie zählt zu den deutschen Stars der Schiedsgerichtsszene. Sie hat in Schiedsgerichtsverfahren auch schon die Unternehmensseite vertreten. Mal spricht sie für den Kläger, mal für den Beklagten, je nachdem, wer sie engagiert. Sie ist eine der Anwälte, die die Bundesregierung als Schiedsrichterin für das ICSID-Schiedsgericht in Washington ernannt hat. Und sie darf die gesamte Bundesrepublik vertreten. Gegen Vattenfall.

Denn der schwedische Konzern hat 2012 schon wieder gegen Deutschland geklagt. Dieser zweite Fall «ICSID-Case ARB/12/12: Vattenfall versus Federal Republic of Germany» ist so kompliziert und speziell, dass keine Regierung ihn mit ihren eigenen, fest angestellten Juristen bestreiten kann. Sie muss dafür Spezialisten anheuern, die allerdings wiederum von Beamten betreut werden. Im Wirtschaftsministerium gibt es eigens die «Geschäftsstelle Schiedsverfahren 13. Atomgesetznovelle». Vier Mitarbeiter sind seitdem mit dem Fall betraut, die mit Sabine Konrad zusammenarbeiten. Im Bundeshaushalt standen 2014 für das ICSID-Verfahren gegen Vattenfall 2,2 Millionen Euro, der Großteil davon sind Verfahrenskosten.

Streitpunkt bei dieser zweiten Klage ist der deutsche Atomausstieg. Nach dem Unglück in Fukushima 2010 musste der schwedische Energiekonzern die von ihm betriebenen Kernkraftwerke Brunsbüttel und Krümmel schließen. Vattenfall hat die Bundesrepublik, also sozusagen alle Deutschen, vor dem ICSID auf Schadensersatz in Höhe von 4,7 Milliarden Euro verklagt. Das entspricht mehr als der Hälfte der jährlichen deutschen Entwicklungshilfe. Die Summe wurde übrigens nur bekannt, weil sie Wirtschaftsminister Sigmar Gabriel im Bundestag im Oktober 2014 während der Sitzung des Wirtschaftsausschusses des Bundestages herausrutschte. Eigentlich ist sie so geheim wie der Rest des Verfahrens. Über das weiß man nur, was in dünnen Worten auf der Internetseite von ICSID steht.

Auch die deutschen Energiekonzerne RWE und E.on haben wegen des Atomausstiegs eine Klage eingereicht. Während sie als deutsche Unternehmen jedoch auf eine öffentliche Verhandlung vor dem Bundesverfassungsgericht angewiesen sind, durfte Vattenfall als ausländischer Investor das geheim tagende Schiedsgericht anrufen.

Die Anwältin der Bundesrepublik, Sabine Konrad, redet nicht öffentlich über Vattenfall. Nun ist es auch bei normalen Verfahren üblich, dass Anwälte Vertraulichkeit wahren. Aber in diesem Fall geht die Geheimhaltung noch viel weiter. Auch die Beklagte, also die Bundesregierung, darf nicht viel mehr über den Fall erzählen, selbst wenn sie es wollte. So steht es in den Verfahrensregeln. Nicht einmal Abgeordnete des Bundestages erfahren viel. Dabei sollen sie doch die Regierung kontrollieren. Ralph Lenkert hat das inzwischen gelernt.Der Politiker hatte versucht, etwas über die Vattenfall-Klage herauszufinden: Beispielsweise, was genau in der Klageschrift steht. Ihm, dem Volksvertreter, so dachte er, stünden solche Informationen durchaus zu. Denn theoretisch hat die Bundesregierung ja eine Auskunftspflicht gegenüber dem Parlament. Doch die Realität ist eine andere. Erst verweigerte ihm die Bundesregierung die Informationen. Und als sie ihn dann schließlich doch in ein paar Akten schauen ließ, musste er dafür in die Geheimschutzstelle des deutschen Bundestages.

Die Geheimschutzstelle ist ein ganz besonderer Ort. Dort legen normalerweise der Bundesnachrichtendienst (BND) oder der Militärische Abschirmdienst der Bundeswehr sensible Unterlagen aus. Lesen dürfen sie dann nur bestimmte Abgeordnete, die die Regierungsbehörden quasi stellvertretend für das Parlament in diesen besonders geheimen Bereichen kontrollieren. Sie dürfen über das, was sie dort erfahren, nicht öffentlich reden. Das Verfahren ist also der schlechte Kompromiss zwischen dem Recht des Parlamentes auf Kontrolle und dem Interesse des Staates an einer gewissen Vertraulichkeit, die bestimmte Felder der Politik brauchen.

Jetzt liegen in der Geheimschutzstelle auch Unterlagen von Vattenfall. Darin steht beispielsweise, welche Summe das Unternehmen verlangt. Lenkert darf aber nichts bestätigen. Er sagt nur: «So wird die Demokratie unterhöhlt. Es kann doch nicht sein, dass solche Fälle im Geheimen abgehandelt werden.» Und dann sagt er noch ziemlich ernüchtert: So richtig lohne sich der Besuch der Stelle nicht, viel zu lesen bekämen auch die Abgeordneten nicht. Damit wenigstens etwas Licht in das Dunkel fällt, stellen ein paar Abgeordnete der Opposition immer mal wieder Kleine Anfragen an die Regierung und zwingen sie damit, zumindest das eine oder andere Detail öffentlich preiszugeben. Die grüne Abgeordnete Sylvia Kotting-Uhl hat auf diese Weise beispielsweise herausbekommen, wie hoch die Anwaltskosten sind. Und wie viele Beamte an dem Fall arbeiten. Kleinigkeiten sind das.

Auch die ganz grundsätzlichen Fragen bleiben unbeantwortet: Warum hat die Bundesregierung überhaupt solche Klagemöglichkeiten akzeptiert? Nehmen wir einmal an, das Ganze sei ungewollt passiert, die Beamten, die die Energiecharta einst verhandelt haben, hätten einfach die Auswirkungen der entsprechenden Paragraphen übersehen. Das allein wäre schon schlimm, doch irgendwie menschlich. Die logische Folge wäre dann, den Fehler zu beheben. Die Bundesregierung könnte also die EU drängen, die Energiecharta zu kündigen oder zumindest die entsprechenden Paragraphen zu verändern. Doch solche Initiativen gibt es nicht. Bleibt also eine andere Interpretation: Die Klauseln über den Schutz ausländischer Investitionen sind bewusst in den Vertrag geschrieben worden. Sie sollen auch nicht geändert werden. Weder will das der Wirtschaftsminister, der sonst ja so gern über die Reform der Schiedsgerichtsbarkeit redet, noch die Bundeskanzlerin.

Sie alle eint stattdessen die Hoffnung, dass sich der Ärger über die Vattenfall-Klage schon wieder legen wird. Aber diese Hoffnung könnte trügen. Das zeigt ein Blick nach Genf, wo die UNCTAD seit einigen Jahren Buch über die Welt der Schiedsgerichte führt und die Zahl der Fälle registriert, die jeweiligen Rechtsgrundlagen und die Schadensersatzsummen. Im Januar 2015 stellte sie fest, dass die Energiecharta im Jahr 2014 weltweit zu den meisten Schiedsgerichtsklagen führte. Gleich zwei Dutzend Fonds verklagten beispielsweise Spanien, weil es auf dem Höhepunkt der Finanzkrise die Subventionen für die Erzeugung von Wind- oder Solarenergie reduzierte. Fünf Verfahren laufen vor dem ICSID in Washington, die meisten anderen bei der Internationalen Handelskammer in Stockholm. Die spanische Regierung versuchte damals verzweifelt, ihr Haushaltsloch zu stopfen, um kreditwürdig zu bleiben. Man kann das Streichen von Solarsubventionen aus umweltpolitischen Gründen falsch finden. Doch rechtfertigt das solche Klagen? Einige der Investoren hatten kurz zuvor noch eigens Aktien gekauft.

Auch Italien wurde verklagt. Und Anfang 2015 zog die Regierung in Rom die Konsequenzen: Sie kündigte ihre Mitgliedschaft bei der Europäischen Energiecharta. Offiziell begründet die Regierung den Ausstieg zwar damit, dass sie Kosten sparen wolle. Nach einer «Evaluierung der Maßnahme» habe man entschieden, die Beiträge für das Sekretariat der Charta einzusparen. Doch in Italien wird auch über andere Gründe spekuliert. Offensichtlich wächst die Sorge, noch häufiger auf Basis der Investitionsschutzklauseln der Charta von ausländischen Investoren vor internationalen Schiedsgerichten verklagt und dann zu hohen Strafzahlungen verurteilt zu werden. Italiens Ausstieg zeigt allerdings auch die Probleme, die Investitionsschutzverträge mit sich bringen. Zwar kündigt die Regierung den Vertrag zum Ende des Jahres 2015. Trotzdem können Investoren, die bereits im Land tätig sind, noch weitere 20 Jahre auf dessen Basis klagen.

Erst 2035 sind die Steuerzahler dieses Problem endgültig los.

Das Regieren einfrieren
Wie globale Konzerne mit Hilfe von Schiedsgerichten Gesetze schon vorsorglich verhindern

D er Brief beginnt freundlich. Immerhin ist er ja an das Büro des
Ministerpräsidenten gerichtet. «Wir investieren seit 2002 mit
großem Vergnügen in Rumänien, in einer attraktiven Umgebung
für internationale Investoren aus dem Holzgeschäft», schreibt
die österreichische Holzfirma Schweighofer im September 2014
und fügt stolz hinzu, man beschäftige «2600 Rumänen direkt
und 10 000 indirekt» und zahle Steuern. Dann aber ändert sich
der Ton. Man habe gehört, dass der Artikel 63 des Waldcodes
verändert werden solle. Das, so schreibt Gerald Schweighofer,
verletze «definitiv den bilateralen Investitionsschutzvertrag zwischen Österreich und Rumänien. Er werde Rumänien vor das internationale Schiedsgericht in Washington bringen. Und das
könne zu einer «Kündigung» der Arbeiter führen.

Eine österreichische Holzfirma droht dem rumänischen Ministerpräsidenten mit einer Klage in Washington – wenn das
Parlament ein Gesetz macht! Es ist nicht sicher, ob das Unternehmen tatsächlich das Schiedsverfahren anstrengen wird. Ob
es das dann auch noch gewinnen wird. Doch interessanter an
dem Vorfall ist etwas anderes: das Drohpotenzial, das Schiedsgerichte privaten Unternehmen ermöglichen. Schweighofer ist
wahrscheinlich nicht daran interessiert, Geld für Anwälte auszu-
geben und ein langwieriges Verfahren zu beginnen. Vielleicht

hofft er, dass schon die Androhung einer Klage reicht, damit die Regierung einknickt und sich erst gar nicht traut, das geplante Gesetz ins Parlament zu bringen. Oder dass die Abgeordneten es nicht wagen, so etwas zu verabschieden, weil sie den Rechtsstreit scheuen, der möglicherweise viele Millionen Euro kosten könnte.

Immer wieder haben Kritiker des Investitionsschutzes genau vor solchen Szenarien gewarnt. Allein die Möglichkeit, vor Schiedsgerichten zu klagen, so ihr Argument, könne dafür sorgen, dass Länder bestimmte Gesetze gar nicht mehr machen. Das wirft eine grundsätzliche Frage auf: Was dürfen Demokratien noch?

Im angelsächsischen Raum hat diese Taktik längst einen Namen, auch weil sie dort schon häufig angewendet wird: *governmental freeze*, am besten übersetzt mit «Regierungseinfrieren». Immer geht es dabei darum, dass demokratisch gewählte Politiker etwas sein lassen, was sie eigentlich machen wollten – und wozu die Wähler sie eigentlich auch ermächtigt haben. Der wohl prominenteste Fall dieser Art spielt zugleich auf allen fünf Kontinenten. Er beginnt in Amerika, schwappt dann hinüber nach Australien, nach Asien, Lateinamerika und Europa. Er erregt Politiker und Bürger in Neuseeland, Uruguay, der Ukraine, den USA und in Togo. Er wird ausgefochten zwischen teuren Anwälten, bezahlt von der Zigarettenindustrie und gleich einer Reihe von Regierungen.

Inzwischen kämpft sogar der Multimillionär und ehemalige New Yorker Bürgermeister Michael Bloomberg mit – und gegen die Chefs von Philip Morris International. Das ist die Zigarettenfirma, zu der auch Marlboro gehört, der Marke, die so gern mit dem Cowboy wirbt. Der berühmteste von ihnen, Wayne McLaren, rauchte übrigens auch im wirklichen Leben viel, und er starb 1992 im Alter von 51 Jahren an Lungenkrebs.

Die Geschichte beginnt in Uruguay. In dem kleinen südamerikanischen Land gab es viele Raucher, bis das Gesundheitsministerium eine sehr effektive Kampagne startete. Zu der gehörte auch, dass 80 Prozent einer Zigarettenpackung mit Warnhinweisen bedeckt sein mussten und dass Werbung für das Rauchen verboten wurde. Der Grund: Uruguay stöhnte unter den Kosten, die die Krankheiten durchs Rauchen verursachen. Also versuchten die Politiker, die Zahl der Abhängigen zu reduzieren. Die Chefs der Tabakfirmen fanden die Aktion der uruguayischen Regierung gar nicht gut. Sie alarmierten ihre Anwälte, und diese stießen schließlich auf ein Handelsabkommen, das Uruguay einst mit der Schweiz abgeschlossen hatte. Am 19. Februar 2010 reichen sie unter Berufung darauf vor dem ICSID-Schiedsgericht in Washington, DC eine Klage wegen «Enteignung» ein: Was Uruguay da zum Schutze seiner Bevölkerung betreibe, sei völlig unverhältnismäßig. Es schade den legitimen Investitionserwartungen der Firma. Und es verstoße zudem gegen das TRIPS-Abkommen, das internationale Handelsabkommen, das Urheberrechte schützt.

Ein Jahr später erließ auch Australien ein neues Gesetz. Das australische Gesetz verlangte, Zigaretten künftig nur noch in Verpackungen zu verkaufen, auf denen der Markenname im unteren Teil steht, oben eine Warnung und in der Mitte eine Abbildung, die mögliche Folgen des Rauchens zeigt. «Rauchen tötet», steht beispielsweise auf einem Marlboro-Päckchen. Statt eines glücklichen Cowboys kann man ein offenes Raucherbein, einen vom Krebs zerfurchten Mund oder ein krankes, blindes Auge sehen. Tatsächlich sank die Zahl der Raucher auf ein Rekordtief, es war immer weniger cool, eine Kippe zwischen den Lippen zu haben.

Auch Australien wurde verklagt: Von dem Tabakkonzern Philip Morris vor dem höchsten Gericht des Lande. Zunächst allerdings erfolglos. Die australischen Richter urteilten sogar mit einer geradezu vernichtenden Begründung: Die Argumente der Zigarettenindustrie seien «irreführend, unrealistisch und unecht». Als die Generalstaatsanwältin Nicola Roxon, die den Fall mit viel persönlichem Einsatz durchgefochten hat, nach der Urteilsverkündung im August 2012 vor die Presse trat, strahlte sie: «Ich bin froh, verkünden zu können, dass wir den Fall gewonnen haben», sagte Roxon, und jeder Australier wusste in dem Augenblick: Die Frau freute sich wirklich, auch ganz persönlich. Als Roxon zehn Jahre alt war, war ihr Vater an den Folgen des Rauchens gestorben, von der Diagnose bis zu seinem Tod waren nur drei Monate vergangen.

Doch es sollte nur ein vorläufiger Sieg sein. Zwar hatte das höchste australische Gericht geurteilt, aber die Anwälte der Tabakfirma zogen weiter, zum Schiedsgericht. Sie gruben ein Abkommen zwischen Hongkong und Australien von 1993 aus. Um das nutzen zu können, verlagerte die Firma die Leitung ihres Geschäftes neun Monate vor Beginn des Verfahrens nach Hongkong. Sie war nun in Australien ein ausländischer Investor. Damit jedoch nicht genug. Philip Morris aktivierte seine Kontakte in der Dominikanischen Republik, in Honduras und der Ukraine. Deren Regierungen beschwerten sich nun offiziell bei der WTO in Genf, dass die australischen Regeln ihre Zigarettenexporte schädigen würden. Ukrainische Zigaretten in Australien? Die Agentur Bloomberg berichtete im Sommer 2013, dass Philip Morris einen Teil der Anwaltskosten für die Dominikanische Republik übernimmt – für eine Klage vor der WTO. Und British American Tobacco für die Ukraine und Honduras. Damit ging die Geschichte um die Welt.

Neuseeland, das ähnliche Maßnahmen wie Australien geplant hatte, wartet seither lieber erst einmal ab. Die Regierung führte keine strengeren Regeln ein. Für die Zigarettenbosse war das schon so gut wie ein halber Sieg; jedes weitere Jahr ohne neue Auflagen in einem Markt wie Neuseeland spült ihnen Millionen Dollar in die Kasse. Doch das reichte ihnen nicht. Nun ging es in Afrika weiter. Togo bekam Post von der Zigarettenindustrie. Auch dieses Land wollte neue Rauchergesetze einführen. Das tat es auch: Auf den Packungen steht seit 2014, dass Rauchen schadet. Indessen: Es steht dort nur geschrieben. In einem Land mit einer Analphabetenquote von 40 Prozent ist das eine wenig hilfreiche Warnung. Bilder auf die Packungen zu drucken, wagte die Regierung jedoch nicht. Togo hatte zu viel Angst vor internationalen Klagen.

Tatsächlich können in einem Schiedsverfahren die Kosten schnell in Millionenhöhe schnellen. Für ein kleines Land kann es so zu einem unerschwinglichen Vergnügen werden, seine politischen Ziele zu verfolgen. Togos Sozialprodukt liegt bei rund vier Milliarden Dollar im Jahr. Allein der Umsatz von Philip Morris beträgt 80 Milliarden Dollar. Da überlegt es sich der Präsident eines armen afrikanischen Staates lieber zweimal, ob er ein Gesetz erlässt, das teuer werden kann.

Uruguay drückten die Verfahrenskosten so sehr, dass schließlich ein amerikanischer Milliardär zu Hilfe eilte, damit sich das Land gute Anwälte leisten konnte. Michael Bloomberg, überzeugter Anti-Raucher-Aktivist und ehemaliger Bürgermeister von New York, legte gemeinsam mit Bill Gates im März 2015 einen Fond auf. Der soll kleinen Ländern helfen, die teuren Klagen der Zigarettenindustrie abzuwehren. Dass der Mann es ernst meint, hat er schon bewiesen. Seit 2007 hat er 600 Millionen Dollar für Kampagnen gegen das Rauchen ausgegeben.

Verrückte Welt: Da brauchen Länder die Hilfe von amerikanischen Superreichen, um sich gegen eine traditionell amerikanische Industrie zur Wehr zu setzen, die wiederum Schiedsgerichte auf ihrer Seite hat, die die US-Regierung gern weltweit verbreiten möchte. Zuletzt hat die Zigarettenindustrie den amerikanischen Handelsbeauftragten massiv gedrängt, doch in das geplante pazifische Handelsabkommen TPP einen starken Markenschutz aufzunehmen. Das könnte dann dafür sorgen, dass Vietnam und eine Reihe anderer Länder die Packungen von Zigarettenmarken nicht mit Warnhinweisen versehen dürfen.

Schiedsgerichte kann man reformieren
Aber sollte man das wollen?

Sigmar Gabriel redet gern im Bundestag. Ihm liegt die Debatte. Im Februar 2015 hält er eine Rede über den Investorenschutz und die Schiedsgerichte (ISDS). Darüber, ob man ihn in die geplanten Freihandelsabkommen mit den USA und Kanada schreiben sollte, und wie es weitergehen soll mit dem umstrittenen Thema. Zu dem Zeitpunkt tobt darüber in der SPD schon ein kräftiger Streit. Auch Verfassungsrechtler kritisieren das Vorhaben. Früh schon wagt sich Andreas Fischer-Lescano, Europarechtler der Universität Bremen, an die Öffentlichkeit und schreibt in der *ZEIT*: «Längst nicht alles, was die EU-Kommission und die Regierungen politisch wollen, ist auch juristisch zulässig. Im Gegenteil: Es ist absehbar, dass zahlreiche Regelungen, die die Abkommen vorsehen, gegen das Grundgesetz und das Unionsrecht verstoßen werden.» Andere folgen nach. Siegfried Broß, der bis 2010 Richter am Bundesverfassungsgericht war, kritisiert in einem Gutachten für die gewerkschaftsnahe Hans-Böckler-Stiftung: Wenn ausländische Firmen gegen eine Regierung dort klagen dürften, bedeute dies, «dass der jeweils betroffene Vertragsstaat insoweit seine Souveränität und Gestaltungsmacht im Völkerrechtsverkehr aufgibt».

Gabriel scheint all das nicht besonders zu stören. Er begründet an jenem Tag, warum er Schiedsgerichte nun doch gut findet, auch in TTIP und CETA: «Ich weiß nicht, ob wir einen deutschen Mittelständler, der ein Investitionsproblem in Alabama hat, vor das dortige Amtsgericht schicken wollen, wo der Richter vor Ort gewählt wird; ob wir kleinen oder mittelständischen Unternehmen den Weg durch die amerikanischen Instanzen zumuten wollen. Die Wahrscheinlichkeit ist hoch, dass er pleite ist, bevor er Recht bekommen hat.»

Die Rede verwundert nicht nur die Genossen. Das hatte keiner erwartet. Am 12. September 2014, ein knappes halbes Jahr zuvor, hatte das Bundeswirtschaftsministerium in Brüssel noch folgende Erklärung zum Entwurf des CETA-Vertrags abgegeben: «Deutschland unterstreicht, dass aus Sicht der Bundesregierung Investitionsschutz in CETA nicht erforderlich ist. Zwischen entwickelten Rechtssystemen wie in Kanada und der EU braucht man keinen völkerrechtlichen Investitionsschutz.» So steht es jedenfalls in dem vertraulichen Bericht, den die deutschen Diplomaten aus Brüssel nach Berlin schickten. Der Minister höchstselbst hatte aber auch öffentlich immer wieder erklärt, er sei «überzeugt», dass «zwischen entwickelten Rechtssystemen» so eine Einrichtung eigentlich nicht nötig sei. Und er kennt auch Beispiele: Es gebe Freihandelsabkommen der USA und Kanada mit Singapur und Israel ohne ISDS.

Nun also die Kehrtwende. Es gibt dafür eine Erklärung, und sie ist nicht sehr schmeichelhaft: Gabriel hat zu TTIP und den Fragen, wie man die Weltwirtschaftsordnung besser und gerechter gestalten kann, vor allem ein taktisches Verhältnis. Das Thema interessiert ihn nicht besonders, es nervt ihn eher, und er möchte es schleunigst vom Tisch und aus den Medien haben. Deswegen schwankt auch seine Meinung darüber. Im Wirtschaftsministerium, das zuvor von Liberalen, Christsozialen oder sehr wirtschaftsliberalen Sozialdemokraten geführt wurde, arbeiten vor allem langjährige Anhänger der Schiedsgerichtsbarkeit. Nach und nach haben die den Minister wohl überzeugt, dass er, dass

Deutschland in dieser Sache beim europäisch-kanadischen Abkommen CETA sowieso nichts mehr grundsätzlich ändern kann. Also Augen zu und durch! Für den noch nicht fertigen TTIP-Vertrag findet Gabriel gemeinsam mit den europäischen Genossen eine Lösung, allerdings wird auch sie die Schiedsgerichtsbarkeit retten. Gemeinsam schlagen die sozialdemokratischen Handelsminister der EU im Februar 2015 eine Reform vor, Gabriel gibt die Information erleichtert an die Nachrichtenagenturen weiter. Guter Kompromiss, lauten viele Kommentare am Tag danach. Aber viele Wirtschaftsjournalisten finden das Thema ohnehin längst eher ermüdend, die juristischen Details kompliziert; da kommt ein Kompromiss sehr gelegen.

Schiedsgerichte ja – aber keine privaten

Gabriels Reform sieht vor, dass statt der bisher vorgesehenen privaten Schiedsgerichte bei Streit zwischen ausländischen Unternehmen und Staaten künftig ein öffentlicher Handelsgerichtshof entscheiden soll. Dort urteilen Berufsrichter, um die Interessenkonflikte der bisherigen Schiedsrichter auszuschließen. Außerdem soll es eine Berufungsmöglichkeit geben, und für unberechtigte Klagen sollen die Verantwortlichen zahlen. Der Minister belässt es nicht bei wolkigen Vorschlägen. Vom Erlanger Juristen Markus Krajewski, einem renommierten Kritiker des bestehenden ISDS, lässt sich sein Ministerium im Frühjahr 2015 ein konkreteres Konzept entwickeln, das die Kritik auffangen und zugleich den Investorenschutz retten soll. Krajewski schreibt also die Blaupause für eine Reform. Leitgedanke des Vorschlags ist es, dass ausländische Investoren im Vergleich mit einheimischen durch TTIP keine Sonderrechte bekommen sollen – es soll nur ihre Diskriminierung ausgeschlossen werden. Das Ändern von Gesetzen soll keinen Klagegrund darstellen, unklare Rechtsbegriffe (die dann von den Schiedsgerichten ausgelegt werden können) sollen vermieden, Schutzstandards klar präzisiert werden. Die Richter sollen nicht von den Streitparteien ausgesucht werden können, sondern schon vorher feststehen – von den Staaten ausgewählt. Im *Deutschlandfunk* fasst Krajewski seine Vorschläge so zusammen: Das seien «alles Regeln, die wir bei nationalen Gerichten natürlich auch kennen».

Erleichtert kommentiert Gabriel: «Mit dem Gutachten von Professor Krajewski liegt jetzt erstmals ein konkreter Vorschlag für einen TTIP-Vertragstext vor.» Auch in Brüssel atmet man auf. In der Kommission hatte man sich nicht nur wegen der wachsenden Proteste gesorgt. Dort grassierte auch eine Weile lang die Angst, dass mit der Bundesregierung der wichtigste Unterstützer von TTIP ins Lager der Schiedsgerichtsgegner wechseln könnte. In Brüssel will man jedoch den Investorenschutz unbedingt in künftigen Verträgen verankert sehen. Nun ist man erleichtert, dass das doch noch funktioniert, zumal auch die große Koalition im Europaparlament kurz vor der Sommerpause auf diese Linie einschwenkt.

Handelskommissarin Malmström nennt Gabriels Vorschlag «eine sehr gute Idee». Nun will auch Brüssel langfristig eine öffentliche Schiedsstelle bei der WTO schaffen, die in Konfliktfällen zwischen Unternehmen und Staaten entscheidet. Und es soll dort auch eine Berufungsinstanz geben. Für das TTIP-Abkommen mit Amerika soll zunächst ein bilaterales Berufungsgericht eingerichtet werden – quasi als Vorläufer. Das soll viel transparenter arbeiten als seine Vorgänger. Und die Kommissarin ist auch dafür, dass der Investorenschutz nicht neue Gesetze beispielsweise zum Schutz der Umwelt verhindern kann – solange die niemanden diskriminieren.

TTIP-Kritiker sehen den Vorstoß skeptisch. Für eine «Nebelkerze» hält Peter Fuchs von PowerShift die Sache. Mit Kanada, Singapur, Vietnam und anderen Ländern sei die EU ja weiterhin dabei, Verträge zu unterzeichnen, die den alten, fehlerhaften Investitionsschutz enthielten. Sie handle nur da, wo der öffentliche Druck besonders groß sei, nicht aus Überzeugung. Zwar hält auch Fuchs öffentliche Gerichte für besser als private, weil sich so beispielsweise die Interessenkonflikte der Richter, die sonst auch als Anwälte arbeiten, unterbinden ließen. Aber er findet den ganzen Fokus der Debatte immer noch grundsätzlich verkehrt: Von «verbindlichen Pflichten für internationale Investoren» und von «Klagerechten für Betroffene» stehe immer noch nichts in den Vorschlägen.

Doch nehmen wir an, es würde tatsächlich in Genf eine Art öffentliches Schiedsgericht installiert, an dem angestellte Richter arbeiten, die jeweils von den Ländern bezahlt würden, über deren Abkommen sie wachen. Wäre dann alles gut? «Spezielle Gerichte tendieren zu einer Seite», warnt der amerikanische Jurist Matthew Porterfield von der Georgetown Law School. Die Erfahrung zeige, dass auch professionelle Richter an solchen speziellen Kammern ihr Gebiet besonders wichtig finden. Ein Beispiel dafür seien die Patentfälle in den USA. Die Klagen über Patente habe man dort in einem Gericht, dem U. S. Court of Appeals for the Federal Circuit, gebündelt. Das Ergebnis: Das Gericht habe die Rechte der Patentinhaber immer weiter ausgelegt. Geändert wurde das erst, als der Oberste Gerichtshof der USA eine ganze Reihe von Urteilen aufhob. Als also ein Gericht einschritt, dessen Richter viele Interessen einer ganzen Gesellschaft im Blick haben. Doch so etwas wird es an den Schiedsgerichten nicht geben. Selbst wenn sie eine Berufungsinstanz bekommen, bleibt auch die auf das Feld spezialisiert. Ihre Urteile können nicht vom Supreme Court oder dem Bundesverfassungsgericht überprüft werden.

Doch selbst wenn man glaubt, dass die reformierten Schiedsgerichte nicht so schlimm sind, so stellt sich doch die viel wichtigere Frage: Brauchen wir das Ganze überhaupt?

Ignacio Garcia Bercero ist Direktor in der EU-Kommission,

Chefunterhändler für TTIP und damit einer der wichtigsten Männer hinter der Handelskommissarin Cecilia Malmström. Er sollte all die Fälle kennen, in denen europäische Unternehmer in Kanada oder den USA ungerecht behandelt wurden und denen Schiedsgerichte hätten helfen können. Im Frühjahr 2015, bei einer öffentlichen Diskussion der österreichischen Arbeiterkammer in Brüssel, wird Bercero danach gefragt. Doch er druckst herum. Ja, es habe den ein oder anderen Fall gegeben. Konkreter wird er nicht. Bis heute hat die EU-Kommission keine Liste von Betroffenen präsentiert. Sie kennt keine Fälle. Während sie auf ihrer Webseite sonst gerne mit konkreten Beispielen die potenziellen Vorteile von TTIP beschreibt, hat sie hier offensichtlich keine. Ähnlich ist es andersherum: Auch die US-Botschaft in Berlin kann keine Fälle von amerikanischen Unternehmen präsentieren, die in Deutschland diskriminiert wurden.

Und was ist mit dem Mittelständler, der in Alabama kein Recht bekommt? Der kanadische Jurist Gus Van Harten hat die öffentlich zugänglichen Informationen der vergangenen Jahre durchforstet. Er fand 45 Fälle, in denen mehr als 10 Millionen Euro Schadensersatz zugesprochen wurden. 64 Prozent des Schadensersatzes gingen an Unternehmen mit über 10 Milliarden Umsatz pro Jahr, 29 Prozent gingen an Unternehmen, die zwischen einer und 10 Milliarden umsetzen, und nur sieben Prozent an Unternehmen mit einem Umsatz unter einer Milliarde. Ein Blick in die Liste der Kläger zeigt: Da ist das «Who is who» der Weltkonzerne aktiv. Die Deutsche Bank hat 70 Millionen von Sri Lanka erstritten. Siemens bekam 279 Millionen von Argentinien. Chevron wurden 96 Millionen von Ecuador zugesprochen.

Mittelständler nutzen das Instrument kaum. Sie setzen auch nicht darauf, auch zukünftig nicht. Der Bundesverband der Deutschen Industrie (BDI), eine der vehementesten Lobbyisten für den Investitionsschutz, fragte im Frühjahr 2015 seine mittelständischen Mitglieder nach den Vorteilen, die sie von TTIP erwarten. Ganz unten in der Skala stehen die Schiedsgerichte, nicht einmal jeder Fünfte nennt sie. Alle anderen Rubriken sind den Unternehmen wichtiger.

Bisher investieren Amerikaner jedes Jahr mehr in Europa. Und umgekehrt ist es genauso. Und zwar ohne dass es den Investitionsschutz gibt. Die Ökonomen vom Center for European Policy Studies sind überzeugt, dass Schiedsgerichte dieses Verhalten auch kaum verändern würden. Sie halten ihn im Gegenteil sogar für gefährlich. In einer nüchternen Kosten-Nutzen-Analyse haben sie mögliche Kosten und Vorteile von ISDS für die Europäer abgewogen und kommen zu dem Ergebnis: Amerikanische Investoren nutzten traditionell sehr viel häufiger als Europäer ihre legalen Rechte, um in Verhandlungen etwas durchzusetzen. Auch wenn sie von staatlichen Stellen etwas wollen. Also sei die Wahrscheinlichkeit groß, dass es zu kostspieligen Prozessen kommen werde.

Die Wirtschaftsverbände werben trotzdem für den Investorenschutz bei TTIP – man brauche ihn, heißt es dort, damit er auch im Rest der Welt erhalten bleibt. Damit die deutschen Unternehmen in Pakistan weiter geschützt sind. Und damit China auch so einen Vertrag unterschreibt. Wirklich? Erstens hat Deutschland mit Pakistan längst einen bilateralen Investitionsschutzvertrag. Zweitens: Sollten wir nicht auch dort eher ein Interesse daran haben, langfristig das nationale Justizsystem zu stärken? Und drittens könnten Unternehmen, die in riskanten Ländern investieren und sich vor Verlusten fürchten, doch einfach eine Versicherung abschließen. Auch das wird in Deutschland übrigens staatlich unterstützt: durch Hermes-Bürgschaften. Und im Falle Chinas, das tatsächlich noch kein Investitionsschutzabkommen mit der EU hat, sollten wir vielleicht froh darüber sein. Längst hat sich die Situation von einst ins Gegenteil verkehrt. Das Land exportiert heute weltweit immense Summen und will seine Investoren bei uns geschützt sehen. Ein chinesischer Konzern hat Belgien auf hohen Schadensersatz verklagt, nicht umgekehrt. Die Europäer könnten also immer öfter Geld verlieren, wenn chinesische Multis sie irgendwann auf der Grundlage weitgreifender Investitionsverträge vor internationale Schiedsgerichte zerren dürfen.

Letztlich bleibt ein einziges Argument für den Investorenschutz bestehen – das aber hört man nur, wenn die Mikros ausgeschaltet sind und wenn man versichert, dass die Quelle anonym bleibt: Es geht ums Alles oder Nichts. Darum, ob dieses System überlebt – oder am Ende seine Legitimation verliert und abgeschafft wird. Denn wenn die Schiedsgerichte in einem Vertrag zwischen Europa und den USA nicht auftauchen, könnte das System auf der ganzen Welt ins Wanken geraten. Und das bedeutete Milliardenverluste für die Anwaltsbranche. Dann bräche ihr riesiges Geschäftsfeld weg. Deswegen setzen die Anwälte hinter den Kulissen alles daran, die Schiedsgerichte zu retten. Sie geben sich plötzlich reformfreudig, manche befürworten auf einmal ein öffentliches Klagesystem mit öffentlichen Richtern für TTIP. All das wäre immer noch viel besser als das Ende des Geschäftes. Denn es hätte den Riesenvorteil, dass die Regeln vieler anderer bilateraler Verträge einfach so bleiben könnten wie bisher. Weil es in anderen Ländern weniger Proteste und weniger Reformdruck gibt. Zudem können die Anwaltshonorare und die Gewinnbeteiligungen (wenn ein Fall zugunsten der Investoren entschieden wird und der Staat Schadensersatz zahlen muß) ja auch fließen, wenn vor einem öffentlichen Gericht verhandelt wird. In den USA ist das gang und gäbe. Also würde der Branchenumsatz, global gesehen, kaum sinken.

«ISDS zu reformieren ist, als ob man ein Schwein mit Lippenstift anmalt», sagt Ben Beachy von der amerikanischen Organisation Public Citizen. Harte Worte. Doch genau diese Schlussfolgerung hat offensichtlich eine ganze Reihe von Politikern inzwischen ebenfalls gezogen. Die Regierungen von Australien,

Argentinien, Bolivien, Brasilien, Ecuador, Indien, Südafrika haben Investitionsschutzverträge aufgekündigt oder gar nicht erst unterschrieben oder bekannt gegeben, keine weiteren Abkommen zu unterzeichnen.

So geht es bei der Frage, ob TTIP und CETA Klauseln über Schiedsgerichte enthalten sollen, um viel mehr als nur die beiden Verträge. Es geht darum, ob das System der privaten Gerichtsbarkeit sein globales Netz fast lückenlos schließen kann. Oder ob die wenigen mutigen Politiker und Regierungen unterstützt werden, die sich trauen, Nein zu sagen. Entschieden wird es in den kommenden Monaten. In Brüssel und in Berlin.

Undurchsichtig, unwiderruflich, undemokratisch
Was die Handelspolitik von der Demokratie
noch übrig lässt

Das Wissenschaftszentrum Berlin (WZB) liegt mitten in der Stadt, nur ein paar Schritte entfernt vom belebten Potsdamer Platz. Schließt man die große, mit Eisengittern verzierte Tür des wilhelminischen Bauwerkes hinter sich, betritt man eine andere Welt. Eine sehr stille und langsame. Im zweiten und dritten Stock arbeiten Menschen, die sich schon lange mit den sichtbaren und unsichtbaren Regeln beschäftigen, die die Demokratien lebendig erhalten.

Michael Zürn forscht seit den 80er Jahren über die Globalisierung, ihre Konsequenzen für Regierungen und Parlamente und ihre Folgen für die Bürger. Der Professor kann darüber mit Begeisterung reden. Vor ein paar Jahren hat Zürn voller Optimismus das «Regieren jenseits des Nationalstaats» beschrieben: wie immer häufiger internationale Organisationen grenzüberschreitende Probleme lösen. Wie das wiederum «tief in die Gesellschaft» zurückwirkt, wie sich somit eine globale Zivilgesellschaft entwickelt, in der kritische Bürger über Grenzen hinweg Kontakte knüpfen – und dann die EU, die Welthandelsorganisation und all die anderen wiederum zur Rechenschaft ziehen. Die würden so «aus der Sphäre der technokratischen Administration herausgeholt und politisiert». «Hoffnungsträger» nannte Zürn die internationalen Organisationen.

Für jeden, der heute Nachrichten sieht, klingt das ein wenig naiv. Die globale Kooperation erlebt nicht gerade einen Aufschwung. In Zeiten der Terrororganisation IS, angesichts neuer Ost-West-Konflikte, der Krise der EU und der Unfähigkeit der UN, die meisten großen Weltprobleme auch nur anzugehen, geschweige denn zu lösen, scheint eher das Gegenteil der Fall zu sein. Zürn ist jedoch auch heute noch «halbwegs optimistisch», und er kann das überzeugend begründen – allerdings muss man ihm folgen, mindestens einen Schritt weg von der Tagesaktualität und TTIP. Und hin zu der großen, grundsätzlichen Frage: Wie, wenn überhaupt, lassen sich die globalen Probleme, der Klimawandel oder die Ausbeutung von Menschen, lösen?

Zürns These ist einfach: Internationale Organisationen können bei solchen Problemen oft besser Entscheidungen treffen als die nationalen Parlamente allein – selbst wenn das für die Bürger manchmal schwer zu durchschauen ist. Und er geht noch einen Schritt weiter: «Internationale Institutionen können den demokratischen Prozess auf der nationalen Ebene schützen und stärken.» Zürn nennt das das «demokratische Paradox»: Wenn beispielsweise die Internationale Arbeitsorganisation (ILO) Mindeststandards beim Arbeitsschutz festlege, dann schränke das zwar die nationale Souveränität ein, lasse aber demokratischen Spielraum, um den Standard zu erreichen. Und verhindere einen Wettlauf nach unten.

Das Gegenbeispiel ist schlagend: Wenn der Kongress in den USA entscheide, nichts gegen den CO_2-Ausstoß des Landes zu tun, dann sei das zwar formal demokratisch. Allerdings lebten die unmittelbar Betroffenen nicht im Land selbst, sondern im Südpazifik. Dort gingen Inseln durch den steigenden Wasserpegel der Ozeane unter, deren Bewohner im Kongress jedoch keine Stimme hätten. Entscheider und Betroffene seien voneinander weit entfernt. Also könne es legitim sein (und erfolgreicher wäre es sowieso), solch eine Frage international zu lösen:

Indem die US-Regierung sich und auch die Nachfolger an internationale Verpflichtungen bindet – beispielsweise durch verbindliche Absprachen auf Klimagipfeln.

Legitimität von Institutionen und Entscheidungen, so sagt Zürn, entstehe in Demokratien auf drei ganz unterschiedliche Arten: durch den Prozess, also dadurch, wie sehr die Bürger an der Suche nach Lösungen beteiligt sind; durch den Schutz der Grundrechte, wie es durch die Gerichte geschieht; oder durch Erfolg, beispielsweise, wenn der Klimawandel endlich gestoppt würde.

Spricht man mit Zürn dann allerdings über Handelspolitik und die konkreten TTIP-Verhandlungen und fragt ihn, wie diese zu seiner Theorie passen, so wird er schweigsamer. Denn mit der hat auch er so seine Probleme. Zwar konnten Handelsrunden sich in der Vergangenheit durch ihre Erfolge legitimieren. Sie funktionierten – zumindest für Deutschland und andere Industrienationen. Deswegen interessierte sich ja hierzulande auch kaum jemand für sie. Aber inzwischen gibt es eben berechtigte Zweifel, ob der Preis dieser Politik nicht zu hoch wird und der Gewinn zu klein. Daher wollen heute immer mehr Leute mehr wissen, sie fühlen sich nicht richtig informiert, es fehlt ihnen die Möglichkeit, mitzureden. Sie spüren, dass da was nicht stimmt. Sie sorgen sich, dass neue Abkommen zu tief in ihr Leben, ihre Rechte und ihre Gesellschaft eingreifen. So gesehen, scheinen die aktuellen Verhandlungen über TTIP die ersten beiden Punkte des Zürn'schen Demokratie-Legitimitäts-Tests (Teilhabe am Prozess, Schutz der Grundrechte) eher nicht zu bestehen.

Cecilia Malmström würde das so nicht ausdrücken. Aber sie weiß es natürlich. Seit die Schwedin in Brüssel als Handelskommissarin arbeitet, werden Probleme dort nicht mehr ignoriert. Dass die Arbeit der Generaldirektion Handel unter einem massiven Imageproblem in Teilen der europäischen Bevölkerung leidet und ihr größtes Projekt, nämlich TTIP, ganz besonders, gilt auch in Brüssel heute als Tatsache. Es ist allen klar, dass sich etwas ändern muss. Wie tief der Wandel jedoch sein müsste, wie er organisiert werden sollte und wie schnell er umzusetzen wäre, das wagen nur die wenigsten zu denken.

Klar ist immerhin: Legitimität durch Erfolg (was das dritte Zürn'sche Kriterium wäre) kann sich bei TTIP bestenfalls in ein paar Jahren herstellen – und auch nur, wenn sich wirklich die erhofften ökonomischen Erfolge einstellen. Die aber sind unsicher und werden, wenn überhaupt, erst in ein paar Jahren spürbar. Möglicherweise ist das Abkommen da vorher schon gescheitert. Deswegen lautet Malmströms Maxime: mehr Legitimität durch mehr Transparenz. Wenn die Leute erst mehr wissen und verstehen, wenn sie sich mitgenommen und gehört fühlen, so ihre Hoffnung, dann verlieren sie die Furcht und werden die Handelspolitik wieder gut finden.

Schon das ist ein erheblicher Kulturwandel. Bis die Schwedin den Job in Brüssel übernahm, arbeitete die Generaldirektion Handel am liebsten fern der Öffentlichkeit. Was die Beamten mit den Diplomaten anderer Länder besprachen, was sie von ihnen verlangten und welche Zugeständnisse sie im Laufe von Verhandlungen machten, besprachen sie mit ihresgleichen oder denen, die sie dafür hielten: mit Beamten der Wirtschaftsministerien, mit den Lobbyisten der betroffenen Branchen und vielleicht noch mit ein paar Experten. Alle anderen wurden mit Allgemeinplätzen abgespeist.

Die Beamten plagte dabei keinerlei Unrechtsbewusstsein, sie vertraten ihre Praxis sogar vehement. Sehr häufig konnte man hören, dass sich die Leute ja ohnehin nicht interessierten: bei dem jüngsten Abkommen mit Singapur oder bei denen mit afrikanischen Staaten sei das genauso gewesen. Selbst wenn die Unterlagen bekannt geworden wären, hätten sie die meisten Bürger kaum interessiert. Das stimmt. Aber auch Reporter und NGOs, die trotzdem mehr wissen wollten, bekamen nicht viel mehr Informationen. Ihnen wurde erklärt, dass man nichts sagen dürfe, weil man die andere Seite im Unklaren über die eigenen roten Linien lassen müsse und über die Zugeständnisse, die man bereit sei zu machen. Handelsgespräche, so das Argument, seien auch Pokerrunden. Darauf waren viele Verhandler sogar stolz. Sie waren nicht wie die anderen Beamten der Kommission. Keine Aktenschieber. Sie sahen sich eher als coole Jungs, die in langen, harten Nächten das Beste für ihre Seite herausholen. Von solchen wie ihnen gebe es weltweit nur ein paar hundert in den Wirtschaftsministerien. Nur diese verstünden sie wirklich, nur mit ihnen teile man die Sprache, wer sonst verstehe schon die schwierige Materie …

Natürlich klappte die Geheimhaltung nicht immer. Seit Wikileaks monatlich mit neuen Überraschungen aufwartet, seit alle lesen können, was die NSA beim Abhören der Europäer alles herausgefunden hat, sowieso nicht mehr. Aber auch in den Jahren zuvor funktionierte es immer weniger. Schon während der Welthandelskonferenzen in Seattle und Cancun forderten die NGOs nicht nur vehement Informationen ein. Auch damals wurden schon Papiere geleakt. Und als die EU-Kommission das ACTA-Abkommen 2012 still und ohne Aufsehen durch das EU-Parlament bringen wollte, verteilte die Internet-Gemeinde blitzschnell die brisanten Texte. Es folgte ein kurzer, aber heftiger Proteststurm und das Vorhaben scheiterte im Europaparlament.

Alte Gewohnheiten sterben nur langsam, lautet ein englisches Sprichwort. Das gilt auch für Brüssel, die Kommission lernte aus alldem lange nichts. In der Rückschau ist die Ignoranz der Handelsleute verblüffend: dass sie auch bei den TTIP-Verhandlungen wieder annahmen, sie könnten die in aller Stille abwickeln. Dass sie wohl wirklich gehofft hatten, bis auf die üblichen paar Verdächtigen werde sich niemand weiter aufregen. Noch auf einer Veranstaltung des deutschen Wirtschaftsministeriums im Mai 2014 reagierte der damals zuständige EU-Kommissar Karel De

Gucht brüsk auf die Frage, wie er denn auf die Bedenken und die Kritik der 500 000 Menschen eingehen werde, die mittlerweile gegen TTIP unterschrieben hätten. Er sagte nur kurz und ziemlich arrogant: «Ich vertrete 500 Millionen.» Der Belgier dachte damals offenbar ernsthaft, dass das als Antwort reicht.

Es reichte nicht. Deswegen versucht es seine Nachfolgerin nun seit geraumer Zeit anders: Sie hört zu, argumentiert, erklärt. Den Protest hat das allerdings nicht besänftigt. Erstaunlich ist das nur für die, die sich wenig mit dem Thema beschäftigen. Wer genauer hinhört, merkt schnell: Erstens ist längst immer noch nicht alles so durchsichtig, wie Brüssel es gerne erscheinen lässt. Zweitens erfahren jetzt viele Bürger durch die Lektüre der bekannten Dokumente vieles, das sie nicht mögen. Und drittens haben sie ja immer noch das berechtigte Gefühl: Jetzt redet man mit uns, aber zu sagen haben wir trotzdem nichts. Es beginnt damit, dass selbst politisch kundige Menschen kaum erkennen können, wann, ob und wie sie die Handelspolitik beeinflussen können. Wer weiß schon, wie aus TTIP am Ende Völkerrecht wird? Was die Bundesregierung dabei zu sagen hat? Wie der lokale Bundestagsabgeordnete mitwirken kann? Oder gar der Bürger selbst?

Herta Däubler-Gmelin guckt verärgert. Die SPD-Politikerin war Justizministerin und müsste also wissen, wie die demokratische Teilhabe bei solchen großen Projekten abläuft. Doch am Rande einer Diskussionsveranstaltung der Friedrich-Ebert-Stiftung über TTIP in Berlin debattiert sie minutenlang erregt mit einem anderen erfahrenen Juristen. Sie sind sich uneinig, wann ein Abkommen wirklich in Kraft tritt. Ob Teile tatsächlich schon wirksam werden können, bevor die Parlamente aller involvierten Staaten zugestimmt haben. Oder doch nicht?

Zwei Juristen, zwei Meinungen, das ist nicht ungewöhnlich. Aber dieser Fall verweist auf ein besonderes Problem: Schließlich geht es um die wichtige Frage, wann und wie Deutschland durch einen völkerrechtlichen Vertrag gebunden sein wird. Wann Paragraphen, die kein Bundestag und kein Bürger mehr verändern kann, in Deutschland wirksam werden.

Unumstritten scheint folgender Ablauf: Die Kommission schreibt ihr Verhandlungsmandat. Dem müssen die Regierungen zustimmen. Danach verhandelt die Kommissarin, bei TTIP beispielsweise mit der amerikanischen Regierung. Wenn diese sich auf einen gemeinsamen Vertragstext geeinigt haben und es hinter den Kulissen keinen massiven Widerspruch durch eine europäische Regierung gibt, unterzeichnen sie ihn. Dann wird er veröffentlicht und zur «legalen Überarbeitung» in die Hauptstädte verschickt. Das heißt, jetzt dürfen die Juristen der Regierungsapparate noch mal genau jeden Paragraphen lesen und ein bisschen feilen. In diesem Stadium befindet sich der CETA-Vertrag mit Kanada. An diesem Text kann eigentlich nur noch wenig verändert werden, denn dann müsste die Gegenseite ja auch wieder zustimmen – und die Verhandlungen begännen von neuem. Eigentlich können die Regierungen und Abgeordneten nur noch zustimmen oder ablehnen – wobei es eben um die Frage, welche Abgeordneten abstimmen dürfen, immer wieder Krach gibt: nur die des Europäischen Parlaments oder auch die des Bundestags? Oder reicht da die Zustimmung der Bundesregierung?

Darüber streiten sich tatsächlich nicht nur hochkarätige deutsche Juristen. In den vergangenen Monaten diskutierten Rechtsexperten der Kommission, der Regierungen, der Parlamente. Die Kommission wollte eine Zeit lang sogar den Europäischen Gerichtshof einschalten – um die Zuständigkeit für den Singapur-Vertrag endgültig klären zu lassen. Sie hoffte, so eine Abstimmung im Bundestag und andere nationale Parlamente vermeiden zu können. Frei nach dem Motto: Je weniger Politiker wir an unseren Entscheidungen beteiligen müssen, desto weniger Ärger gibt es. Auch beim CETA-Vertrag hat die Kommission eine Weile versucht, die Rechte der nationalen Parlamente in Frage zu stellen. Dann aber wurde ihr das politisch zu heikel. So ein Schritt in diesen Zeiten hätte die Behörde noch unpopulärer gemacht. So hat sie ihr Ansinnen erst einmal vertagt.

Trotzdem hat der Bundestag, sogar wenn er am Ende über Teile von CETA abstimmen wird, realistisch betrachtet nur noch wenig Einfluss. Das Ändern selbst höchst umstrittener Passagen ist schwer. Und deswegen ablehnen? Nur wenige Abgeordnete der große Koalition würden es am Ende wagen, etwas abzulehnen, das Angela Merkel und Sigmar Gabriel wollen. Im Europaparlament ist die Lage nicht viel anders. Zwar hat sich das EU-Parlament in der Vergangenheit immer mal wieder eingemischt – und mitunter mutig gehandelt. Es lehnte beispielsweise ACTA ab. Doch wenn das Interesse der Hauptstädte groß ist, wird es auch für Abgeordnete in Straßburg schwieriger, eine eigene, von der nationalen Parteiführung unabhängige Entscheidung zu treffen. Im Frühjahr 2015 war das deutlich zu sehen. Da hatten einige Parlamentsausschüsse kritische Beschlüsse zu den Schiedsgerichten verabschiedet. Dann jedoch erhöhten die Regierungen den Druck auf ihre Abgeordneten, darunter die SPD-Spitze den auf die Genossen. Und so lenkte das EU-Parlament schließlich ein und verabschiedete mit den Stimmen der dortigen großen Koalition eine Resolution, die für die Schiedsgerichte mit ein paar Einschränkungen grünes Licht gab. Das Problem liegt also nicht nur in Brüssel, es liegt auch in Berlin. Nicht nur die Kommission, auch die meisten Regierungen peitschen Handelspolitik gern durch – und senken so deren Akzeptanz.

Und wo bleiben die Bürger? Wo das einzelne Individuum? «Das Rückgrat der Demokratie als Lebensform mit weit gespannten Mit- und Selbstbestimmungsrechten ist der eigensinnige und politisch urteilsfähige Mensch», hat der Soziologe Oskar Negt einst geschrieben. Nur ist es in der Handelspolitik für die meisten Bürger schon schwierig, überhaupt über den jeweiligen Stand der Dinge informiert zu bleiben. Mitwirkung ist nahezu unmöglich. CETA zeigt das exemplarisch. Das Mandat schrieb die EU-Kommission heimlich, es ist bis heute nicht bekannt. Dann verhandelte sie im Geheimen. Sie unterschrieb und veröffentlichte den Vertragstext dann mit der ultimativen Warnung: Wer jetzt noch etwas verändern will, gefährdet das ganze Projekt.

Und als ob das noch nicht genug wäre, gibt es tatsächlich in dem Vertrag auch noch Klauseln, die dafür sorgen, dass Teile schon wirksam werden können, bevor überhaupt alle Parlamente zugestimmt haben. Das ist nicht einmal ungewöhnlich, bei einem Handelsabkommen zwischen der EU und Südkorea war das ebenso.

Ergo: Eine kritische öffentliche Debatte passt einfach nie in den Zeitplan der Handelspolitiker. Am Anfang nicht, weil sie da auf Geheimhaltung pochen. Und am Ende nicht, weil dann schon alles fertig verhandelt ist. Eigentlich verlangt die EU-Kommission nichts anders als eine *carte blanche*. «Die ganze Art, wie das läuft, ist antidemokratisch», sagt Heribert Prantl, Innenpolitikchef der *Süddeutschen Zeitung*: «Dass da die Bürger sagen, das geht nicht, ist selbstverständlich. Da müssen beizeiten die Menschen, die Parlamente mitreden können.»

Im zweiten Stock des Wissenschaftszentrums Berlin, nur wenige Treppen und Flure von Michael Zürn entfernt, arbeitet Wolfgang Merkel. Das Zimmer ist voll mit Bücherregalen. Auf dem runden Konferenztisch liegen Bücher und Papierberge, auf dem Schreibtisch neben dem Computer sowieso. Merkel sollte man besuchen, wenn man etwas über den Zustand der Demokratie wissen will. Der Politologe hat erforscht, wie zufrieden die Bürger mit der Politik sind, wie sehr sie sich gefragt, gehört und beteiligt fühlen. Er hat ihre Haltung mit der der vergangenen Jahrzehnte verglichen, sich nicht nur die Wahlbeteiligung angeschaut, sondern auch Umfragen aller Art. Und er kann erstaunliche Dinge erzählen.

Merkel greift sich ein Schaubild mit einer Kurve und zeigt auf ihren Verlauf. Zwei Jahreszahlen hebt er hervor: heute und 1973. Beide Male ist die Zustimmung der Bürger zur deutschen Demokratie etwa gleich hoch. Dazwischen gibt es ein paar Schwankungen. Aber trotz Eurokrise, trotz Flüchtlingselend, trotz AfD und TTIP liegt der heutige Wert so hoch wie zu den sehr politischen Aufbruchszeiten unter Willy Brandt. «Alarmistische Krisenszenarien für die Zukunft der entwickelten Demokratien sind theoretisch wenig überzeugend und empirisch meist nicht begründet», hat Merkel gerade in einem Aufsatz für die *Neue Gesellschaft* formuliert. Er mag den modischen Abgesang nicht, den manche seiner Kollegen auf die Demokratie pflegen. Gern streitet er sich deswegen auch mit Leuten wie dem britischen Soziologen Colin Crouch, die uns in der «Postdemokratie» wähnen, in der die Bürger nur noch pro forma wählen dürfen, aber de facto nichts zu sagen haben und deswegen immer unzufriedener werden.

«Krise, immer Krise. Wir haben seit 50 Jahren eine Krise der Demokratie. Das kann entweder nicht stimmen, oder aber diese Krise kann nicht so schlimm sein», schreibt der Professor und setzt hinzu: «Krisendiagnosen der Demokratie sind so alt wie diese selbst. Wie ein unzerreißbarer Faden ziehen sie sich durch das philosophische und politische Denken des Abendlandes.» Merkel ist ein Demokratieoptimist. Aber er ist kein Schönredner. Deswegen macht er sich natürlich auch Sorgen: die sinkende Wahlbeteiligung, die EU. Anders als sein Kollege Zürn aus dem Stockwerk über ihm glaubt er nicht, dass sich viele Probleme durch von der Zivilgesellschaft angetriebene internationale Institutionen lösen lassen. Darüber streiten die beiden gern. Einig aber sind sie sich, dass die Wirtschaftspolitik zu den demokratischen Problemzonen der EU gehört. Wolfgang Merkel fordert deswegen beispielsweise, keine weiteren Zuständigkeiten mehr an Europa abzugeben – bis die demokratischen Beteiligungen besser geregelt sind.

Genau das Gegenteil könnte passieren, wenn die Pläne der

EU-Kommission Wirklichkeit werden – und zwar durch die sogenannte «regulatorische Kooperation». Wenn TTIP und CETA erst einmal in Kraft getreten sind, sollen Behördenvertreter auf beiden Seiten des Atlantiks stärker miteinander kooperieren. Sie sollen sich gegenseitig früh über neue Gesetzesinitiativen informieren, die andere Seite und die Vertreter der betroffenen Interessengruppen anhören. Ein gemeinsamer Ausschuss soll sich selbständig Bereiche suchen können und prüfen, ob man dort gemeinsame Standards entwickeln kann. Das mag harmlos klingen. Auf den zweiten Blick jedoch werden die Gefahren einer solchen Einrichtung klar. Und durch ein konkretes Beispiel.

Bisher kann die EU-Kommission reagieren, wenn sich bestimmte Stoffe oder Entwicklungen als gefährlich herausstellen. Sie schreibt eine Richtlinie. Dann stimmen der Rat der Regierungen und das EU-Parlament darüber ab. Geben sie grünes Licht, müssen die Mitgliedsstaaten das Ganze in ein nationales Gesetz verwandeln. So etwas dauert, aber es funktioniert halbwegs. Treten nun TTIP oder CETA in Kraft, müsste die Idee, noch bevor überhaupt ein gewählter europäischer Politiker etwas davon erfährt, im Ausschuss mit den amerikanischen oder kanadischen Behörden besprochen und die dortigen betroffenen «Interessengruppen» gehört werden. Noch bevor also die politische Diskussion beginnt, könnte die Industrie mit ihrer Lobbyarbeit beginnen.

Mit dem Blick des geübten Juristen hat Peter-Tobias Stoll, Direktor am Institut für Völkerrecht der Universität Göttingen und Leiter der Abteilung Internationales Wirtschafts- und Umweltrecht, die Vorschläge der Kommission geprüft. Er hat die Entwürfe der Behörde zu TTIP und den bereits vorliegenden CETA-Vertrag analysiert, denn auch der soll einen Regulierungsrat einführen. Die Lektüre hat bei ihm die Alarmglocken schrillen lassen: Die künftige Arbeit des Ausschusses könne durchaus Regeln betreffen, die «dem Schutz der Sozialpartner, der Verbraucher und der Umwelt» dienen. Zwar sprechen die TTIP-Entwürfe von hohen Schutzstandards und dem Recht, Gesetze zu erlassen. Stoll bezweifelt aber, ob diese ganz allgemein gehaltenen Bekenntnisse viel helfen. Die regulatorische Kooperation müsse sich mitnichten, wie die Kommission es behauptet, nur auf «technische Bereiche» beschränken. Sehr schnell könnten hochpolitische Themen auf der Tagesordnung stehen.

Beispielsweise die Gentechnik. Im April 2015 hatte Kommissionspräsident Jean-Claude Juncker den Mitgliedsstaaten freigestellt, ob sie den Anbau gentechnisch veränderter Pflanzen erlauben. Er wollte endlich Ruhe in ein heiß umstrittenes Thema bringen. Von der anderen Seite des Atlantiks kam prompt empörter Protest, amerikanische Saatgutfirmen wüten schon seit langem gegen die europäischen Verbote. «Wir sind sehr enttäuscht durch die Ankündigung, die sich schwer mit den internationalen Verpflichtungen der EU in Einklang bringen lässt», kommentierte der amerikanische Handelsbeauftragte Michael Froman die Juncker-Initiative. Und sein Chefunterhändler Dan Mullaney sagte, das verstärke den Ruf der EU als «wenig vertrauenswürdiger Vertreter bei internationalen Handelsgesprächen». Künftig müsste die EU solche Aktionen schon im Vorfeld den US-Behörden und den betroffenen Lobbys mitteilen – und rechtfertigen.

Stoll findet die regulatorische Kooperation auch deswegen so gefährlich, weil unklar sei, wie viel Abgeordnete überhaupt von der Arbeit des Ausschusses erfahren werden. Davon hängt aber ab, wie sehr sie ihn kontrollieren können. Der Wissenschaftler schreibt: «Die weitgehenden Möglichkeiten der künftigen Regulierungszusammenarbeit sind durch eine nur einmalige Befassung des Europäischen Parlaments bei Abschluss der Abkommen nicht ausreichend demokratisch zu legitimieren.» Besonders fatal ist das, weil die Beschlüsse des Ausschusses, der ja auf der Basis von TTIP arbeiten wird, dann ohne weiteres für die gesamte EU verbindlich werden.

«Da wird tief in die Rechte von Regierungen, Ländern und Gemeinden eingegriffen», warnt auch Ursula Pachl von den europäischen Verbraucherverbänden BEUC. Es gehe hier nicht mehr um Handelsfragen, sondern um die Souveränität. Die Verbrauchervertreterin kritisiert die Kommission häufig, doch selten mit so harten Worten. Die regulatorische Kooperation ist jedoch auch für sie eine Grenzüberschreitung. Sie sei ein weiterer Beleg für einen unseligen Trend: Unter dem Vorwand der Entbürokratisierung und Effizienz würden demokratische Prinzipien und Mitbestimmungsrechte ausgehebelt. Die regulatorische Kooperation, so Pachl, passe leider hervorragend zu der Initiative, die jüngst unter der Obhut Frans Timmermans', des Vizepräsidenten der Kommission, startete. Auch sie soll die EU wirtschaftsfreundlicher machen: Geplante Richtlinien sollen künftig erst einmal von einer internen Gruppe daraufhin geprüft werden, ob sie der Wettbewerbsfähigkeit schaden. Andere Kriterien, die Umwelt oder Soziales, spielen dabei keine Rolle. Inzwischen sind deswegen auch die Gewerkschaften hellwach, DGB-Chef Reiner Hoffmann vermutet «ein großangelegtes Programm zum Abbau von Mindeststandards im Arbeitsrecht, in der Sozial- und Umweltpolitik sowie im Verbraucherschutz.»

Von Amerika lernen ...

Aber vielleicht lernt die EU ganz einfach nur aus den Erfahrungen in den USA. In Washington gibt es im Weißen Haus das Office of Information and Regulatory Affairs (OIRA). Dieses mächtige Büro prüft geplante Gesetze auf ihren ökonomischen Nutzen – bevor die Regierung sie zur Abstimmung stellt. «Manchmal hängen Vorschläge in der OIRA auf Jahre fest», warnt die amerikanische Juristin Sharon Treat. Vor allem Umweltgesetze würden dort einen langsamen Tod sterben. Gesetzentwürfe zum strengeren Umgang mit Chemikalien seien in der

OIRA immer wieder gescheitert. Eines nach 619 Tagen, ein anderes nach 1213.

Die Amerikanerin hat lange als Abgeordnete in Maine gearbeitet und die Macht der Behörde erlebt. Sie ist sehr besorgt, dass sich ähnliche Gremien nun auch in Europa oder durch TTIP gar als transatlantische Einrichtung etablieren könnten. Denn von Timmermans' Gruppe und der OIRA ist es in einer gemeinsamen Freihandelszone ja nur noch ein kleiner Schritt zu einem gemeinsamen Regulierungsausschuss. Offiziell würde der die Bürokratie bekämpfen und die Demokratie schneller und effizienter machen. In Wahrheit aber würden einfach Regeln, die die Wirtschaft stören, aus dem Weg geräumt – ohne dass Umweltschützer, Bürgerrechtler oder Gewerkschaften dazwischenfunken können. Treat sagt: «Europäische Politiker sollten so schnell wie möglich vor jedem Vorschlag davonlaufen, der eine solche Institution möglich macht.»

Eines hat die Vergangenheit gezeigt: Wann immer möglich, hat die EU-Kommission ihre Macht genutzt und ausgebaut. Manche Kritiker sagen, dass sie beispielsweise den Investorenschutz und die Schiedsgerichte auch deswegen so vehement verteidigt, weil sie seit kurzem dafür zuständig ist. Sonst wäre ihr das Thema herzlich egal. So aber kann sie Neuland erobern.

Brüssel werde empfunden wie ein fremder Steuerungsapparat und nicht als Ausdruck des eigenen politischen Willens, hat Jürgen Habermas unlängst kritisiert und in der ZEIT eine europäische Wirtschaftsregierung als Antwort gefordert, also eine Vertiefung Europas ohne das ständige Ausleben nationaler Partikularinteressen. Über diese Schlussfolgerung lässt sich ausgiebig diskutieren, doch eine andere Idee des großen Philosophen würde der EU sicher helfen – auch als Soforttherapie. Habermas hat immer wieder die deliberative Demokratie als sein Ideal beschrieben. In der sollten bei Themen von großer Relevanz möglichst viele Menschen an der Willensbildung beteiligt werden und nicht nur eine kleine Gruppe vermeintlicher Repräsentanten.

Brüssel könnte sich also ganz konkret von den Europäern ein neues Mandat für die Handelspolitik geben lassen. Dazu müsste das Thema den Handelsexperten allerdings weggenommen werden. Sie dürften zwar noch mitarbeiten, aber auch andere Teile der Kommission, der Regierungen, Parteien und Gesellschaften müssten die neue, moderne Politik mitentwerfen. Sie müssten diskutieren, was in Abkommen verhandelt werden darf und was nicht. Und wie das alles besser zum europäischen Selbstbild passen könnte. Das klingt kompliziert, aber es wäre in Wahrheit gar nicht so schwer. Und es wäre auch gar nicht schwer, die Punkte zu finden, über die sich Europäer vergleichsweise einig sind – trotz aller Krisen. Immer wieder haben sie sich beispielsweise für ein Sozialsystem ausgesprochen. Oder für mehr Klimaschutz. Für Menschenrechte. Für ein Verfügungsrecht über ihre eigenen Daten. Hätte die Kommission vorher hingehört, würde sie bei TTIP sicher mit den Amerikanern nicht so viel über Lebensmittel reden. Dafür aber mehr über Google, die NSA und Datensicherheit. Denn das interessiert Bürger und Unternehmen. So etwas setzt allerdings die Erkenntnis voraus, dass man so große Projekte wie TTIP nicht im Hinterstübchen aushecken kann. Dass es nicht mehr so weitergehen kann wie bisher, dass ein paar kosmetische Korrekturen und ein wenig mehr Transparenz nicht reichen.

Kunst ist schön, macht aber viel Arbeit, hat Karl Valentin einmal gesagt.

Das gilt auch für die Demokratie.

Der Westen, seine Werte und der Welthandel
Können Abkommen wie TTIP die Welt
besser machen?

Die Sache mit dem Westen, den Werten und dem Welthandel ist kompliziert. Fangen wir mit dem Westen an: Abu Ghraib, Guantánamo und Snowdens Enthüllungen haben dem Ansehen Amerikas geschadet. Europa leuchtet als Vorbild weltweit auch nicht mehr ganz so stark, man denke nur an den Umgang mit Flüchtlingen oder die Eurokrise. Und auch das Verhältnis zueinander war schon mal besser. Seit der NSA-Abhöraffäre sinkt die Wertschätzung der Amerikaner rasant. Ein Report des German Marshall Fund (GMF) warnt im Frühjahr 2015: Früher war die Bedeutung der Allianz selbstverständlich. Heute müsse man den Bürgern den Nutzen von mehr transatlantischer Kooperation neu demonstrieren.

Einen transatlantischen Weg aus der Misere, so findet Daniel Hamilton, könnte TTIP weisen. Hamilton hat große Teile seines Berufslebens als Diplomat in den USA und Europa verbracht. Oder im Flugzeug über dem Atlantik. Heute arbeitet er als Direktor des Institutes für transatlantische Beziehungen an der Johns Hopkins Universität (SAIS), berät Microsoft und den Transatlantic Business Roundtable. Er trifft nicht nur in Washington auf offene Türen, sondern auch in den außenpolitischen Zirkeln in Brüssel und Berlin. Für ihn sind die USA und die EU nach wie vor der «Dreh- und Angelpunkt» der Weltwirtschaft, trotz des rasanten Aufschwungs in Asien. Jetzt hofft er auf einen neuen Schub für das transatlantische Bündnis: «Bei TTIP geht es um viel mehr als nur um Handel. Es positioniert die USA und die EU für die Welt von morgen. Es stärkt die Wirtschaft, die Sicherheit, die politische und soziale Kohäsion und das Vertrauen des Westens und die Attraktivität des westlichen Modells.»

Mag sein, dass die Biographie des Mannes seinen Blick ein wenig verklärt. Im Weißen Haus findet man die Stärkung des Westens durch TTIP derzeit jedenfalls nicht ganz so dringlich. Dort steht ein Handelsabkommen mit Asien eindeutig an erster Stelle. Doch eines gilt auch dort: TTIP wird als Teil einer breiter angelegten außenpolitischen Strategie gesehen. Hillary Clinton, die Ex-Präsidentengattin, Ex-Außenministerin und möglicherweise zukünftige Präsidentin der USA forderte, dass das geplante europäisch-amerikanische Freihandelsabkommen eine Art «ökonomische Nato» wird. Die Idee wurde in der außen- und sicherheitspolitischen Gemeinde Washingtons sofort begrüßt, sicher auch, weil dort niemand ein kompliziertes Verhältnis zur Nato hat. Im Mai 2015, als der Streit um die Handelspolitik von Präsident Obama heftig tobte, mischten sich gleich 17 ehemalige Verteidigungsminister und Generäle gemeinsam ein und schrieben einen offenen Brief an den Kongress. Darin forderten sie die Abgeordneten auf, doch «bitte» den Präsidenten bei seinem Engagement für die Handelsabkommen mit Asien und Europa zu unterstützen: Beide seien starke «Symbole» dafür, dass Amerika die Welt auch künftig führe.

Solche Worte bauen auf eine tiefe Tradition. «Alle anderen Präsidenten haben in der Nachkriegszeit alle Liberalisierungsabkommen immer mit dieser Mischung von Argumenten begründet», sagt Christoph Scherrer, Professor an der Universität Kassel, der lange zu dem Thema geforscht hat: Mit ökonomischen Argumenten allein hätte die Mehrheit der US-Bevölkerung von den Vorteilen solcher Abkommen nicht überzeugt werden können. John F. Kennedy nannte seine Handelspolitik im Jahr 1962 den «Ausdruck von Amerikas Führung der freien Welt». In Erinnerung daran erklärt der US-Handelsbeauftragte Michael Froman im Juni 2014 vor dem Council on Foreign Relations in New York seinen Job so: «Amerikanische Führung, praktiziert durch Handel, kann die Grundlage unserer Macht stärken, die amerikanische Wirtschaft. In einer Welt, in der Marktkräfte genauso viel Gewicht haben wie das Militär, ist die Stärkung des Handels ein Multiplikator und eine Investition in die amerikanische Macht.»

Europa formuliert es weicher – und meint dasselbe

Hierzulande mögen es die meisten Politiker nicht so schneidig wie ihre amerikanischen Kollegen. Sie würden sich scheuen, TTIP mit der Nato gleichzusetzen. Sie wissen, dass viele Wähler das Martialische nicht schätzen. Auf einem Parteitag in Nürnberg im Dezember 2014 verglich Bundeskanzlerin Angela Merkel den Kampf für TTIP zwar mit politischen Großdebatten wie dem Nato-Doppelbeschluss in den 80er Jahren. Derartiges müsse gerade die Union auch diesmal durchstehen. Doch auch sie nutzt lieber andere Argumente. Ganz oben auf der Liste der Politiker steht deswegen nach dem «Wachstum» und den «Jobs» das Wort «Werte». Manchmal auch noch der «geostrategische Vorteil». EU-Handelskommissarin Cecilia Malmström lockt gern damit, dass das Handelsabkommen die «europäische Stimme» in der Welt verstärken werde. Und Außenminister Frank-Walter Steinmeier sagte im März 2015 während eines Besuches in den USA: Bei TTIP handele es sich um den Versuch, mit einem der wichtigsten Partner «die Regeln und Standards der Globalisierung zu prägen.» Bevor anderes es täten. Wirtschaftsminister Sigmar Gabriel wiederum bemüht die nächste Generation: «Wenn wir – und zwar in Verantwortung für diejenigen, die nach uns kommen, für unsere Kinder – die Balance halten wollen, müssen wir doch Partner suchen. Das müssen wir machen, wenn wir in dieser veränderten Welt noch eine Stimme haben wollen.»

Die Politiker auf beiden Seiten des Atlantiks reden zwar unterschiedlich über das Projekt. Dennoch verbindet sie die eine, gleiche vage Hoffnung: TTIP soll dem Westen guttun. Sie hoffen, dass dadurch Amerikaner und Europäer wieder öfter an einem Tisch sitzen und zusammen Projekte entwickeln, statt sich zu streiten. Dass beide gemeinsame Standards entwickeln. Und dass der Westen so anderswo geeinter auftreten wird – auch für die gleichen Werte. Nur: Wieso sollten ausgerechnet europäisch-amerikanische Normen für Schrauben unsere Stimme im Rest der Welt verstärken?

Meistens erntet man auf diese Frage ein Grinsen. So banal sei das Ganze nicht, heißt es dann. Es gehe bei TTIP ja nicht nur um Normen für Schrauben. Doch wenn die Mikrophone aus sind, gesteht so mancher Außenpolitiker, dass er sich so genau und im Einzelnen nicht darum kümmere, was bei TTIP denn konkret verhandelt wird. Er fügt dann aber schnell hinzu: Das sei auch nicht so wichtig. Und das Abkommen sei ja noch gar nicht da. So eine Haltung ist verständlich, einerseits. Die Diskussionen der Handelsexperten in Washington, New York oder Brüssel sind nun mal im Detail höchst kompliziert. Doch genau das offenbart das Problem der politischen Elite, andererseits. Da sich die meisten einflussreichen Politiker fast nie konkret damit beschäftigen, worüber in den Handelsrunden geredet wird, gehen sie ein großes Risiko ein: Sie überhöhen TTIP. Sie verhalten sich wie Kinder mit Wundertüten, in denen Plastikspielzeug ist. Sie ahnen zwar, was drin sein könnte – hoffen aber trotzdem auf eine tolle Überraschung.

Sie reden über Werte – wo es bestenfalls um die Gewinde von Schrauben geht.

Nun mag ja auch die transatlantische Normierung von Schrauben den Westen irgendwie stärken. Möglicherweise. Langfristig gedacht. Weil dadurch vielleicht die Wirtschaft wächst, damit der ökonomische und so auch der politische Einfluss in der Welt größer wird, was dann für die Verbreitung von Werten genutzt werden könnte. Es kann sogar sein, dass die damit verbundene transatlantische Integration das politischen Verhältnis verbessert. Aber es kann genauso gut auch das Gegenteil passieren. «So war das Verhältnis zwischen Deutschland und Griechenland vor Einführung des Euro sicherlich freundlicher als nach der Eurokrise», schreibt der Politologe Christoph Scherrer und fährt fort: «Die engen wirtschaftlichen und politischen Verflechtungen innerhalb von Großbritannien konnten nicht verhindern, dass eine starke Minderheit die Abspaltung Schottlands von England fordert.»

Was müsste passieren, wenn der Westen seine Werte ernst nehmen würde?

Was aber müsste passieren, damit es bei TTIP wirklich um gemeinsame Werte geht? Denn die gibt es ja durchaus. Europäer und Amerikaner teilen zumindest in ihren guten Stunden eine ganze Reihe von Idealen. Es gibt den tief verankerten Glauben an die Universalität der Menschenrechte, die Demokratie, die Meinungsfreiheit. Es ist unendlich leicht, den Westen an diesen eigenen Idealen zu messen und zum Verräter in allen Disziplinen zu erklären. Doch kann man ihn immerhin an etwas messen. Es gibt die gelebte Praxis. Es existiert auf beiden Seiten des Atlantiks eine kritische Öffentlichkeit, der Protest gegen TTIP ist ein Teil davon. Journalisten können Politiker in der Regel an ihren Worten messen, ohne direkt in den Knast zu wandern. Das ist, daran muss man sich immer wieder erinnern, in den meisten Teilen der Welt leider keine Selbstverständlichkeit. Der Historiker Heinrich August Winkler erinnerte daran in seiner Abschiedsvorlesung an der Berliner Humboldt-Universität: «Die Gemeinsamkeiten des Westens fallen besonders dann ins Auge, wenn man ihn mit anderen Gesellschaften und Kulturen vergleicht.»

Wie also wäre es, wenn die Außenpolitiker sich und uns ernst nähmen und darüber nachdächten, wie auch durch den Handel die Werte besser um die Welt getragen werden könnten – ohne dass das als Neokolonialismus missverstanden wird? Oder anders gefragt: Könnte es ein gutes TTIP geben, das dann sogar noch positive Ausstrahlungen in die Welt hätte, indem es beispielsweise die Menschenrechte fördert?

Die Idee ist gar nicht so phantastisch. Tatsächlich hat sich die EU längst verpflichtet, Menschenrechte auch in ihrer auswärtigen Politik zu achten und zu fördern. Seit 1995 baut sie deswegen systematisch in alle Abkommen Menschenrechtsklauseln ein, sie stehen inzwischen in 120 Verträgen. Die erlauben beiden Partnern beispielsweise, «geeignete Maßnahmen» zu ergreifen, sollte dagegen verstoßen werden. Die EU könnte ihre Entwicklungshilfe reduzieren, wenn ein Land Bürgerrechtler umbringt. Nur geschieht das fast nie. «Obwohl die Klauseln bei einer breiten Spanne von Situationen Anwendung hätten finden können, geschah dies in der Vergangenheit selten», schreibt der Völkerrechtler Lorand Bartels von der Cambridge University in einer Studie für Misereor und das Deutsche Institut für Menschenrechte. Auch die USA haben Schutzklauseln beispielsweise für Arbeitnehmer in Handelsverträge eingebaut. Wirkung hat das allerdings kaum. Auf beiden Seiten des Atlantiks fehlen der echte Wille und deswegen auch die nötigen Stellen und Mittel, die es den Betroffenen oder ihren Angehörigen ermöglichen würden, ihre Klagen durchzusetzen. Anders als bei der Verletzung von Investitionen gibt es für die Verletzung von Menschenrechten keine Schiedsstellen, vor denen Schadensersatz gefordert werden kann.

Der Jurist Bartels findet, dass man diese Problem lösen kann. Er hat eine «menschenrechtliche Modellklausel» verfasst, die man in Handelsverträge einbauen könnte. Der Jurist schlägt beispielsweise vor, dass durch jeden Handelsvertrag ein Komitee eingerichtet werden sollte, das die Lage regelmäßig prüft. Bürger müssten die Möglichkeit bekommen, sich zu beschweren, Regierungen stärkere Mittel an die Hand bekommen, um gegen Verstöße durch den Handelspartner vorzugehen.

«Man könnte diese Klausel in den TTIP-Vertrag schreiben», schlägt Michael Windfuhr vom Deutschen Institut für Menschenrechte vor, und er findet das gar nicht so unrealistisch. Auf diese Art, meint Windfuhr, könne TTIP zu einem globalen Modell werden – zumal es zwischen diesen beiden Regionen ja nicht massenhaft Fälle geben werde. Beide Seiten könnten dann wiederum Dritten gegenüber viel leichter mit Werten argumentieren, denn sie besäßen ja einen Handelsvertrag, der modellhaft allen anderen Ländern der Welt demonstriert, wie der Schutz der Menschenrechte und die Förderung der Wirtschaft zusammenpassen. Und dass auch die größten Wirtschaftsnationen der Welt so etwas bei sich anwenden. Schließlich wollen Menschen heute nicht nur wissen, ob die Herstellung von Gütern die Umwelt schädigt. Sie wollen auch sicher sein, dass dabei keine Kinder ausgebeutet oder Gewerkschafter umgebracht werden. So etwas müssten moderne Handelsabkommen, zumindest zwischen zwei entwickelten Nationen, doch garantieren können.

TTIP wäre dann wirklich ein Modell. Noch deutet wenig darauf hin, dass das passieren wird.

TTIP als Medizin gegen Putin und Peking

Bleibt noch ein letztes, in der außenpolitischen Gemeinde sehr beliebtes Argument: die Geostrategie. Für den Dekan der Fletcher School of Law and Diplomacy an der Tufts University, James

Stavridis, wäre das Scheitern von TTIP ein Sieg Putins. Der ehemalige US-Korrespondent Martin Klingst hoffte im November 2014 auf ZEIT-Online, ein einheitlicher Raum der Freiheit und des Rechts werde Wladimir Putin richtig Probleme machen. Der habe «Angst vor einem Freihandelsabkommen der EU mit Amerika. Denn das gefährdet seine selbstherrliche Art, zu regieren und zu wirtschaften.»

TTIP als Bollwerk gegen Russland? So würde das die Bundesregierung nicht formulieren, zumindest nicht öffentlich. 2014 in Davos behauptete Sigmar Gabriel sogar das Gegenteil: Man könne vielleicht auch Russland irgendwann einladen, mitzumachen. Die Bundeskanzlerin stimmte dem Vorschlag wenig später zu. Und doch hat sie viele heimliche Anhänger, die Idee, dass hier etwas Wirksames gegen die Regierungen in Moskau oder Peking entsteht. Oder zumindest ein probates Mittel, um im Wettlauf mit ihnen zu gewinnen. «TTIP und TPP werden auch als Instrumente betrachtet, um den relativen ‹Niedergang des Westens› aufzuhalten, eine Allianz gegen China zu schmieden (TPP) oder die Kohäsion des Westens gegenüber Russland zu stärken (TTIP)», schreibt Volker Perthes, der Chef der Stiftung Wissenschaft und Politik.

Doch diese Annahme beruht auf einem Denkfehler, einer falschen Annahme: Außen- und Sicherheitspolitiker übertragen einfach die Regeln ihres Faches auf die Weltwirtschaft. Sie begreifen auch die Ökonomie als Feld, auf dem nicht nur zwischen den Unternehmen Konkurrenz herrscht, sondern auch zwischen den Regionen. Entweder die Jobs entstehen bei uns. Oder in China. Entweder der Westen gewinnt. Oder Russland. Deswegen geht es, ähnlich wie beim Militär, für sie darum, starke Allianzen zu bilden. Nur teilt man darin eben nicht die Waffensysteme, sondern die Standards und die Außenzölle. Wer zuerst einen möglichst großen anderen Vertragspartner gefunden hat, wird das Rennen gewinnen. Wer schneller und besser ist, hat die

Macht, sich weltweit durchzusetzen. Er kann die anderen einhegen, ähnlich wie beim Wettrüsten. Der Westen oder China. Einer gewinnt. Einer verliert. Wirtschaft, so betrachtet, wäre ein Nullsummenspiel.

Barack Obama sagte im Mai 2015 während eines Besuches bei Nike in Oregon: «Wenn wir die globalen Handelsregeln nicht schreiben, na, was wird wohl passieren? China wird es tun. Und zwar so, dass chinesische Arbeiter und chinesische Unternehmen die Oberhand bekommen.» Der Auftritt sollte dem Präsidenten die nötige Unterstützung für das TPP-Abkommen sichern. Das verhandeln die USA mit einer Reihe anderer asiatischer Staaten, aber nicht mit China, es soll das Land im Gegenteil einhegen und isolieren. Der Auftritt bei dem Sportartikelhersteller war Teil einer ganzen Tour, und Nike ein Teil der präsidentiellen PR-Maschine: Wenn die USA das Abkommen mit Asien abschließen, würden sie 10 000 Arbeitsplätze schaffen, versprachen die Chefs von Nike an jenem Tag: und zwar in den USA. Nicht in China.

All das erinnert an eine Wirtschaftspolitik, die vor etwa drei Jahrhunderten betrieben wurde: an den Merkantilismus. Damals versuchten viele Fürsten, ihre heimische Wirtschaft durch Abschottung und durch ausgewählte Bündnisse zu stärken. Auch sie dachten weniger ökonomisch als militärisch. Ihren Irrtum klärten erst die beiden Nationalökonomen Adam Smith und später David Ricardo auf. Sie zeigten, dass Handel eben kein Nullsummenspiel ist, bei dem die eine Seite automatisch dadurch gewinnt, dass die andere verliert. Sie bewiesen, dass die Logik des Militärs eine andere ist als die des Handels. Dass man sich miteinander und durch einander entwickeln kann. Dass auch beide gewinnen können – oder verlieren. Letzteres passiert dann leicht, wenn die Wirtschaft ausschließlich politischen Regeln gehorchen muss.

So etwas hat es natürlich immer wieder gegeben. Die USA haben mit Kuba Jahrzehnte keinen Handel betrieben und alle bestraft, die es wagten. Die Bundesrepublik verkaufte bestimmte Produkte nicht in die DDR. Und heute sollen die ökonomischen Sanktionen, die die EU und andere Länder der Nato gegen Russland verhängt haben, Präsident Putin und seine Verbündeten schwächen. Mit dem unfreiwillig komischen Satz: «An apple a day keeps Putin away» warb der deutsche Agrarminister Christian Schmidt um mehr heimische Apfelesser, nachdem Russland Einfuhrbeschränkungen für europäische Lebensmittel erlassen hatte.

Ob und in welchen Fällen das richtig war und ist, müssen und sollten Politiker entscheiden. Nur sollten sie ihre Argumente sauber von den ökonomischen trennen. Beide können sich nämlich widersprechen. Was politisch sinnvoll ist, kann ökonomisch teuer werden. Und umgekehrt. Bei TTIP aber tun die Außenpolitiker das nicht: Sie wollen China isolieren – und zugleich soll das Land unsere Standards übernehmen. Sie wollen die chinesischen Jobs in den Westen zurückholen, aber zugleich am chinesischen Boom teilhaben. Sie wollen Waren überallhin exportieren, die Europäer verhandeln aber über das wichtigste handelspolitische Projekt des neuen Jahrtausends nur mit den USA. Das zeugt nicht von gründlicher Analyse.

«TTIP könnte zu einem Backlash durch die Schwellenländer führen», warnt daher Charles A. Kupchan, Professor für Internationale Politik an der Georgetown University: «Es hat das Potenzial, den Westen und diese Länder noch mehr zu spalten.» Die Begründung ist einfach: Sicher kann man Abkommen schließen, um sich von Russland abzusetzen. Oder von China. TTIP wäre damit quasi eine indirekte Sanktion. Und so wird es wohl auch in China schon begriffen: «TTIP und TPP werden China und andere Schwellenländer weiter daran hindern, die internationalen Regeln mitzuschreiben, und zwingen sie weiter in die Rolle derjenigen, die Regeln befolgen müssen. Aber keiner in der Welt wird Chinas Aufstieg aufhalten», schrieb Sun Zhenyu vom chinesischen Handelsministerium in einer Aufsatzsammlung des Center for Economic Policy Reform.

Nun ist der Ärger des Chinesen die eine Sache. Aber nicht nur in Peking sorgt man sich. Denn wenn TTIP indirekt China und Russland sanktioniert, lässt es sich nur schwer verhindern, dass es automatisch dasselbe auch mit Brasilien, Indien und Indonesien anstellt. Oder dass sich die Regierungen dieser Länder zumindest darum sorgen, weil da über ihre Köpfe hinweg entschieden wird. Deswegen beobachten auch die Handelspolitiker in Lateinamerika, Asien und Afrika das Projekt mit Argwohn. Die möglichen Folgen beschreibt Peter van Ham vom niederländischen Clingendael Institut so: TTIP könnte den Süden, Russland und Brasilien dazu treiben, sich hinter der chinesischen Flagge zu versammeln, um die Regelsetzung durch die USA und die EU zu verhindern. TTIP könnte «im schlimmsten Fall einen antiwestlichen Block der Schwellenländer kreieren».

Und genau das würde sich dann zu einem großen Problem für Europa auswachsen. Und ganz besonders für deutsche Exporteure. Heribert Dieter von der Stiftung Wissenschaft und Politik zieht sogar Parallelen zu den 30er Jahren. Auch damals hätten sich die Länder in Blöcke aufgespalten, um mit den Verbündeten mehr Handel zu treiben als mit den Rivalen. Sie umarmten die einen und schlossen andere aus. Dieter warnt vor einer solchen Strategie: Wenn sich die EU auf TTIP einlasse, könnten die USA die Konfrontation mit China verschärfen. Europa würde für die «geostrategischen Ziele der USA missbraucht werden». Statt die Regeln mit den aufstrebenden ökonomischen Mächten von morgen zu verhandeln und dort für Fortschritt und unsere Werte zu kämpfen, signalisiert Europa: Der alte Westen klammert sich an seine Macht.

Diese Gefahr wird noch dadurch verstärkt, dass die USA neben TTIP auch über TPP und TISA verhandeln. Spöttisch nennen Kritiker das bereits die T-Treaty-Trinity (die Treifaltigkeit). TPP ist das Abkommen zwischen den USA und einer Reihe von Pazifikstaaten. TISA ist ein Dienstleistungsabkommen, das in Genf verhandelt wird. Bei all diesen Vorhaben sind die wichtigsten Schwellenländer ausgeschlossen. Weder Brasilien noch China, Indien oder Russland sind dabei. Ist es da ein Wunder, dass deren Regierungen all das als Mittel betrachten, die ihren Aufstieg verhindern sollen?

Und nicht nur sie. Der philippinische Menschenrechtsaktivist und Wissenschaftler Walden Bello hat eigentlich sein Leben lang für die angeblich westlichen Werte gekämpft, für Demokratie, für Gleichberechtigung, für Entwicklung. Er sagt, TTIP sei ein «Mittel, um die vermeintliche Überlegenheit der westlichen Wertegemeinschaft zu promoten». Dass sich auch Menschen wie er abgestoßen und ausgeschlossen fühlen, ist das nächste große Problem. Verhindern ließe es sich, wenn man sie mit an den Tisch bitten würde.

Aber dann müsste TTIP einen anderen Namen bekommen. Und das wäre wohl noch die leichteste Übung dabei.

«TTIP ist böse»
Oder warum der Protest gegen
Handelsabkommen nicht aufhören wird

Jürgen Maier weiß nicht, wann ihn der Protest überholt hat. Doch wo er ihn das erste Mal gespürt hat, daran erinnert er sich genau. Maier ist eine Schlüsselfigur der Anti-TTIP-Bewegung. Seit einem Jahr reist er durch die Republik, organisiert Demos, Protestveranstaltungen und hält Vorträge. Anfangs musste er seinen Zuhörern noch erklären, warum das Freihandelsabkommen zwischen der EU und den USA eine üble Sache sei. Dann reichte die Warnung vor amerikanischen «Chlorhühnchen» und «Hormonfleisch» auf deutschen Tellern. Doch am 5. September 2014 um halb acht abends war der Mann, der alle Argumente gegen das Abkommen zu kennen glaubte, sprachlos. Da stand im Gartensaal des Bürgerhauses von Burghausen ein alter Mann auf und warnte mit Grabesstimme: «Wenn TTIP, wenn der Freihandel kommt, wird alles schlechter. Dann sinkt auch die Rente.»

Der Effekt, den TTIP auf die Deutschen hat, ist beeindruckend. Mehr als ein halbes Jahrhundert lang galt das unausgesprochene Bekenntnis: Freihandel ist gut. Für die Wirtschaft. Für die Jobs. Für die Menschen. Doch TTIP hat die Lage verändert. In Deutschland wächst die Sorge davor schneller als in fast jedem anderen Land. Selten war etwas, das es noch gar nicht gibt, so umstritten. Sechs von zehn Deutschen befürchten, dass das Abkommen schlecht für die Umwelt, die Sicherheit und die sozialen Standards ist. Nur noch 41 Prozent der Bürger fanden im Mai 2015, dass TTIP eine gute Sache sei, das sind 14 Prozent weniger als im Jahr zuvor. So schnell hat kaum ein anderes politisches Projekt in einem EU-Land an Zustimmung verloren.

In Österreich wird TTIP noch stärker abgelehnt. Anfang 2015 waren laut Eurobarometer 53 Prozent der Bürger und damit die Mehrheit gegen das Projekt. Derart umstritten ist TTIP, dass Kanzler Werner Faymann (bisher als einziger europäischer Regierungschef) offen gegen wichtige Teile des Abkommens protestierte. Österreich werde notfalls gegen die geplante Schiedsgerichtsbarkeit vor dem Europäischen Gerichtshof (EuGH) klagen, sagte er der Zeitung *Krone* Ende 2014. «Wir haben viel zu lange weggesehen, wie sich die Konzerne auf globaler Ebene eine eigene Welt eingerichtet haben», so der Sozialdemokrat. Im Frühjahr 2015 lud er demonstrativ den kanadischen Juristen Gus Van Harten nach Wien ein. Harten ist Professor der Osgoode Hall Law School in Ontario und einer der profiliertesten Kritiker der Schiedsgerichtsbarkeit. Er hat belegt, dass sie vor allem von großen Konzernen genutzt wird.

Frust über den Freihandel gibt es längst weit über das typisch links-grüne Spektrum hinaus. Er hat große Teile der Gewerkschaften und Sozialdemokraten erreicht, wächst in der CSU, in vielen Stadtparlamenten und Verbänden. Eltern fürchten sich vor gentechnisch verändertem Essen im Supermarktregal. Künstler bangen um die Subventionen von Theatern und Orchestern. Bürgermeister sorgen sich um die Zukunft ihrer Wasserwerke. Gemeinderäte verfassen Resolutionen, so wie Werner Sieber. Der Bayer hatte Anfang März 2015 eine Meldung gelesen, die bei ihm sofort eine Trotzreaktion auslöste. Die Wochenzeitung *Die ZEIT* hatte berichtet, dass Politiker der deutschen Kommunen in ihren Sitzungen grundsätzlich nicht über Handelsabkommen wie TTIP diskutieren dürften. Zu diesem Ergebnis komme ein

Gutachten des wissenschaftlichen Dienstes des Deutschen Bundestages. «Tun sie es doch, verhalten sie sich rechtswidrig», so der Gutachter.

Sieber ist Zweiter Bürgermeister der bayerischen Gemeinde Prem. Er kennt sich also in der Kommunalpolitik aus, er weiß, was dort geht und was nicht. Er schrieb einen Antrag für den Gemeinderat, der verlangte, dass sich die Gemeinde der Initiative «10 000 Kommunen TTIP-frei – Kommunale Selbstverwaltung gegen Konzerninteressen» anschließe. Die Initiative wird von der globalisierungskritischen Organisation ATTAC organisiert, sie informiert ihre Mitglieder, organisiert Protestveranstaltungen und hilft ihnen bei der Vernetzung. Siebers Antrag wurde einstimmig angenommen.

Prem ist jetzt laut Gemeindebeschluss «TTIP-frei». Und Teil eines wachsenden Protestes. Innerhalb weniger Wochen verdoppelte sich die Zahl der Kommunen, die Mitglied in dem Bündnis sind. 110 waren es zu Beginn des Jahres 2015, schon 220 Mitte Mai 2015. Und es werden immer noch mehr. Man kann die aktuelle Zahl auf einer Karte auf der Webseite von ATTAC nachzählen. Dabei eint die Kommunalpolitiker bei allen Unterschieden eines: Sie alle fürchten, dass sich Europa und die USA zu einem Markt zusammenschließen, bei dem die Konzerne immer mehr und die Bürgervertretungen immer weniger zu sagen haben. Dass vieles, was ihnen lieb und teuer ist und was sie bisher öffentlich organisieren können, von Privatisierung bedroht sein könnte.

An einem Dienstag im November 2014 klappt Pia Eberhardt ihren Laptop auf. Auf dem Deckel steht: «TTIP ist böse», in weißer Schrift auf rotem Hintergrund. Die junge Frau gehört wie Jürgen Maier zum Kern der Aktiven. Sie ist gebildet und eloquent, hat bei Anne Will über das Thema diskutiert, im Bundestag geredet, sie führt Journalisten durch das politische Brüssel und steht mit

Interviews in den Zeitungen. Eberhardt staunt immer noch, dass sie mit ihrem Protest plötzlich so viele Leute erreicht. Jahrelang hat sich kaum jemand für ihre Meinung zur Handelspolitik interessiert. An diesem Morgen haben die beiden Organisationen Corporate Europe Observatory (CEO) und PowerShift die Hauptstadtpresse geladen. Auf dem Programm stehen die Schiedsgerichte, der wohl umstrittenste Teil der Handelsabkommen. Eberhardt will erklären, wie und wo genau diese Gerichte in den Vertragstexten des geplanten europäisch-kanadischen CETA-Abkommens verankert sind und hinter welchen komplizierten juristischen Formulierungen sich Probleme für die Demokratie verstecken. CETA nennt die EU-Kommission immer als Modell für TTIP.

Das alles klingt nicht gerade wie ein Krimi. Normalerweise kommen zu Veranstaltungen solcher Initiativen kaum Journalisten, doch heute sind es etwa 30, aus vielerlei Medien. Drei Stunden lang dozieren Pia Eberhardt und Peter Fuchs. Sie führen durch die Paragraphen, übersetzen juristische Fachbegriffe in verständliches Deutsch, zeigen, was hinter scheinbar harmlosen Formulierungen steckt. Sie kennen Zahlen, Argumente und Gegenargumente. Sie verteilen eine leicht verständliche Broschüre, in der alles noch einmal nachzulesen ist, gut aufbereitet und wie eine wissenschaftliche Arbeit mit vielen Quellen versehen. Sie offenbaren so ganz nebenbei ihr Erfolgsrezept: eine Mischung aus Information und Interpretation. Leute wie Eberhardt veröffentlichen die ersten Verhandlungsdokumente und konnten sie auch noch erklären. Die Journalisten nutzten das gern, auch weil EU-Kommission und Regierungen viele Fragen nicht beantworteten.

«Sie lügen. Sie übertreiben. Sie hetzen. Und sie haben uns, das muss ich zugeben, eiskalt erwischt», sagt ein Beamter, der mit seinem Namen auf keinen Fall in der Zeitung auftauchen will. Doch was er sagt, ist typisch für die Haltung vieler seiner Kollegen – ob in der Brüsseler EU-Kommission oder im Berliner Wirtschaftsministerium. Sie alle haben den Protest gegen TTIP und CETA erst ignoriert, dann kleingeredet und schließlich fassungslos beobachtet. Viele glauben bis heute, dass da nur ein paar versprengte Verrückte erfolgreich wirre Verschwörungstheorien verbreitet haben. Und dass viele verwirrte Bürger ihnen deshalb blind folgen, weil die Europäer seit der NSA-Affäre den Amis misstrauen, weil sie etwas gegen die EU haben und gegen Konzerne sowieso.

Geostrategen, also die, für die TTIP vor allem ein Baustein werden soll, der den Westen stärkt, gehen noch weiter: Sie verunglimpfen die Kritik an TTIP als «antiamerikanisch». Der FDP-Europaabgeordnete Alexander Graf Lambsdorff sagt das beim Brussels Forum des German Marshall Funds im Frühjahr 2015 so: «Offenbar schaukelt sich hier eine Mischung aus verstecktem Protektionismus, überholtem Status-Quo-Denken und gedankenlosem Antiamerikanismus zu einer strammen Linkskampagne auf.» Der Liberale sagt es laut, aber er ist längst nicht der Einzige aus dem außenpolitischen Establishment der Republik, der die Demonstranten beschimpft. Wenn die Mikrophone aus sind, kann man so etwas häufiger hören: Verwirrt! Verführt! Verängstigt! Das sind noch die freundlichen Kommentare. Engagement gilt nicht als Ausdruck einer lebendigen Demokratie, die durch Kritik besser wird. Man findet sie lästig, diese Kritiker.

Dabei ist wahr: Es gibt so manchen Demonstranten, der die amerikanische Politik grundsätzlich ablehnt und auch eine stärkere Zusammenarbeit zwischen Brüssel und Washington. Doch ist das antiamerikanisch? Ist man antiamerikanisch, wenn man die NSA kritisiert? Wenn man TTIP nicht will? Man wird ja auch nicht antieuropäisch oder antideutsch, wenn man beispielsweise die Eurorettungspolitik ablehnt. Außerdem ist die Gruppe der Gegner längst viel zu groß, um ihre Motive mit Plattitüden zu erklären.

Wer den Protest auf eine Mischung aus Antiamerikanismus, linker Ideologie und Ökofundamentalismus verkürzt, der versteht ihn nicht. Und wer glaubt, man könne einfach so weitermachen, irrt auch. «Es mag verführerisch für das Establishment sein, den Protest einfach auszusitzen, für ein bisschen Transparenz zu sorgen und ein bisschen öfter das Gespräch zu suchen, sonst aber einfach wie bisher weiterzumachen. Berücksichtigt man jedoch den generellen Niedergang des Vertrauens in Regierung, Parlamente und die EU, dann sollte man den Widerstand gegen TTIP sehr ernst nehmen», schreibt Josef Janning vom European Council on Foreign Relations (ECFR).

Natürlich kann man den Protest nicht völlig losgelöst von aktuellen Debatten sehen. 2013, also in dem Jahr, in dem auch die Anti-TTIP-Proteste langsam begannen, gelangte zugleich die NSA-Spionage-Affäre zum ersten Mal in die Öffentlichkeit. Es wurde bekannt, dass der amerikanische Geheimdienst das Handy der Kanzlerin und viele andere Politiker ausgespäht hatte. So etwas tue man unter Freunden nicht, sagte damals selbst die sonst so vorsichtig formulierende Bundeskanzlerin. In die beiden folgende Jahre platzten immer neue Skandale. Da ist es nur natürlich, dass Verbindungen zu TTIP hergestellt werden. Die ehemalige EU-Justizkommissarin und Luxemburgerin Viviane Reding etwa plädierte schon 2014 für ein Ruhen der Gespräche: «Partner spionieren einander nicht aus. Wir können nicht über einen großen transatlantischen Markt verhandeln, wenn der leiseste Verdacht besteht, dass unsere Partner die Büros unserer Verhandlungsführer ausspionieren.» Inzwischen hat sich eine Art Fatalismus in der politischen Klasse Europas breitgemacht.

Dabei beunruhigt viele Bürger nicht nur die politische Agenda der USA, sondern auch die wachsende Macht des Silicon Valley. Es sorgt sie, dass Google, Apple, Amazon, Facebook und Co., dass eine Handvoll großer amerikanischer Konzerne die digitale Welt der Zukunft steuern. Dass sie dafür auch das internationale Handelsrecht nutzen wollen, wissen wahrscheinlich im Detail nur wenige. Aber viele ahnen es. Wirtschaftsminister Sigmar Gabriel machte die Sorge vor den digitalen Kraken zum Thema eines Beitrages in der *Frankfurter Allgemeinen Zeitung*: «Es geht also um nicht weniger als die Zukunft der Demokratie im Zeitalter der Digitalisierung», schrieb er im Mai 2014, «um Freiheit, Emanzipation, Teilhabe und Selbstbestimmung von 500 Millionen Menschen in Europa.» Deswegen sei es «einmal mehr die Aufgabe von überzeugten Demokraten, den technologischen und wirtschaftlichen mit dem politischen und gesellschaftlichen Fortschritt in Einklang zu bringen».

Doch auch wenn der Wirtschaftsminister die Sorge vor den digitalen Riesen mit den Bürgern teilt – eine Verbindung zu TTIP stellte Gabriel nicht her – und auch nicht zu den vielen anderen Instrumenten der Handelspolitik. Da ist er viel zu sehr ein ganz altmodischer Wirtschaftsminister. Und ein Mann, der ein Problem hat, weil er ein Problem unterschätzt. Weil er den Protest gegen TTIP nur befrieden, nicht nutzen will und ihn nie als Rückenwind verstanden hat, um weltweit mehr sozialdemokratische Politik durchzusetzen. Auch ihn nerven die Kritiker nur.

Gabriel wäre jedoch nicht Parteichef, verstünde er sich nicht auf taktische Manöver. Als der Unmut in der SPD im Herbst 2014 zu einem Aufruhr zu werden drohte, verfasste der Parteichef gemeinsam mit dem DGB ein Papier, auf dem die Grundpositionen der Gewerkschaften und der Sozialdemokraten standen. Es formuliert ein Ja zu TTIP und CETA, zugleich aber klare Bedingungen, unter anderem die Abschaffung der Schiedsgerichte. Das sorgte in der Sozialdemokratie eine Weile für Ruhe. Heute erinnert sich Gabriel nicht mehr gern an das Papier. Denn inzwischen findet er die Bedingungen zu hart.

Wahrscheinlich beschreibt der Satz, den Gabriel Anfang 2014 auf dem Weltwirtschaftsforum in Davos spontan sagte, seine Haltung ganz richtig. Er antwortete auf die Frage, warum ausgerechnet die Deutschen sich mit TTIP so schwer tun: «Deutschland ist reich und hysterisch.» Lachend fügte er dann noch hinzu: «Wir sind ja unter uns. Schreiben Sie das nicht in den Zeitungen.» Genau das zeigt das Problem der Eliten mit der Handelspolitik. Tatsächlich konnte Handelspolitik bisher fast ausschließlich «unter uns», also von den globalen Wirtschaftseliten entworfen werden. Seit über einem halben Jahrhundert schrieb eine Handvoll Beamter aus den Wirtschaftsministerien und der EU-Kommission, gefüttert von den Rechtsabteilungen der großen Unternehmen, die Regeln für den globalen Handel, ohne dass sich sonst jemand groß dafür interessierte. Nur: Bei TTIP funktioniert das nicht mehr.

Michel Efler hat sich mit Europas Eliten und ihrem Verhältnis zu den Bürgern beschäftigt. Er hat seine Doktorarbeit über die Handelspolitik geschrieben und arbeitet jetzt bei «Mehr Demokratie» und bei «Stopp TTIP und CETA». Auf der Internetseite der Organisation steht ein Zitat von Max Frisch: «Demokratie heißt, dass sich die Leute in ihre eigenen Angelegenheiten einmischen.» Efler findet das nicht nur dringend notwendig, er ist auch hoffnungsfroh. Denn er hat Zulauf wie noch nie. Auch weil die EU-Kommission sich im Umgang mit den Bürgern selten dumm angestellt hat.

2013 wollten Efler und ein paar andere Aktivisten eine Europäische Bürgerinitiative (EBI) organisieren. Seit der Lissabonner Vertrag in Kraft ist, gibt es in der EU dieses winzige bisschen Basisdemokratie: Durch die EBI können Bürger die Kommission zwingen, sich mit Themen zu befassen. Dafür müssen in zwölf Monaten insgesamt eine Million gültige Unterstützungsbekundungen in einem Viertel aller EU-Mitgliedsstaaten gesammelt werden. Doch damit die Initiative offiziell starten kann, muss sie zunächst bei der Europäischen Kommission zur Registrierung eingereicht werden. Bürgerinitiativen, die bestimmte inhaltliche Vorgaben nicht einhalten, wird die Registrierung verweigert.

Die Initiative von «Stopp TTIP und CETA» wollte die Kommission zwingen, die Verhandlungen zu stoppen. Sie gewann schnell die Unterstützung von mehr als hundert globalisierungskritischen Organisationen aus 17 Ländern. Doch sie scheiterte an der europäischen Bürokratie. Sie bekam keine Registrierung. Die offizielle Begründung lautete: Das Verhandlungsmandat zu TTIP sei kein Rechtsakt, sondern ein interner Vorbereitungsakt. Den könne die Bürgerinitiative nicht anfechten. Außerdem stellte die Kommission fest, dass europäische Bürgerinitiativen nur den Abschluss von internationalen Verträgen fordern dürften, aber nicht deren Verhinderung.

Formal mag das richtig sein. Doch in der Realität hatte die Behörde mit der Ablehnung den Protest erst richtig angeheizt. Die Organisatoren sammelten nun mit Hilfe der Protestplattform Campact im Internet Unterschriften. Und deren Zahl wuchs rasant. «Es war unsere bisher erfolgreichste Kampagne», sagt Jörg Haas von Campact. Er ist immer noch stolz, auch darauf, wie viele Leute sich nicht nur im Netz, sondern später, beispielsweise vor der Hamburg-Wahl, auch im wirklichen Leben engagierten. An vielen Türen der Hansestadt hing in jenen Tagen ein Schild: Auf dem stand: «Stopp TTIP!» Auch die Hansestadt darf bei der Handelspolitik mitbestimmen – spätestens im Bundesrat.

Im Dezember 2014 konnten die Aktivisten dem EU-Kommissionschef Jean-Claude Juncker zu seinem 60. Geburtstag als Geschenk bereits ein dickes Paket mit Unterschriftenlisten überreichen. Auf denen standen mehr als eine Millionen Unterzeichner. Im Mai 2015 waren es bereits 1,5 Millionen Namen. Und mehr als 450 Organisationen aus ganz Europa halfen zu dem Zeitpunkt beim Sammeln oder unterstützten die Initiative. «Nicht vorausschauende Politiker treiben die Debatte, sondern die kritische Öffentlichkeit treibt die Politiker», schreibt der Politikwissenschaftler Hartmut Mayer: In nur einem Jahr sei der «politische Enthusiasmus» für das Projekt in Deutschland völlig verblasst. Der Slogan: «Stopp TTIP» sei heute ähnlich populär wie einst «Stopp den Krieg» oder «Stopp die Atomkraft». Er hat auch eine ähnliche Mobilisierungskraft – und bringt Menschen aus ganz unterschiedlichen Ländern zusammen. «Ich kenne Anti-Gentech-Gruppen aus Kroatien und Naturschützer aus Rumänien», sagt Karl Bär vom Umweltinstitut München. Das Institut unterstützt gemeinsam mit ATTAC den Protest der deutschen Kommunalpolitiker. Jürgen Maier vom Forum Umwelt und Entwicklung reist regelmäßig zu Vorträgen nach Osteuropa. Und Jörg Haas von Campact weiß genau, was die Kollegen in Kanada und den USA planen. Da ist es dann auch kein Wunder, dass eine wachsende Zahl von Bürgern die europäischen Institutionen, die mit so etwas nicht umgehen können, für einen Teil des Problems hält – und nicht für einen Teil der Lösung.

Global planen – lokal handeln

Washington, DC, Capitol Hill, April 2015. Vor dem Eingang des Dirksen Building, in dem sich die Büros der amerikanischen Senatoren befinden, steht eine kleine Gruppe von Demonstranten. Sie halten selbstgebastelte Plakate in die Sonne. Auf die haben sie «Gefahr» geschrieben oder «Freihandel stinkt uns». Eine junge Frau mit langen schwarzen Haaren, in Jeans und blauem T-Shirt treibt den Sprechchor per Megaphon an, gibt immer wieder andere Slogans vor. Nötig ist das nicht. Die Aktivisten, die meisten sind jung, tragen Jeans und T-Shirts, skandieren die Texte so, als ob sie das jeden zweiten Tag tun würden. «Wir sind auch das Volk», rufen sie, als eine Gruppe in feine Anzüge gekleideter Männer kurz stehen bleibt. Und «Stoppt die Handelsabkommen!»

Nach einer halben Stunde übertönt eine Bläserband die Proteste, erst nur schwach, nach und nach immer stärker. Dann biegen etwa 500 meist schwarze Demonstranten um die Ecke und winken fröhlich: «Fairen Lohn» wollen sie. Kurz mustern sich die Gruppen gegenseitig, dann wird aus den zwei Demos eine, wollen doch alle etwas Ähnliches. Die einen faire Löhne, die anderen eine faire Welt. Eine Weile marschieren sie zusammen, singen, rufen und lachen. Vor dem Kapitol trennen sich die Wege wieder. Melinda St. Louis klemmt sich das Megaphon unter den Arm und eilt zurück in ihr Büro an der Pennsylvania Avenue. Dort, im zweiten Stock eines unscheinbaren Backsteingebäudes, wartet die wirkliche Arbeit. Die junge Frau wird den Rest des Tages E-Mails schreiben, mit den Mitarbeitern von Abgeordneten reden, Protestaktionen planen. Melinda St. Louis weiß genau, wie man Lobbyarbeit macht – auch wenn sie nur einen Bruchteil des Gehaltes bezieht, den ihre Gegner, die Wirtschaftsvertreter bekommen. Sie arbeitet für eine höchst professionelle Truppe, für die Abteilung Global Trade Watch der Public Citizen, eine der weltweit einflussreichen Anti-Globalisierungsgruppen. Seit zwei Jahrzehnten organisieren die Public Citizen bereits den Protest gegen das Welthandelssystem – durch eine geschickte Mischung aus wissenschaftlich fundierter Recherche, originellen Aktionen und professionellem Lobbying. Sie vernetzen die amerikanischen Gruppen, halten Kontakt zu Gleichgesinnten in Kanada und Europa.

Jetzt wollen die Aktivisten verhindern, dass der Kongress dem Präsidenten den «Fast Track» gewährt. Der ist so etwas wie ein grünes Licht dafür, Handelsverträge mit Asien und Europa weiter voranzutreiben. Der Kongress kann durch diese Regel dann am Ende nur noch die fertigen Verträge annehmen – oder ablehnen. Damit wächst die Möglichkeit der Regierung, recht viel in den Text zu schreiben. Und es sinkt die Chance, dass die Abgeordneten ihn dann ablehnen. «Es wird fürchterlich», stöhnt Melinda St. Louis. Aber dann grinst sie zuversichtlich und sagt: Schon lange habe sie nicht mehr solche Energie in einer Bewegung gespürt. So schnell hätten noch nie so viele Gruppen in den Protest gegen den Freihandel eingestimmt.

Tatsächlich wächst auch in den USA der Protest gegen manche Teile von TTIP. Gewerkschaften, Umwelt- und Verbraucherverbände stört das Abkommen mit der EU zwar weniger als andere, immerhin geht es hier um den Zusammenschluss mit einer Region, die ähnlich hohe oder sogar noch höhere Löhne zahlt, in der die soziale Sicherheit und Umweltschutz wichtig sind, wichtiger zumindest als in anderen Teilen der Welt. Doch wenn auch die Angst vor den Europäern gering ist, so nehmen die Sorgen über das Handeln der eigenen Regierung zu. Im April 2015 unterschrieben 31 demokratische Abgeordnete einen Brief, in dem sie den Präsidenten auffordern, die Klauseln über den besonderen Schutz von ausländischen Investoren aus den Vertragsentwürfen zu streichen. Die Schiedsgerichte, die dann angerufen werden könnten, würden es ihnen und der eigenen Regierung schwerer machen, Regeln zum «Schutz von Verbrauchern, Arbeitnehmern und Umwelt zu erlassen». Und mehr als hundert Rechtswissenschaftler forderten Washington auf, Demokratie und Souveränität besser zu schützen und zu verhindern, dass durch die Investor-Staat-Gerichtsbarkeit die US-Gerichte umgangen werden können.

Im Juli 2015 sitzt Melinda St. Louis in Berlin. Davor war sie in Brüssel, danach geht es nach Wien – auf Einladung der Europäischen Grünen. Überall redet Melinda öffentlich darüber, dass der Protest gegen TTIP nichts mit Antiamerikanismus zu tun habe. Und dass es auch in den USA viele Kritiker gibt. «Wir haben einen erbitterten Kampf verloren», muss Melinda jetzt allerdings erst einmal zugeben. Sie hatte ernsthaft gehofft, genügend Abgeordnete überzeugen zu können. Sie hatte noch mehr gemailt, telefoniert, demonstriert. Doch am Ende gewann Präsident Barack Obama, durch eine Menge bizarrer Verfahrenstricks und die breite Unterstützung der Republikaner. Er bekam von den Abgeordneten den «Fast Track». Jetzt kann er im Ausland sicherer auftreten und schneller verhandeln. Damit wachsen die Chancen, dass das pazifische Abkommen TTP und TTIP doch abgeschlossen werden kann.

Trotzdem gibt sich Melinda St. Louis kämpferisch. Immerhin beginne im kommenden Jahr der Wahlkampf. Da die Handelsabkommen unter den Demokraten, also in Obamas eigener Partei, sehr unpopulär seien, gebe es weiter Hoffnung. Die Wähler der demokratischen Kandidaten seien jedenfalls mehrheitlich gegen solche Abkommen. Deswegen agiere auch die potenzielle Nachfolgerin Hillary Clinton so vorsichtig. Sie weiß aus Erfahrung in ihrer Zeit an der Seite von Präsident Bill Clinton, wie heikel Handelspolitik sein kann.

Zum ersten Mal gingen Freihandelsgegner in den USA Mitte der 90er Jahre auf die Straße. Damals protestierten sie gegen den NAFTA-Vertrag. Umweltgruppen demonstrierten gemeinsam mit der Arbeiterbewegung. Getrieben von der Sorge, dass viele gutbezahlte Jobs ins Billiglohnland im Süden abwandern würden, riefen die Gewerkschaften ihre Mitglieder zum Widerstand auf. Dieser Protest hatte keinen Erfolg, auch weil der damals noch junge und höchst beliebte Präsident Bill Clinton vehement für NAFTA warb. Das Abkommen wurde unterzeichnet und vom Kongress verabschiedet. Doch in den folgenden Jahren wandelte sich die öffentliche Meinung.

NAFTA wurde in den USA vor allem unter Arbeitern immer mehr zum schlagenden Argument gegen neue Abkommen.

«NAFTA hat Jobs abwandern lassen und Standards gesenkt»,
sagt Richard Trumka, der Chef des amerikanischen Gewerkschaftsdachverbandes AFL-CIO heute und erklärt so, warum die
amerikanischen Gewerkschaften Freihandelsabkommen sehr
kritisch sehen. 1997 wollte Bill Clinton gleich nachlegen. Er
plante ein weiteres Handelsabkommen mit den Ländern Lateinamerikas, die Free Trade Area of the Americas. (FTAA) und erbat
dafür vom Kongress den Fast-Track. Vergeblich. Die Abgeordneten verweigerten sich. Und so scheiterte das ganze Projekt. Die
Demonstranten aber hatten gelernt: Sie können auch gewinnen.
Karen Hansen-Kuhn vom Agricultural Institute war damals
schon aktiv. In ihrem Büro im Zentrum von Washington hat sie
noch Plakate aus jener Zeit hängen. «No FTAA» steht auf einem
davon über einem Foto fröhlich lachender Menschen.

«Wenn wir unseren Protest früh beginnen und uns klug vernetzen, wenn wir gute Argumente haben, dann können wir gewinnen», sagt die schmale Frau. In Berlin verschwindet Melinda
St. Louis nach der öffentlichen Diskussion zum Mittagessen in
der Osteria Tarantino. Gemeinsam mit der Chefökonomin der
amerikanischen Gewerkschaften und einer amerikanischen Abgeordneten. Und lässt sich von deutschen Gewerkschaftern erzählen, warum die für ein anderes TTIP demonstrieren und wie
sie gegen die Pläne aus Brüssel, Berlin und Washington mobili-
sieren.

Man kann Handelspolitik verbessern – man muss es nur wollen!
Von Träumern, Reformern und Realpolitikern

Thomás Sedlácek ist der Poet unter den Ökonomen. Er arbeitet als Professor und als Chefvolkswirt der größten tschechischen Bank und hat nebenbei einen Bestseller geschrieben: «Die Ökonomie des Guten und des Bösen». In diesem Buch kritisiert er, wie sehr der Markt in den Rang eines Glaubensbekenntnisses erhoben wurde und absurden Regeln gehorcht wie: «Reguliert ihn nicht! Auf keinen Fall! Mische dich nicht ein. Er wird uns in die Zukunft führen. Komme ihm nicht mit moralischen Kategorien.» Sedlácek findet aber zugleich, dass es sich auch manche radikale Kritiker des Weltwirtschaftssystems zu einfach machen. Die drückten sich durch ihre Totalopposition um die Last, über mühselige Reformen nachdenken zu müssen. Sedlácek glaubt daran, dass man Systeme verbessern kann, auch das, in dem wir leben. In dem wir ihm wieder eine «Seele geben».

Nur, wie soll das, ganz unpoetisch, gehen? Wo stecken die Leute, die nach realpolitischen Reformansätzen für das globale Handelsregime suchen? Eigentlich müssten sie unter den Gestaltern des politischen Systems zu finden sein, in CDU und SPD, also in den beiden Parteien, die gemeinsam oder abwechselnd dieses Land regieren. Sie sollten die EU-Kommission in Brüssel, das Kanzleramt oder das Wirtschaftsministerium in Berlin mit Vorschlägen füttern und mit Ideen für eine bessere Wirtschaftsarchitektur der Welt antreiben. Oder wenigstens mit ein paar Fragen.

Die Webseite der CDU über TTIP ist schön. Im Hintergrund beleuchtet ein goldgelber Abendhimmel ein Hafenpanorama. Unten rechts steht auf einem runden Button «TTIP – Brücke in die Zukunft.» In der Mitte lassen sich Kästchen anklicken, auf denen steht: «Mythen, Fakten, Materialien». Unter «Fakten» kann man kurze Texte lesen, die die Wohltaten von TTIP aufzählen. «Ersparnisse in Millionenhöhe für Unternehmen bedeuten hunderttausende neue Arbeitsplätze. Und mehr Kaufkraft. Über 800 Millionen Menschen in Europa und den USA würden direkt von TTIP profitieren.» Auch 200 000 Arbeitsplätze werden versprochen, die allein in Deutschland entstehen werden. Die Zahl hat sich längst als vermessen herausgestellt, passt aber zum Rest der Seite, denn die vermittelt vor allem einen Eindruck: Das Handelsabkommen ist für die CDU ein Projekt, für das mit schönen Worten und bunten Bildern geworben werden muss. Zwar beantwortet Generalsekretär Peter Tauber in kurzen Filmchen ein paar kritische Fragen, die ihm Bürger geschickt haben, doch seine Antworten sind fast immer nur Varianten von: Sorgt Euch nicht!

Nicht nur öffentlich gibt sich die Partei der Kanzlerin affirmativ. Auch hinter den Kulissen wird kaum kritisch darüber diskutiert, wie oder ob man TTIP im Speziellen oder die Handelspolitik im Allgemeinen ändern sollte. Ganz vereinzelt wagen mal Parteimitglieder wie der Bundesvize der Christlich Demokratischen Arbeitnehmerschaft (CDA), Christian Bäumler, sanfte Kritik. Doch sonst herrscht viel zur Schau getragene Selbstzufriedenheit, frei nach dem Motto: Geht uns doch gut in Deutschland. Die wirklich großen Fragen beantwortet Peter Tauber nicht und auch nicht Angela Merkel: Warum wird bei den Verhandlungen zu TTIP nicht über den Abbau von klimaschädlichen Subventionen gesprochen – wo zugleich die Umweltpolitiker verzweifelt nach Wegen suchen, um die globale Klimaerwärmung in den Griff zu bekommen? Wie kann erreicht werden, dass mehr Handel nicht automatisch mehr Umweltzerstörung mit sich bringt? Wie können Menschenrechte durch die Verträge besser geschützt werden? Warum kümmert sich TTIP, das doch angeblich ein Projekt der Zukunft ist, nicht um die globalen Datenflüsse und den Schutz unserer Privatsphäre?

Über all das haben CDU/CSU und SPD offensichtlich nicht einmal nachgedacht, als sie ihren Koalitionsvertrag schlossen: Denn in dem steht: «Unser Ziel ist, bestehende Hindernisse in den transatlantischen Handels- und Investitionsbeziehungen so umfassend wie möglich abzubauen.» Es folgt dann zwar die Einschränkung: «Die Zulassung begründeter Ausnahmen muss für jede Vertragspartei Teil des Abkommens sein.» Doch im Kern lässt sich die Aussage auf ein Bekenntnis reduzieren: Mehr Handel ist fast immer besser als weniger. Und TTIP wird gut.

Das glauben in der SPD heute nicht mehr alle. Die Sozialdemokratie ringt mit sich, mit ihrem Parteichef und dem Koalitionsvertrag. Vor einer Weile schon hat ihre Grundwertekommission, die unter der Leitung von Gesine Schwan tagt, besagte Passage des Koalitionsvertrages sehr grundsätzlich kritisiert: «Jede Maßnahme, die den Handel behindert, steht damit automatisch unter Rechtfertigungsdruck, auch wenn sie im öffentlichen Interesse ist und der breiten Bevölkerung dient.» Schwan und ihre Genossen haben dann auch sozialdemokratische Kriterien für Handelsabkommen formuliert: Beispielsweise müsse das Primat der Politik erhalten bleiben. Der Spielraum der Arbeitnehmer müsse erhöht, nicht eingeschränkt werden. Und sie sollten offen für die Länder des Südens sein.

Parteichef Sigmar Gabriel hat, als er im Frühjahr 2015 vor der SPD seine Grundsatzrede zu TTIP hielt, tatsächlich ein paar dieser Ideen übernommen. Das war's aber dann. Er ließ noch ein bisschen an seinem Konzept für die Reform der Schiedsgerichte arbeiten. Doch weder organisierte er eine Arbeitsgruppe der Partei noch eine im Ministerium, die grundsätzliche Ideen für ein besseres TTIP auf ihre Wirklichkeitstauglichkeit überprüfen sollte. Von einer Reform der gesamten Handelspolitik ganz zu schweigen.

Trotzdem – oder deswegen – brodelt es seither in der SPD. Der Krach um TTIP hat die Partei eiskalt erwischt, er führt vielen Genossen deutlich vor Augen: Die aktuelle Handelspolitik der EU untergräbt sozialdemokratische Werte. Dass das möglich wurde, hat sicher auch etwas mit den Kräfteverhältnissen in Brüssel zu tun, die Konservativen haben dort nun mal seit geraumer Zeit die Mehrheit. Aber es offenbart auch: So richtig gute alternative Konzepte, auf die die SPD zurückgreifen könnte, gibt es nicht. Sozialdemokraten haben in den vergangenen Jahren nicht viel über andere, bessere Regeln für die Handelswelt nachgedacht. Und schon gar nicht darüber, was sie von Berlin oder von Brüssel aus daran verändern könnten. Und wie.

Eine kleine Weile sah es im Frühjahr 2015 so aus, als ob die europäischen Sozialdemokraten die Rolle der Reformer übernehmen könnten. Es schien sogar ein kleiner Aufstand gegen die Kommission möglich. Um ein sichtbares Zeichen zu setzen, wollten viele im EU-Parlament eine Resolution gegen die Schiedsgerichtsbarkeit verabschieden. Wochenlang rangen sie mit sich. Kurz vor der Sommerpause verabschiedeten sie dann zwar tatsächlich eine Resolution, gemeinsam mit den Konservativen. Die aber wirkte wie eine Kapitulation. Denn bei der wichtigsten Frage, der Haltung zu den Schiedsgerichten, knickten sie ein.

Jetzt sollen die Schiedsgerichte, die viele Sozialdemokraten bis vor kurzem in Verträgen, die zwischen Industrieländern geschlossen werden, noch völlig unnötig fanden, doch in reformierter Form kommen.

Dabei ging leider eines unter: In anderen Teilen fordert die Resolution durchaus den massiven Wandel der europäischen

Handelspolitik. Der SPD-Politiker Bernd Lange, der als Vorsitzender des einflussreichen Handelsausschusses den Text maßgeblich mitgeschrieben hat, vergleicht ihn mit einem anderen – mit dem Papier, in dem Anfang 2015 die SPD und der DGB ihre gemeinsamen Forderungen formulierten. Diese reichen in sozialen und umweltpolitischen Fragen sehr weit, und sie tauchen tatsächlich auch im Resolutionstext des Parlaments wieder auf.

Nur, würde die EU-Kommission das alles wirklich ernst nehmen, müsste sie ihre Handelspolitik von Grund auf reformieren. Dann dürfte es für sie unmöglich werden, den europäisch-kanadischen CETA-Vertrag unverändert durch das Parlament zu bekommen. Dann müsste sie auch in Sachen TTIP ordentlich nachsitzen. Bei den Standards, den sozialen Fragen, dem Schutz der Umwelt und der Rechte der Parlamente würde sie nicht mit ein paar weichen Kompromissformeln davonkommen. Doch noch ist nicht klar, wie ernst das Parlament seine Forderungen wirklich meint – und wie ernst die Kommission sie deshalb nehmen muss. Die Resolution signalisiert nur, dass die Abgeordneten Sorgen haben. Sie bindet die Kommission nicht. Immerhin hat das Parlament aber früher, als es dann über die fertigen Abkommen abstimmen musste, auch schon mal beherzt «Nein» gesagt. Mit bindender Wirkung.

Pascal Lamy ist ein unverbesserlicher Optimist. Der Franzose war einst EU-Handelskommissar und bis Mitte 2013 Chef der Welthandelsorganisation WTO. Er glaubt fest daran, dass die Liberalisierung der Märkte richtig und Globalisierung gut sein kann – jedoch nur, wenn sie bestimmten Standards genügt. Denn zugleich ist er überzeugter Sozialdemokrat. Lamy ist der Ansicht, dass es gut wäre, wenn es TTIP gäbe. Doch er findet, dass das Projekt völlig falsch begonnen wurde. Viel zu lange habe die EU-Kommission nur über Liberalisierung geredet. Das habe die Umweltgruppen, die Verbraucherverbände und viele andere Initiativen mobilisiert und den Bürgern Angst gemacht. Es sei doch nicht verwunderlich, dass die Leute nicht einfach die Qualität ihres Essens, ihrer sozialen Errungenschaften oder den Schutz der Natur aufgeben wollten. Dafür hätten sie schließlich lange gekämpft. Das gefährden – für ein paar wolkige Wachstumsversprechen?

Lamy hält es für einen Riesenfehler, wie über TTIP verhandelt wird. Es gehe heute kaum noch um Zölle und Quoten. Es gehe um etwas völlig anderes: «Statt wie in der Vergangenheit den Protektionismus zu reduzieren, müssen wir künftig gemeinsam Vorsorge und Schutz managen.» Deswegen habe TTIP nur dann ein Chance, wenn es sich grundsätzlich von klassischen Handelsverträgen unterscheide. Also müsse auch seine Entstehung anders organisiert werden. Statt gegeneinander zu verhandeln, müssten in den Handelsgesprächen vertrauensvoll *gemeinsam* Regeln und Standards, Verfahren und Normen entwickelt werden. «Über Zölle kann man feilschen», sagt Lamy, «über Vorsichtsmaßnahmen nicht.» Die könne man nicht einfach gegeneinander tauschen, nach dem Motto: Senkst du die Standards beim Essen, dann tue ich es bei den Autos. Genau das vermittelten die Verhandlungen aber.

Deswegen müssten sich bei TTIP eigentlich auch ganz andere Leute zusammensetzen, nicht nur die Handelsexperten. TTIP-Verhandlungen mit Experten für Umweltfragen, für Soziales und für Kultur, mit Experten aus Aufsichtsbehörden und auch mal mit jemandem, der politisches Gespür für Machbares hat? Lamy nickt und grinst. Er kennt den Laden schließlich gut. Er hat ja früher selbst im Namen der Europäer in langen Sitzungen gefeilscht. Er hat dann vor allem Bananen gegessen und war froh, dass er als Marathonläufer über viel Kondition verfügte.

Noch etwas ist ihm wichtig: Der Verdacht müsse ausgeräumt werden, dass es eine geheime Agenda zum Nutzen der Konzerne gebe. Die Politiker in Europa und den USA sollten stattdessen möglichst bald beweisen, dass sie ihre Länder wirklich zu einer

Zone mit den weltweit höchsten Standards zusammenschließen wollen. Das mache doch die entwickelte Welt aus, das gehöre zu den Errungenschaften von Europa. Darum beneideten einen die anderen. «Standards», so sagt Lamy, «verhindern Albträume.» In jedem Land, in dem die Mittelschicht wächst, wachse auch der Anspruch an die Sicherheit von Produkten. «Es ist ein Zeichen von Entwicklung, dass die Standards in einem Land hoch sind.» Diese gemeinsam zu managen, sie langsam anzugleichen, dort, wo es ohne Verlust an Sicherheit möglich ist: Das werde Jahre dauern, sagt Lamy. So wie der europäische Binnenmarkt auch Jahre gebraucht habe. Einen solchen europäisch-amerikanischen Markt werde sich jedoch kein Unternehmen entgehen lassen. Auch wenn seine Regeln so anspruchsvoll sind wie sonst nirgends auf der Welt.

Lamys Weltsicht ist etwas Besonderes, weil er an etwas sehr Altmodisches glaubt: an die Gestaltungsfähigkeit der Politik. Der Franzose hegt die feste Überzeugung, dass gewählte Politiker etwas Richtiges tun und im Sinne ihres Völker handeln können. Dass sie es nur wollen müssen. Das unterscheidet ihn grundsätzlich von vielen anderen, die in ihrer Kritik oft völlig richtig liegen, die aber bei der Frage nach den Schritten in die richtige Richtung mit einem gewissen Fatalismus reagieren. Frei nach dem Motto: Wird sowieso nix mit der gerechten Handelsordnung.

Gestalten wollen auch die Autoren des Alternativen Handelsmandats. Vier Jahre lang haben über 50 Organisationen daran gearbeitet. Mit dabei waren ATTAC, Menschenrechtsgruppen, große entwicklungspolitische Organisationen wie Misereor und Oxfam, Umweltorganisationen und der Kleinbauernverband Via Campesina. Organisationen aus dem Süden haben mitgemacht und von den Auswirkungen der EU-Handelspolitik auf die armen Länder berichtet. Am Ende entstand ein Papier, in dem neben wolkigen Wünschen für eine bessere Welt durchaus handfeste und realitätsnahe Vorschläge zu lesen sind. Beispielsweise, dass über alle Verhandlungen vorher informiert wird, dass Abkommen kündbar sein müssen, dass sie zu UN-Konventionen passen müssen. Das klingt banal. Aber schon diese drei Forderungen umzusetzen, wäre ein riesiger Schritt. Denn sie betreffen den Kern der Probleme. In den vergangenen Jahren sind Handelspolitiker nicht nur immer weiter in wichtige gesellschaftspolitische Bereiche vorgedrungen. Ebenso gefährlich ist ja, dass sie ein eigenes, global wirksames Recht entwickelt haben, und zwar nicht nur durch die Schiedsgerichte. Sie haben das gesamte Handelsrecht losgelöst von anderen völkerrechtlichen Regeln weiterentwickelt: von den Menschenrechtskonventionen oder denen zum Schutz der Umwelt. Der Göttinger Völkerrechtler Peter-Tobias Stoll nennt das den «Autismus des Handelsrechtes».

Die Folgen sind absurd. Im Moment belohnt das globale Handelssystem die Zerstörung der Natur und des Menschen. Die Beschränkung des Warenverkehrs wird von der WTO in Genf bestraft, Regierungen müssen dafür zahlen. Werden aber bei der Produktion die Umwelt verdreckt oder die Arbeiter misshandelt, dann spielt das keine Rolle. Schlimmer noch: Das Handelsrecht verhindert sogar, dass die Importländer dieser Waren sich gegen so etwas wehren. «Das ist nicht mehr zeitgemäß», sagt Michael Windfuhr vom Deutschen Institut für Menschenrechte. Längst habe die UN andere Konventionen verabschiedet. Handelsregeln müssten mit denen mehr verzahnt werden. Damit sie den Kampf gegen die Verletzung von Menschenrechten stärken, nicht schwächen. Nötig wäre, das komplett veraltete internationale Handelsrecht zu entstauben.

Das könnte schon mit dem nächsten Abkommen beginnen, denn es existieren dafür sehr konkrete Ideen. Die EU-Kommission müsste sie nur aufgreifen und genauso selbstbewusst vortragen wie die USA ihre Anliegen. Denn es gibt Vorschläge, wie die Regeln, nach denen bei der WTO geurteilt wird, reformiert werden könnten. Vorschläge, wie auch die globalen Unternehmen mehr zur Verantwortung gezogen werden könnten. Denn auch das ist ein großes Problem: Bisher reden alle immer über die Verantwortung der Staaten. Was aber ist mit den Konzernen, die die globalen Lieferketten organisieren? Auch sie könnte man verpflichten, beispielsweise bei ihren Zulieferern aus anderen Ländern darauf zu achten, dass die mit ihren Mitarbeitern fair umgehen. Noch fehlt es aber auch hier am politischen Willen in Brüssel und in Washington. Dabei könnte TTIP vergleichsweise leicht zum Modellvertrag werden, denn beiden Partnern sollte es nicht schwer fallen, ein paar dieser Ideen zu unterschreiben, zumindest wenn sie ihre eigenen Worte und Werte ernst nehmen. Dadurch, dass sie beispielsweise die Rechte von Arbeitnehmern garantieren, würden sie nicht nur in ihren eigenen Gesellschaften wieder an Zustimmung gewinnen. Sie könnten ganz leicht auch weltweit Zeichen setzen und zeigen, dass sie nicht für die Globalisierung von privatem Schiedsrecht zugunsten weniger Investoren kämpfen, sondern für die Globalisierung der Menschenrechte, des Umweltschutzes.

Europa und die USA sollten ganz schnell ein TTIP *light* verabschieden, lautet ein ganz konkreter Reformvorschlag: Sie könnten ein paar Zölle streichen, ein paar unumstrittene Regeln angleichen, und fertig ist das Ganze – erst einmal. Unter anderem haben das Sebastian Dullien, Joseph Jannig und Adriana Garcia vom ECFR vorgeschlagen. Noch besser wäre, wenn sich auch noch ein gemeinsamer Umweltstandard entwickeln ließe, der nicht zu weniger, sondern zu mehr Schutz führt – beispielsweise des Klimas. Danach wäre dann Zeit, grundsätzlicher über die Handelspolitik nachzudenken und zu diskutieren, wie sie umweltfreundlicher und menschengerechter werden kann. Wie Europa auch in diesem Feld erst nehmen kann, wozu es sich selbst in seinen Verträgen verpflichtet hat und was seine Bürger wollen: ein Wirtschaftsmodell zu schaffen, das Menschen und Natur nicht schadet, sondern nutzt.

Doch solche Ideen findet in Brüssel und Berlin wenig Anhänger. Zu viele Leute haben schon zu viel ihres persönlichen Ansehens mit einem Erfolg von TTIP verbunden. Sie haben das Projekt deswegen immer mehr überfrachtet, als eine Art Heilsbringer, deswegen muss es zu viele Bedingungen gleichzeitig erfüllen. Es soll nun schnell zu Ende gebracht werden, Bundeskanzlerin Angela Merkel und US-Präsident Barack Obama haben das auf dem G7-Gipfel in Elmau wieder gefordert. Es soll so ambitioniert sein wie kein Abkommen zuvor – also mehr Bereiche des jeweils anderen Marktes öffnen denn je. Es soll Werte transportieren. Der Wirtschaft nutzen. Die Bevölkerung nicht zu sehr beunruhigen. Die Exporte steigern, aber der Umwelt nicht schaden. Etwas Besseres werden, als es andere Länder der Welt zustande gebracht haben, diese aber nicht ausschließen. Und es soll von den Parlamenten verabschiedet werden. Das ist wie die Quadratur des Kreises. Wie die Maut, nur viel gefährlicher.

Vielleicht muss also doch erst noch ein Abkommen scheitern und noch eines, damit dann ganz neu angefangen werden kann.

Und was nun?

Es ist doch offensichtlich, die größten Konzerne der Welt warten darauf, die Regeln für den mächtigsten Wirtschaftsblock, den es je gegeben hat, zu schreiben und – wenn sie diesen Block erst einmal gut unter ihrer Kontrolle haben – diese Regeln auch allen anderen aufzuzwingen.» Susan George schreibt das, im Sommer 2015 in einer Studie für die Rosa Luxemburg Stiftung. George ist die große alte Dame der Anti-Globalisierungsbewegung. In den USA geboren, wurde sie später Französin, vor allem aber Aktivistin. Sie arbeitete für Greenpeace, für ATTAC und das Amsterdamer Transnational Institute und kritisierte, lange bevor es populär wurde, die internationalen Organisationen, den Neoliberalismus und die WTO. Sie schrieb Bücher, «Demokratie statt Dracula» heißt eines, in dem sie für ein gerechtes Welthandelssystem plädiert. Zu TTIP hat Susan George eine klare Haltung. «Das ist ein direkter Angriff auf die Demokratie.»

Das ist ein hartes Urteil. Und so pauschal stimmt es nicht. Denn es ginge ja nicht übermorgen die Demokratie unter, wenn morgen TTIP käme. Es geht nicht um einen Angriff mit Artillerie und Pauken und Trompeten, sondern eher um einen schleichenden Prozess. Je länger man sich mit der Handelspolitik beschäftigt, desto klarer wird einem: Hinter TTIP, CETA, TISA und all den anderen Abkommen steckt keine konkrete Verschwörung von ein paar großen Konzernen. Natürlich wollen viele Konzernchefs vor allem den Wert, Umsatz und Gewinn ihres Unternehmens steigern. Dazu wurden sie eingestellt. Auch sind zu vielen Managern die Umwelt oder der Zusammenhalt der Gesellschaft herzlich schnuppe, solange die Rendite stimmt und die Aktionäre zufrieden sind. Und es stimmt, dass die Bewegungsfreiheit der großen Unternehmen durch die Globalisierung und das Netz von Handelsverträgen massiv zugenommen, der politische Spielraum vieler Regierungen hingegen abgenommen hat.

Aber hinter diesem Phänomen steckt noch mehr. Es liegt nicht allein am großen Geld und ein paar ideologisch verblendeten Politikern, dass die Rechte der Konzerne ausgebaut und die Demokratie dafür eingeschränkt wird. Gegen uns. Möglich wird das alles erst durch die schweigende Zustimmung oder das Unwissen vieler Bürger. Sicher gilt das nicht für jedermann und für jede Maßnahme. Über konkrete Absurditäten, über Vattenfall und Hamburg, regen sich sogar viele Leute auf. Doch die Zahl der Kritiker schrumpft, wenn es grundsätzlicher wird. In vielen Köpfen steckt nämlich immer noch die Idee, dass mehr Markt und mehr Handel grundsätzlich immer noch besser für alle sei als weniger und dass man dafür einfach ein paar Nachteile hinnehmen muss. Und genau das macht den Umgang mit dem Thema so schwierig.

Wenn man etwas grundsätzlich für die Lösung hält, muss man bei deren Verwirklichung nur Fehler vermeiden. Man muss die Sache nur richtig machen. Und schon wird alles gut. Man denkt nicht darüber nach, dass die vermeintliche Lösung möglicherweise das Problem sein könnte. Dass die Strategie der Vergangenheit für die Zukunft nicht immer richtig sein muss und es von einer Sache auch zu viel geben kann. Dass die Handelspolitik, die bisher so viel Wohlstand gebracht hat, das Gegenteil bewirken könnte. Weil sie ein Etikettenschwindel ist. Weil sie zu viele Menschen zu viel kosten wird. Weil Liberalisierung kein Wettrennen ist, bei dem die schnellste Regierung automatisch gewinnt.

Sucht man nach einem Bild für das, was weltweit gerade passiert, dann passt wahrscheinlich am besten das eines Flusses. Wir nehmen die Liberalisierung der Märkte hin wie fließendes Wasser, wie etwas, dass man bestenfalls kanalisieren kann. Manchmal, wenn es zu zerstörerisch werden kann, bauen die Regierungen einen Damm. Beispielsweise, wenn es um die zu radikale Privatisierung von Gemeingut geht. Doch sie akzeptieren grundsätzlich, dass sich die Strömung dann anderswo einen Weg sucht, helfen sogar dabei: Deswegen tauchen Formulierungen, die in einem Handelsvertrag standen, auch wenn der scheiterte, im nächsten wieder auf. Die Eliten, die heute in der Handelspolitik das Sagen haben, in den Wirtschaftsministerien, der EU-Kommission, den internationalen Organisationen und den großen Wirtschaftsverbänden, probieren es einfach immer wieder aufs Neue. Die einen, weil sie nichts anderes gelernt haben. Die anderen, weil sie immer noch glauben, dass sie das Richtige tun. Sie beugen sich ja nur den vermeintlichen Sachzwängen, überzeugt davon, dass ihr Land nicht ausscheren darf aus dem vermeintlichen globalen Konsens. Die entscheidende Frage ist: Wie lange wollen wir das noch hinnehmen?

Auf den Finanzmärkten musste es erst zum Crash kommen, bevor allen klar wurde, dass sich hier eine kleine Gruppe von Leuten zu lange die Regeln selbst schreiben durfte. Muss erst etwas Ähnliches in der Handelswelt passieren? Eine wachsende Zahl der Bürger, die TTIP kritisieren, will das verhindern, getrieben von dem Gefühl: Hier ist etwas aus dem Lot geraten. Das ist wichtig. Nötig wäre aber viel mehr als dieser Protest. Nämlich das um sich greifende Bewusstsein für etwas Grundsätzliches: Die gesamte Welthandelspolitik gehört neu geordnet, sie muss den Wirtschaftspolitikern weggenommen werden – bevor die in den nächsten Verträgen festschreiben, was niemand mehr rückgängig machen kann. Denn das ist wohl die gefährlichste Wirkung aller Handelsabkommen: Hat die EU sie erst einmal abgeschlossen, können sie quasi nicht mehr gekündigt werden. Sie sind dann geltendes Völkerrecht, und hinter das kann keine deutsche Regierung zurück. Das gilt für TTIP, CETA, TISA und all die vielen anderen Handelsabkommen, die noch geplant sind. Und das ist immer dann besonders gefährlich, wenn diese Abkommen besonders ambitioniert sind und weit in Bereiche hineinreichen, die mit klassischer Handelspolitik nichts mehr zu tun haben. Wenn es um Standards für das Essen, Regeln für den Umgang mit der Natur, den Klimaschutz oder auch die sozialen Errungenschaften geht. Um die allmähliche Erosion der Demokratie. Um die immer weiter reichende unwiderrufliche Privatisierung öffentlichen Eigentums. All das geht alle an.

Irrtümer müssen nicht automatisch zu Katastrophen werden, man muss sie nur rechtzeitig erkennen.

Oder, um es mit einer der wichtigsten Erkenntnisse des Philosophen Karl Popper zu sagen: Gesellschaften machen Fehler. Offene Gesellschaften sind in der Lage, ihre Fehler zu korrigieren.

Dank

Ich danke allen Gesprächspartnern, den genannten und denen, die lieber ungenannt bleiben wollen. Sie haben meine zahlreichen Fragen (und mein intensives Nachfragen auch bei Details) tapfer ertragen. Sollten sich dennoch Fehler eingeschlichen haben, liegt die Verantwortung ausschließlich bei mir. Ein besonderer Dank gebührt Norman Birnbaum, Heribert Dieter, Pia Eberhardt, Andreas Fischer-Lescano, Thomas Fritz, Arancha González, Amir Ghoreishi und dem Brüssler Büro der Arbeiterkammer Österreich, Jörg Haas, Bastian Hermisson, Reiner Hoffmann, Ska Keller und ihrem Büro, Matthias Kumm, Pascal Lamy, Klaus Staeck, Jürgen Maier, Christoph Scherrer, Liane Schalatek, Daniela Schwarzer, Peter Sparding, Sabine Stephan, Jochen Steinhilber und Peter-Tobias Stoll. Wunderbar war es, wie Michael Zürn und die Global Governance Abteilung des Wissenschaftszentrums Berlin (WZB) mich als Gast aufgenommen und meine Recherche durch interessante Diskussionen beflügelt haben. Ein herzlicher Dank geht an meine drei Kollegen Heike Buchter, Kerstin Kohlenberg und Wolfgang Uchatius, die mich durch die inspirierende Zusammenarbeit für zwei *ZEIT*-Dossiers erst auf die Idee für dieses Buch gebracht und freundlicherweise erlaubt haben, die gemeinsame Arbeit zu nutzen. Die *ZEIT*-Redaktion und besonders das Hauptstadtbüro haben mir ermöglicht, ein Sabbatical zu nehmen. Danke!

Fabelhaft war die Geduld, die Günther, Jakob und Franziska mit mir auch in den Ferien hatten.

Literatur zum Weiterklicken

Viele Texte über die Handelspolitik, Schiedsgerichte und Abkommen gibt es leider nur auf Englisch und auch Teile der Debatte. Die ist inzwischen sehr breit und manchmal auch sehr speziell, für fast jedes meiner Kapitel gibt es Material für ein jeweils eigenes Buch. Ich beschränke mich hier auf eine kleine Auswahl der interessantesten Quellen. Wo möglich, habe ich immer deutsche Literatur und Links angegeben, ansonsten die englischen.

«Globalisierung macht reich» – Aber wen?

Viele Zahlen und Analysen der Trends im Welthandel findet man auf den Webseiten der große UN-Organisationen, also bei www.imf.org und der www.weltbank.org, aber auch bei der OECD. www.oecd.org. Allerdings schreiben hier meist sehr traditionelle, freihändlerische Ökonomen. Interessant für dieses Kapitel sind:
https://www.wto.org/english/res_e/booksp_e/
    world_trade_report14_e.pdf
https://www.wto.org/english/res_e/booksp_e/wtr14-1_e.pdf
http://www.imf.org/external/pubs/ft/fandd/2014/12/constant.htm
http://www.imf.org/external/pubs/ft/weo/2015/update/01/
http://www.oecd.org/trade/
http://www.econ.yale.edu/~srinivas/trade_poverty.pdf
Dani Rodrik: http://rodrik.typepad.com/
Paul Krugman: http://krugman.blogs.nytimes.com/?_r=0
http://dipeco.economia.unimib.it/Persone/Gilli/food%20for%20
    thinking/simple%20general%20readings%20on%20economics/
    Is%20Free%20Trade%20Passe.pdf
Joseph Stiglitz: http://www.josephstiglitz.com/
Ha-Joon Chang: http://hajoonchang.net/
Eine kritische Sicht auf die Entwicklungen haben Institutionen wie:
Economic Policy Institute:
    http://www.epi.org/research/trade-and-globalization/

South Center: http://www.southcentre.int/
Transnational Institute: https://www.tni.org/en
Über die internationalen Produktionsketten (Global Value Chains):
https://www.ecb.europa.eu/pub/pdf/scpwps/ecbwp1677.pdf
http://www.imf.org/external/pubs/ft/fandd/2014/03/ruta1.htm
http://www.intracen.org/
http://www.theguardian.com/global-development/2015/jan/20/
    countries-international-trade-poverty-development
Warum der EU-Binnenmarkt nicht so erfolgreich war, wie erhofft:
    http://www.dbresearch.de/PROD/DBR_INTERNET_DE-PROD/
    PROD0000000000320537/Der+EU-Binnenmarkt+nach+20+
    Jahren%3A+Erfolge%2C+unerf%C3 %BCllte+Erwartungen+und
    +weitere+Potenziale.pdf

Wer verhandelt da eigentlich – und für wen?

Wie die Notwendigkeit, große Summen an Geld aufzutreiben, die
Politik und die Handelsabkommen der USA verändern:
http://www.thenation.com/article/174151/reverse-revolving-door-
    how-corporate-insiders-are-rewarded-upon-leaving-firms-congres
http://www.republicreport.org/2014/big-banks-tpp/
http://www.pogo.org/our-work/reports/2013/big-businesses-offer-
    revolving-door-rewards.html
http://www.thenation.com/article/197561/these-hires-congress-
    becomes-even-more-corporation
http://www.washingtonpost.com/blogs/the-switch/wp/2013/11/26/
    heres-why-obama-trade-negotiators-push-theinterests-of-
    hollywood-and-drug-companies/
http://thehill.com/policy/technology/199413-former-software-
    lobbyist-tapped-for-trade-post
http://jeffconnaughton.com/the-payoff-why-wall-street-always-wins/
http://papers.ssrn.com/sol3/papers.cfm?abstract_id=2354324
http://article.wn.com/view/2015/04/29/DeFazio_Blasts_Monsanto_
    Provision_in_Fast_Track_Legislation_/
Lobbyismus in der EU:
http://corporateeurope.org/expert-groups/2015/04/commission-
    continues-ask-tax-offenders-advice-tax-regulation
http://corporateeurope.org/international-trade/2014/07/who-lobbies-
    most-ttip

http://corporateeurope.org/power-lobbies
http://www.ombudsman.europa.eu/de/home.faces
http://www.ombudsman.europa.eu/en/cases/correspondence.faces/en/
58861/html.bookmark
http://www.integritywatch.eu/
http://ec.europa.eu/transparency/regexpert/index.cfm
Jean-Frédéric Morin, Tereza Novotná, Frederik Ponjaert und Mario
Telò (Hg.): The Politics of Transatlantic Trade Negotiations. TTIP in
a Globalized World, 2015

Die Erde ist nicht flach – noch nicht

Peter-Tobias Stoll und Frank Schorkopf: WTO – Welthandelsordnung
und Welthandelsrecht, Köln 2002
Pro Liberalisierung: https://www.wto.org
Jagdish N. Bhagwati: Verteidigung der Globalisierung, München 2008
Die kritische Sicht:
Chang Ha-Joon: Bad Samaritans. The Myth of Free Trade and the Secret
History of Capitalism, New York 2008
Joseph Stiglitz: Die Schatten der Globalisierung, Berlin 2002
Jean Ziegler: Die neuen Herrscher der Welt und ihre globalen
Widersacher, München 2003
http://www.unhchr.ch/Huridocda/Huridoca.nsf/0/
34441bf9efe3a9e3c1256e6300510e24/$FILE/G0410777.pdf
Aus Sicht der Entwicklungsländer:
http://unctad.orghttp://unctad.org/en/PublicationsLibrary/
tdr2014overview_en.pdf
Eine OECD-Studie über Handelshemmnisse:
http://www.keepeek.com/Digital-Asset-Management/oecd/trade/
emergingpolicy-issues_5js1m6v5qd5j-en#page1
Wie die Industrie immer neue Handelsabkommen und Organisationen
nutzt: http://infojustice.org/download/tpp/tpp-academic/
Sell%20%20TRIPS%20Was%20Never%20Enough%20-%20June
%202011.pdf
Lakoff über Sprache und Macht:
http://www.berkeley.edu/news/media/releases/2003/10/27_lakoff_
p2.shtml

GATT, GATS und andere Kürzel

http://papers.ssrn.com/sol3/papers.cfm?abstract_id=2354324
https://www.gatswatch.org
https://www.unesco.de/fileadmin/medien/Dokumente/Kultur/kkv/
 kkv-gutachten-engl_examples.pdf
https://www.unesco.de/fileadmin/medien/Dokumente/Kultur/kkv/
 kkv_gutachten_zf.pdf
http://thomas-fritz.org/buecher/
Thomas Fritz, Kai Mosebach, Werner Raza, Christoph Scherrer, Edition
 der Hans-Böckler-Stiftung, Nr. 168, Düsseldorf 2006
Shalini Randeria: Entrechtung und Verrechtlichung. Entpolitisierung
 der Demokratie? Transit, Winter 2014/2015

Die Privatisierung der Welt

http://www.greenpeace.de/themen/landwirtschaft/patente/patente-
 auf-leben-fragen-und-antworten
http://www.spiegel.de/wirtschaft/patente-auf-nahrungsmittel-die-
 brokkoli-revolte-a-707385.html
http://www.cnet.com/news/obama-were-only-halfway-there-on-
 patent-reform/
http://papers.ssrn.com/sol3/papers.cfm?abstract_id=1900102
http://www.ip-watch.org
http://www.zeit.de/digital/internet/2015-06/tisa-abkommen-wikileaks-
 open-source
http://www.seco.admin.ch/themen/00513/00586/04996/
 index.html?lang=de
http://trade.ec.europa.eu/doclib/docs/2014/may/tradoc_152464.pdf
http://www.bmwi.de/DE/Themen/Aussenwirtschaft/
 Freihandelsabkommen/tisa.html
https://netzpolitik.org/
http://ec.europa.eu/trade/policy/in-focus/tisa/

Warum TTIP? Darum!

Die Webseiten von EU-Kommission, Wirtschaftsministerium und US
Trade
http://ec.europa.eu/trade/index_en.htm

http://www.bmwi.de/DE/Themen/Aussenwirtschaft/
   Freihandelsabkommen/ttip.html

http://www.iie.com/publications/pb/pb13-8.pdf

http://ec.europa.eu/enterprise/policies/international/
   cooperating-governments/usa/jobs-growth/index_en.htm

http://corporateeurope.org/trade/2013/06/who-scripting-eu-us-
   trade-deal

http://corporateeurope.org/international-trade/2014/07/who-
   lobbies-most-ttip

http://data.consilium.europa.eu/doc/document/ST-11103-2013-DCL-1/
   de/pdf

http://www.croplifeamerica.org/sites/default/files/node_documents/
   CLA_GlobalHarmonization.pdf

CETA Vertragstext, TTIP-Mandat:

http://trade.ec.europa.eu/doclib/docs/2014/september/
   tradoc_152806.pdf

http://www.ttip-leak.eu/

Wie Handelsabkommen wirken

Auf Arbeitnehmer:

http://www.dgb.de/extra/telekompetition

http://www.gmfus.org/events/conversation-trade-unions-and-ttip-
   livestreamed

http://www.epi.org/files/page/-/old/briefingpapers/
   BriefingPaper299.pdf

Julia Molck, Ablehnung gewerkschaftlicher Strukturen im Süden der
   USA durch politisches Union Busting, Bochum 2015

http://www.boeckler.de/imk_53348.htm

http://wien.arbeiterkammer.at/interessenvertretung/eu/
   Positionspapier_TTIP_CETA.html

Kultur:

https://en.wikipedia.org/wiki/Canadian_content

https://www.gruene-bundestag.de/fileadmin/media/
   gruenebundestag_de/themen_az/EU-USA_Freihandelsabkommen/
   Gutachten_TTIP_Kultur.pdf

http://www.gruene-bundestag.de/fileadmin/media/
   gruenebundestag_de/themen_az/digitale_buergerrechte/
   Kurzgutachten_Urheberrechte_in_CETA.pdf

http://dip21.bundestag.de/dip21/btd/18/047/1804797.pdf
http://www.kulturrat.de/text.php?rubrik=142
Umwelt:
http://www.globalagriculture.org/whats-new/news/news/en/
    30206.html
http://trade.ec.europa.eu/doclib/docs/2015/january/tradoc_153026.pdf
http://www.foeeurope.org/sites/default/files/publications/
    foee-fqd-trade-ttip-170714_0.pdf
Über Handel und Klima:
http://www.theguardian.com/environment/blog/2015/jul/03/
    us-oil-export-ban-ttip-lifting-rise-carbon-emissions
Die Anhörung des Industriekomitees:
    http://www.europarl.europa.eu/news/en/news-room/content/
    20150430IPR48912/html/Committee-on-Industry-Research-and-
    Energy-meeting-06052015
http://www.zeit.de/wirtschaft/2015-05/ttip-ceta-kosten
http://www.bund.net/fileadmin/bundnet/pdfs/sonstiges/
    150623_bund_sonstiges_ttip_chemie_hintergrund.pdf
http://corporateeurope.org/climate-and-energy/2015/04/
    infographic-fracking-industry-setting-agenda
Die eigene EU-Studie über die Wirkung von TTIP sagt CO_2-Anstieg
    voraus
http://trade.ec.europa.eu/doclib/docs/2013/march/tradoc_150737.pdf
Über Handelsrecht und Umweltrecht:
http://www.wti.org/fileadmin/user_upload/nccr-trade.ch/wp5/5.10/
    URP3%20Leitartikel%20Panizzon.pdf

Der schöne Schein obskurer Zahlen

Die Studien vom Wirtschaftsministerium, Kommission, Bertelsmann:
http://www.bmwi.de/Dateien/BMWi/PDF/Monatsbericht/
Auszuege/04-2013freihandel,property=pdf,bereich=
bmwi2012,sprache=de,rwb=true.pdf
http://ec.europa.eu/trade/policy/in-focus/ttip/about-ttip/
    questionsand-answers/
http://www.bertelsmann-stiftung.de/fileadmin/files/Projekte/
    87_Global_Economic_Symposium/STUDIE_
    Die_Transatlantische_Handels-und_Investitionspartnerschaft__
    THIP_.pdf

http://www.cesifo-group.de/de/ifoHome/research/Projects/Archive/
    Projects_AH/2014/proj_AH_ttip-entwicklungslaender.html
http://www.gbv.de/dms/zbw/756753953.pdf
http://www.bdi.eu/TTIP.htm
Die kritische Debatte:
http://library.fes.de/pdf-files/wiso/10969.pdf
http://www.oefse.at/fileadmin/content/Downloads/Publikationen/
    Policynote/PN10_ASSESS_TTIP_dt.pdf
http://www.foodwatch.org/uploads/media/2015-02-06_
    Hintergrund_TTIP-Folgen-fuer-Entwicklungslaender_02.pdf
http://www.euractiv.de/sections/eu-aussenpolitik/foodwatch-vs-bdi-
    ttip-und-die-entmachtung-der-parlamente-315451
http://www.voxeu.org/article/ttip-free-trade-coming-north-atlantic
http://www.epi.org/blog/naftas-impact-workers/

Hormonsteaks, Armaturen und zwei Weltordnungen

Der Hormonfleischfall:
https://www.wto.org/english/tratop_e/dispu_e/cases_e/ds26_e.htm
Die Sicht der US-Regierung und der Agrarlobby:
https://ustr.gov/sites/default/files/2014 %20TBT%20Report.pdf
http://iipdigital.usembassy.gov/st/english/texttrans/2013/10/
    20131001283902.html#ixzz3d1AhcybQ
http://www.eubusiness.com/news-eu/food-farm-trade-us.10v5
www.regulations.gov/#!documentDetail;D=USTR-2013-0019-0155
http://agri-pulse.com/US-disappointed-by-EUs-new-plan-to-allow-biot
    ech-crop-bans-04222015.asp
http://www.croplifeamerica.org/news/cla/Crop-Protection-Industry-
    Urges-Stronger-Regulatory-Framework-Between-US-EU
Über das Senken von Standards:
http://www.ciel.org/lowest-common-denominator/
time.com/3913232/natural-flavoring-government/
http://www.bundestag.de/blob/281880/d4375b8f94cb408465653cb47
    aa5d696/a_drs--18-10-103-d-data.pdf
http://www.zdf.de/wiso/ttip-verfall-eu-schutz-bei-pestiziden-
    38075692.html
Über den Streit um das Vorsichts- und das wissenschaftsbasierte Prinzip
http://www.rspb.org.uk/Images/precautionaryprinciple_tcm9-
    133066.pdf

http://www.iisd.org/pdf/sci_precaution.pdf
Über die Angleichung von Standards
http://library.fes.de/pdf-files/wiso/11026.pdf
http://www.vzbv.de/dokument/ttip-verbraucherschutzstandards-sind-
keine-handelshemmnisse
Das SPS-Abkommen:
https://www.wto.org/english/tratop_e/sps_e/sps_e.htm

Wenn das Geschäft das Recht diktiert

Matthias Kumm: Ein Weltreich des Kapitals? Die Institutionalisierung
ungerechtfertigter Investorenprivilegien in TTIP und CETA,
Leviathan, 3/2015.
http://corporateeurope.org/sites/default/files/
profiting-from-crisis_0.pdf
Die Seite des Internationale Schiedsgerichtes ICSID
https://icsid.worldbank.org/apps/ICSIDWEB/about/Pages/
default.aspx
https://icsid.worldbank.org/apps/ICSIDWEB/about/Pages/
PanelDetails.aspx?state=ST53
Matthew Porterfield hat eine Vielzahl von Fällen gelesen und analysiert:
http://works.bepress.com/cgi/viewcontent.cgi?article=
1000&context=matthew_porterfield
Statistiken über die Schiedsgerichtsbarkeit: http://www.unctad.org;
http://unctad.org/en/publicationchapters/wir2015ch3_en.pdf
Zum treaty shopping:
https://www.ifw-kiel.de/medien/medieninformationen/2015/
treaty-shopping-beim-investorenschutz
http://www.sueddeutsche.de/politik/freihandelsabkommen-ttip-
wider-die-neoliberalen-glaubenssaetze-1.2029410
Infos und Zahlen über Investitionsschutzabkommen:
http://investmentpolicyhub.unctad.org/
http://www.state.gov/e/eb/rls/othr/ics/
Noch mehr Fälle und noch mehr über einzelne Fälle:
http://www.zeit.de/2014/10/investitionsschutz-schiedsgericht-icsid-
schattenjustiz
http://www.zeit.de/2014/47/schiedsgerichte-steuerzahler
http://action.sierraclub.org/site/DocServer/0999_Trade_Bilcon_
Factsheet_04_low.pdf?docID=17481

http://www.theguardian.com/business/2015/jun/10/obscure-legal-
system-lets-corportations-sue-states-ttip-icsid
http://unctad.org/en/PublicationsLibrary/webdiaepcb2015d1_en.pdf
treaty shopping:
https://www.ifw-kiel.de/medien/medieninformationen/2015/
treaty-shopping-beim-investorenschutz

Absurd, absurder, Europa

http://www.zeit.de/wirtschaft/2015-04/private-schiedsgerichte-
verfahren-ttip-deutschland-europa-aerger
http://ec.europa.eu/deutschland/press/pr_releases/13202_de.htmc
Öffentlich zugängliche Dokumente für den Vattenfall-Fall Moorburg:
http://www.italaw.com/cases/1148

Das Regieren einfrieren

http://wirtschaftsblatt.at/home/nachrichten/europa_cee/4719474/
Schweighofer-in-Rumaenien-unter-Aufsicht
http://www.profil.at/wirtschaft/ttip-causa-oesterreichischer-
holzkonzern-gesetz-5767776
https://www.youtube.com/watch?v=6UsHHOCH4q8
http://global.tobaccofreekids.org/en/industry_watch/case_studies/

Schiedsgerichte kann man reformieren

http://dipbt.bundestag.de/dip21/btp/18/18070.pdf#P.6619
http://bmwi.de/DE/Themen/aussenwirtschaft,did=704228.html
Der Reformvorschlag und sein Autor:
http://ttip2015.eu/files/content/docs/Full%20documents/
150430%20Gabriel%20Krajewski%20ISDS%20model%20
agreement.pdf
http://ttip2015.eu/blog-detail/blog/Krawjeweski%20ISDS.html
http://www.deutschlandfunk.de/schiedsgerichte-bei-ttip-regeln-die-
wir-bei-nationalen.697.de.html?dram:article_id=318865
Die kritische Bewertung von ISDS
http://www.boeckler.de/52744_52761.htm
http://www.zeit.de/2014/45/ttip-ceta-freihandelsabkommen-
grundgesetz-rechtswidrig

http://www.euractiv.com/sections/trade-society/international-
investment-court-plan-threatens-our-democracy-313179
https://gusvanharten.wordpress.com/
http://www.sueddeutsche.de/politik/freihandelsabkommen-ttip-
wider-die-neoliberalen-glaubenssaetze-1.2029410
Der ökonomische Nutzen von isds:
http://www.ceps.eu/system/files/SR102_ISDS.pdf
http://www.cato.org/publications/free-trade-bulletin/compromise-
advance-trade-agenda-purge-negotiations-investor-state

Undurchsichtig, unwiderruflich, undemokratisch

https://www.wzb.eu/de/personen/michael-zuern
https://www.wzb.eu/de/personen/wolfgang-merkel
http://www.frankfurter-hefte.de/Archiv/2015/Heft_06/Artikel_Juni_
2015.html
http://www.faz.net/aktuell/politik/die-gegenwart/zukunft-der-
demokratie-krise-krise-12173238-p2.html?printPagedArticle=
true#pageIndex_3
Der Kommissionsvorschlag zur regulatorischen Kooperation
http://trade.ec.europa.eu/doclib/docs/2015/february/
tradoc_153120.pdf
https://ec.europa.eu/commission/2014-2019/malmstrom/blog/
cutting-red-tape-safeguarding-standards-regulatorycooperation-
eu-us-trade-talks_en
Die Kritik:
http://www.beuc.eu/blog/regulatory-cooperation-perhaps-boring-
but-the-ttip-storm-on-the-horizon/
http://www.betterregwatch.eu/
http://www.sueddeutsche.de/politik/prantls-politik-
freihandelsabkommen-1.1951333x
http://media.arbeiterkammer.at/wien/PDF/studien/
Regulierungszusammenarbeit_ttip_ceta.pdf
http://www.zeit.de/2010/21/Europa-Habermas
Jürgen Habermas: Drei normative Modelle der Demokratie. Zum
Begriff deliberativer Demokratie. In: Herfried Münkler (Hrsg.): Die
Chancen der Freiheit. Grundprobleme der Demokratie. München
und Zürich 1992

Der Westen, seine Werte und der Welthandel

Die gängigsten geostrategischen Argumente für TTIP:
http://transatlanticrelations.org/books/geopolitics-ttip-repositioning-
    transatlantic-relationship-changing-world
http://www.clingendael.nl/sites/default/files/The%20Geopolitics
    %20of%20TTIP%20-%20Clingendael%20Policy%20Brief.pdf
http://www.cfr.org/trade/us-trade-negotiations-aim-raise-labor-
    environmental-standards/p33141
Die Gegenargumente:
http://www.swp-berlin.org/fileadmin/contents/products/
    fachpublikationen/Dieter_FES_Geopolitics_2014.pdf
http://www.voxeu.org/content/catalyst-ttip-s-impact-rest
http://www.zeit.de/2007/09/Was_heisst_westliche_
    Wertegemeinschaft
http://www.institut-fuer-menschenrechte.de/uploads/tx_commerce/
    Studie_A_Model_Human_Rights_Clause.pdf
http://www.waldenbello.org/

«TTIP ist böse»

Das SPD-/DGB-Papier:
http://www.spd.de/linkableblob/123688/data/20140919_ttip_
anforderungen_bmwi_dgb.pdf
http://www.corporateeurope.org/
http://www.powershift.de
http://www.mehr-demokratie.de/ziele.html
https://www.stop-ttip.org/de/
https://www.campact.de/
http://www.forumue.de/
http://www.ttip-unfairhandelbar.de/start/wer-wir-sind/unsere-
    aktivitaeten/
https://www.kent.ac.uk/law/isds_treaty_consultation.html
http://www.afj.org/press-room/press-releases/more-than-100-legal-
    scholars-call-on-congress-administration-to-protect-democracy-
    and-sovereignty-in-u-s-trade-deals
http://www.citizen.org/trade/

Von Träumern, Reformern und Realpolitikern

http://www.cdu.de/ttip/fakten
http://www.spd.de/spd_organisationen/Grundwertekommission/
http://www.gruene-bundestag.de/fileadmin/media/
   gruenebundestag_de/fraktion/beschluesse/Beschluss_
   Globalisierung.pdf
https://www.die-linke.de/politik/aktionen/ttip-stoppen/
http://www.delorsinstitute.eu/011016-2021-Pascal-Lamy.html
http://www.attac.de/kampagnen/freihandelsfalle-ttip/hintergrund/
   althandelsmandat/
http://focusweb.org/
http://www.institut-fuer-menschenrechte.de
Ein neuer Start?
   http://www.ecfr.eu/page/-/ECFR124_%E2 %80 %93_TTIP_
   %28German%29_April_14.pdf

Und was nun?

http://rosalux-europa.info/userfiles/file/TTIP-BEWARE-june2015.pdf
Karl R. Popper: Die offene Gesellschaft und ihre Feinde, Tübingen
   2003

Glossar

Das Einmaleins des Handelslateins
Was sich hinter den wichtigsten Abkürzungen und Begriffen verbirgt

ACTA, Anti-Counterfeiting Trade Agreement: Das Anti-Produktpiraterie-Handelsabkommen sollte weltweit für strenge Regeln gegen das Kopieren von Produkten und Ideen sorgen. Es scheiterte 2012 nach heftigen internationalen Protesten im Europäischen Parlament.

CETA, Comprehensive Economic and Trade Agreement: Das Handelsabkommen zwischen Kanada und der EU wurde im September 2014 von dem damaligen EU-Kommissionspräsidenten Manuel Barroso und dem kanadischen Premierminister unterschrieben, ist aber noch nicht ratifiziert, die Parlamente haben noch nicht zugestimmt.

CODEX ALIMENTARIUS: Im Codex stehen internationale Minimalstandards für Lebensmittel, beispielsweise, welche Pestizidwerte Lebensmittel aufweisen dürfen, um noch als sicher zu gelten. Verwaltet wird er von der Weltgesundheits- und der Welternährungsorganisation (beide gehören zu den UN-Organisationen). Ob Länder bestimmte Lebensmittel an ihren Grenzen zurückweisen dürfen, regelt das **SPS**-Abkommen, und das wiederum nimmt dann Bezug auf den Codex.

DASEINSVORSORGE: Mit welchen Gütern und Leistungen der Staat seine Bürger versorgen und welche der Markt bereitstellen sollte, variiert von Land zu Land stark. In Deutschland gehören zur staatlichen Daseinsvorsorge traditionell Bildungs- und Kultureinrichtungen, Krankenhäuser, Friedhöfe, Wasserwerke oder Verkehrsbetriebe. Um vieles kümmern sich die Kommunen. Wenn Länder liberalisieren, werden oft traditionelle Bereiche der Daseinsvorsorge für den Wettbewerb geöffnet. Deswegen ist die Liberalisierung in diesem Feld politisch besonders brisant.

EPA, Economic Partnership Agreements: Die Wirtschaftspartnerschaftsabkommen wurden in den vergangenen Jahren zwischen der EU und Regierungen aus Afrika, der Karibik und dem Pazifik verhandelt. Entwicklungshilfeorganisationen haben diese Abkommen immer wieder kritisiert, weil sie die Entwicklungsländer zwingen, ihre Märkte zu schnell und sehr weitgehend für die viel stärkere europäische Industrie und Landwirtschaft zu öffnen.

GATT, General Agreement on Tariffs and Trade: Das Allgemeine Zoll- und Handelsabkommen trat am 1. Januar 1948 in Kraft. Es ist keine Organisation, sondern ein völkerrechtlicher Vertrag, den die 23 Gründungsmitglieder schlossen, später kamen immer neue Länder hinzu. Es formuliert Regeln für die Liberalisierung des Welthandels, auf seiner Basis fanden immer wieder Handelsrunden statt. 1995 ging das GATT in der **WTO** auf.

GATS, General Agreement on Trade in Services: Das Allgemeine Abkommen über den Handel mit Dienstleistungen ist ein internationales Abkommen der **WTO**, das den grenzüberschreitenden Handel mit Dienstleistungen und dessen stetig fortschreitende Liberalisierung zum Ziel hat. Es trat 1995 in Kraft und sollte durch weitere Runden fortgeschrieben werden. Das aber scheiterte bisher.

G 7: In der Gruppe der Sieben haben sich die bedeutendsten Industrienationen der westlichen Welt zusammengeschlossen. Ihre Staats- und Regierungschefs treffen sich regelmäßig zu Gipfeln, zuletzt 2015 auf Schloss Elmau in Bayern. Eine Weile war der russische Regierungschef Teil der Gruppe, sie wurde dann zur G 8; er wurde aber 2014 nach der Annexion der Krim von den anderen Teilnehmerstaaten ausgeschlossen.

HANDELSRUNDEN dienen der Liberalisierung der Märkte. In diesen Runden, die meist mit einer großen Konferenz beginnen und enden, vereinbaren die Regierungen, die das **GATT** unterzeichnet haben oder Mitglied bei der später gegründeten Welthandelsorganisation **WTO** sind, den Abbau von Handelshemmnissen. Eine Runde kann mehrere

Jahre dauern, meist wird sie nach dem Ort der Eröffnungskonferenz benannt. Insgesamt gab es bisher acht abgeschlossene Runden, die neunte, die sogenannte Doha-Runde, begann 2001 und hat bis heute keinen Abschluss gefunden.

ILO, International Labour Organization: Die Internationale Arbeitsorganisation ist eine Sonderorganisation der Vereinten Nationen mit Hauptsitz in Genf. Sie ist zuständig für die Formulierung und Durchsetzung internationaler Arbeits- und Sozialstandards.

ISDS, Investor-State Dispute Settlement: Das Investor-Staat-Schiedsverfahren regelt Streitigkeiten zwischen ausländischen Investoren und dem Gaststaat, in dem sie investiert haben. Die rechtliche Grundlage sind Investitionsschutzabkommen oder Klauseln in Handelsverträgen. Ausgetragen werden die Streitigkeiten vor internationalen Schiedsgerichten. Das wichtigste ist das International Centre of Settlement of Investment Disputes (ICSID) der Weltbank in Washington, D.C.

ITC, International Trade Centre: Das Internationale Handelszentrum hilft kleinen und mittleren Unternehmen aus Entwicklungsländern dabei, sich besser in der Welthandelsstruktur zurechtzufinden und in neuen Märkten Fuß zu fassen. ITC ist eine Agentur der Vereinten Nationen und der Welthandelsorganisation.

IWF/IMF, International Monetary Fund: Der Internationale Währungsfonds ist eine Organisation der Vereinten Nationen. Er hat seinen Sitz in Washington, DC in den USA. Er vergibt Kredite an Länder, die in Zahlungsbilanzschwierigkeiten sind, und wacht über die internationale Währungspolitik.

MAI, Multilateral Agreement on Investment: Das Multilaterale Investitionsabkommen sollte ursprünglich unter dem Dach der **OECD** verabschiedet werden und den heute hochumstrittenen Investitionsschutz in den wichtigsten Industrieländern der Welt durchsetzen. Es wurde lange nur heimlich verhandelt, das Abkommen scheiterte 1998 aber, nachdem Teile des Textes bekannt geworden waren, aufgrund von öffentlichen Protesten. Frankreich zog seine Unterstützung zurück, andere daraufhin auch.

NAFTA, North American Free Trade Agreement: Das Nordamerikanische Freihandelsabkommen haben Kanada, die USA und Mexiko abgeschlossen, es trat 1994 in Kraft. Es schaffte zahlreiche Zölle ab, viele weitere wurden zeitlich ausgesetzt. Teil des Vertrags ist zudem ein sehr weitreichendes Investitionschutzabkommen.

OECD, Organization for Economic Cooperation and Development: In der Organisation für wirtschaftliche Zusammenarbeit und Entwicklung sind die 34 am stärksten industrialisierten Länder vertreten, die sich der Demokratie und Marktwirtschaft verpflichtet fühlen. Sitz der Organisation ist seit 1949 Paris. Die OECD berät Länder bei ihren Strategien für die wirtschaftliche Entwicklung.

SPS, Agreement on the Application of Sanitary and Phytosanitary Measures: Das Abkommen über Sanitäre und Phytosanitäre Maßnahmen wurde 1995 abgeschlossen und legt fest, welche Handelsbeschränkungen zum Schutz der Gesundheit von Menschen, Tieren und Pflanzen zulässig sind – unter welchen Bedingungen eine Regierung also mit dem Argument des Gesundheitsschutzes die Waren aus einem anderen Land zurückweisen darf.

SWP, Stiftung Wissenschaft und Politik: Seit mehr als 50 Jahren berät die Stiftung Wissenschaft und Politik den Bundestag und die Bundesregierung ebenso wie die Wirtschaft und eine interessierte Fachöffentlichkeit in außenpolitischen Fragen. Sie wird durch den Bundeshaushalt finanziert.

TISA, Trade in Services Agreement: Das Abkommen über den Handel mit Dienstleistungen wird seit 2012 in Genf zwischen 23 Parteien verhandelt, insgesamt sind 50 Länder betroffen (für die EU-Mitglieder verhandelt die EU-Kommission). Sie exportieren weltweit zwei Drittel aller Dienstleistungen. Das TISA-Abkommen soll sie liberalisieren, es betrifft also Branchen wie Verkehr, Finanzen, Bildung oder Gesundheit.

TPP, Trans-Pacific Partnership: Über das Transpazifische Partnerschaftsabkommen verhandeln unter Leitung der USA derzeit mehrere pazifische Staaten. TPP soll Zölle abbauen und Standards setzen, unter anderem einen gemeinsamen Rahmen für den Schutz geistigen Eigentums. Kritiker monieren, dass die Pharmaindustrie hier ihre Interessen viel zu stark durchsetzt.

TTIP, Transatlantic Trade and Investment Partnership: Über die Transatlantische Handels- und Investitionspartnerschaft verhandeln die US-Regierung und die EU-Kommission seit 2013. Es soll laut Bundesregierung die Zölle und viele andere Handelshemmnisse abbauen, so den größten Wirtschaftsraum der Welt schaffen und zugleich Standards setzen, an denen sich auch die ganze Welt orientiert.

TRIPS, Agreement on Trade Related Aspects of Intellectual Property Rights: Das Übereinkommen über handelsbezogene Aspekte der Rechte des geistigen Eigentums schlossen die Regierungen 1995 ab. Dabei geht es darum, wie sehr beispielsweise Patente und Urheberrechte geschützt werden.

TRANSPARENCY INTERNATIONAL (TI) ist eine Nichtregierungsorganisation, die weltweit gegen Korruption kämpft.

UNCTAD, United Nations Conference on Trade and Development: Die Konferenz der Vereinten Nationen für Handel und Entwicklung gehört zu den UN-Organisationen. Sie sitzt in Genf und soll den Handel zwischen Ländern unterschiedlichen Entwicklungsstandes fördern. Im UN-System gilt sie als eine Art Anwalt des Südens.

USTR, United States Trade Representative: Der Handelsbeauftragte der US-Regierung leitet ein Büro, das dem amerikanischen Präsidenten direkt unterstellt ist. Er ist für die Handelspolitik der USA zuständig und Mitglied im Kabinett des Präsidenten.

WTO, World Trade Organization: Die Welthandelsorganisation nahm ihre Arbeit 1995 auf. Sie ging aus dem **GATT** hervor und hat ihren Sitz in Genf. Ihre Aufgabe ist der Abbau von Hemmnissen, die Streitschlichtung zwischen Ländern und die Liberalisierung des internationalen Waren- und Dienstleistungsverkehrs.

Namenregister